GOLDEN STRUCTURE

不止是创富
——企业商标运用实战详解

孔军民 / 编著

知识产权出版社
全国百佳图书出版单位

图书在版编目（CIP）数据

不止是创富：企业商标运用实战详解/孔军民编著 . —北京：知识产权出版社，2019.4
（知识产权黄金屋）
ISBN 978-7-5130-6029-5

Ⅰ.①不… Ⅱ.①孔… Ⅲ.①企业管理—商标管理—研究 Ⅳ.①F760.5

中国版本图书馆 CIP 数据核字（2019）第 002835 号

责任编辑：石陇辉　　　　　　　　　　责任校对：王　岩
封面设计：刘　伟　　　　　　　　　　责任印制：刘译文

知识产权黄金屋

不止是创富——企业商标运用实战详解
孔军民　编著

出版发行：	知识产权出版社有限责任公司	网　　址：	http://www.ipph.cn
社　　址：	北京市海淀区气象路 50 号院	邮　　编：	100081
责编电话：	010-82000860 转 8175	责编邮箱：	shilonghui@cnipr.com
发行电话：	010-82000860 转 8101/8102	发行传真：	010-82000893/82005070/82000270
印　　刷：	三河市国英印务有限公司	经　　销：	各大网上书店、新华书店及相关专业书店
开　　本：	720mm×1092mm 1/16	印　　张：	19.5
版　　次：	2019 年 4 月第 1 版	印　　次：	2019 年 4 月第 1 次印刷
字　　数：	355 千字	定　　价：	69.00 元
ISBN 978-7-5130-6029-5			

出版权专有　　侵权必究
如有印装质量问题，本社负责调换。

序　言
打开世界创新的入口

孔军民

"未来30年，是创新的30年，也是人工智能的30年，是创造一切皆有可能的30年"，美国作家奈斯比特在《大趋势》一书中提到，我们正处于一个伟大事迹的开始阶段，这是一个创新的年代。

最近三百年来，世界经济的每一次腾飞都来自于科技创新。如第一次工业革命的标志就是瓦特发明的蒸汽机，第二次工业革命的标志是爱迪生发明的灯泡，第三次工业革命的标志是计算机和互联网。随时代而来的，是第四次工业革命。我们有幸身处这个变革的伟大时代，有幸从专业的知识产权视角来审视、以科技服务的角色来参与中国创新和世界变革。在这个过程中，我们都深深感受到创新的力量、知识产权的力量，也唤醒了每一个人藏在内心的梦想。可以说，谁能在未来创新中取胜、抢得先机，谁就能赢得未来全球竞争的主动权。

这些代表了什么？代表科技创新已经上升到一个非常高的地位，有着决定企业发展的重要作用。那么接下来我们中国的企业该怎么办？要如何去应对这种世界竞争趋势？

中国过去的30年，主要是通过投资驱动、环境透支、资源消耗、知识产权宽松管理来发展经济。经过30年的改革开放，中国已成为世界第二大经济体，2018年中国的GDP超过了80万亿元。同时，大家共同见证《国家创新驱动发展战略纲要》《关于加快科技服务业发展的若干意见》《中国制造2025》等重点发展关键科技领域决策的出台。2018年，习近平总书记在博鳌亚洲论坛上强调：改革开放这场中国的第二次革命，不仅深刻改变了中国，也深刻影响了世界！习近平总书记把创新摆在国家发展全局的核心位置，高度重视科技创新。习总书记说过：谁牵住了科技创新这个牛鼻子，谁走好了科技创新这步先手棋，谁就能占领先机、赢得优势。

创新可以分为三个阶段。

第一阶段是初级创新。如商业模式的创新、营销模式的创新等，这个阶段中国学习了很多伟大企业的经验，也成就了很多伟大的企业，像阿里巴巴、腾讯、百度都是在学习过程中成长起来的。

第二阶段是吸收式创新，就是在学习他人科学技术的基础上的改进创新。如中国的高铁技术，是大家现在都在见证、正在享受的，中国最早从日本和德国引进高铁技术，现在已经发展成为具有高铁技术知识产权的国家，这可以说是吸收式创新上的一个典范。

第三个创新的模式就比较艰难，是系统的创新、颠覆式的创新，是更高的创新层次。目前集中在能源、生物医药、环保等重要产业上，将在未来产生巨大经济和社会效益，如人类器官再造技术、人工智能技术等。我们现在就是正处于伟大的变革时代，可能会有一些颠覆式创新的成果出现。大家都知道，在IT产业数十年的发展过程中，有三大定律是一直适用的，其中一项就是摩尔定律。我们现在使用的计算机是用摩尔定律来推动的，但是摩尔定律已经基本发展到了天花板。接下来怎么办？现在中国在这方面进行深入研究，推出了量子计算机、量子通信，未来有可能打破摩尔定律。颠覆性创新就是在量子通信这个阶段。

还有一个词，叫创新驱动。创新驱动这个概念是美国的管理学家迈克尔·波特提出的。创新驱动是什么？实质上就是知识产权驱动。中国现在正处于创新驱动战略中。过去中国的经济增长模式是靠投资驱动，中国还有很多房地产基础建设、污染环境、透支资源、知识产权低保护，这种增长模式是可以复制的，是可以快速提升经济的。而创新驱动就是把这些全部改变，通过新的自主设计研发，创造新的发明来驱动社会的经济获得新突破。

近年来，国家计划重点发展的科技领域，如生物医药、新能源环保、信息技术、人工智能，都和知识产权密切相关。我们可以用一幅画来比喻，构成这个画的每个像素都是一件专利，都是一项知识产权。因此中国未来最重要的就是创新和知识产权。

创新驱动的关键就是知识产权保护。具体来说：

第一，就是企业要组织大量人力、物力和财力进行研发。在研发的过程中，要形成大批知识产权。用一句话可以来代表，就是"知识产权是检验创新的唯一标准"。创新研发必须要有成果，就是必须要形成新的知识产权，这是一个方面。

第二，知识产权产生以后必须为企业创造财富，打造核心竞争力。就像生产产品必须要销售出去一样，研发的知识产权也必须运用起来，为企业带来核心竞争力，为企业带来财富。这个时候，就形成了一个创新驱动的闭环。投入大量的人财物去研发，形成知识产权后，再通过知识产权为企业创造财富，然后把财富再投入到新的创新研发的循环当中。华为是个很伟大的企业，他们每年拿10%的营收投入到新的创新研发当中，申请的专利数量在全世界名列前茅。可以说是知识产权奠定了华为今天在中国及世界的地位。

因此，可以说知识产权是检验创新的唯一标准，知识产权是创新皇冠上的明珠。

而商标则是一系列创新的起点和具体体现。比如华为公司的创新成果，都凝聚于华为的品牌商标背后。全世界人民都会记住"华为"这个品牌。

中细软的使命就是"为世界创新加油"，定位于创新科技服务平台，为创新提供服务、为创新提供工具、为创新提供辅导、为创新提供变现通道。这意味着中细软是开放的、创新的、人工智能化的、数据化的、生态化的、全流程化的、平台化的。中细软鼓励所有人都去创新，让创新的人都能得到好的回报。中细软能提供各种创新的工具，让大家更有效率地去创新。

前　言
无与伦比的品牌时代

　　这是一个打造品牌的黄金时代，多少品牌因为互联网思维一夜崛起，譬如抖音。这也是一个打造品牌最糟糕的时代，因为人人都有发言权，所有品牌面临的都是全网民的无缝对接，点滴瑕疵都可能造成品牌的灰飞烟灭，譬如三鹿。但，无论是品牌成长的黄金阶段，或者品牌低谷的匮乏时代，品牌最重要的不是知名，而是保护。不以注册商标为目的的品牌打造都是"耍流氓"。你的品牌商标已经注册成功了吗？

　　这是一个知识产权的时代，拥有大量知识产权的企业正以指数幂的形式突飞猛进、大展拳脚。而那些因为知识产权遇到问题的企业则裹足不前，深陷泥淖。君不见，王老吉与加多宝因为商标授权问题数十次交锋、对簿公堂；君不见，乔丹体育因为商标诉讼案件阻碍了上市的行程。商标，就是打开品牌大门的敲门砖。

　　商标承载着企业的经营管理、科技进步、商业信誉、产品或服务质量等，是企业不可分割的一部分，代表着企业的对外形象。因此，对于企业来说，商标不仅起着区别品牌、便于消费者认知的作用，还是企业质量的象征，可以起到广告宣传、促进销售的作用，是企业抢占市场、提高竞争力的重要工具。

　　通过注册商标，企业可获得受法律保护的商标专用权，不仅可以有效阻止市场上的假冒、山寨、傍名牌等不正当竞争行为，还可通过商标许可、转让，或将商标作为财产抵押贷款、融资等方式，直接获取经济利益。

　　同时，商标作为企业最重要的无形资产之一，在国际经济中发挥着举足轻重的作用。随着国内企业向国际市场推进，而国内企业商标保护意识薄弱，在开辟国际市场时没有认识到及时申请商标注册、取得当地法律保护的重要性，以致自己的商标屡屡被他人抢注，为这些企业进军国际市场带来了严重障碍，部分甚至被逐渐挤出原已打开的市场。近年来我国商标在国外被抢注的现象也不断地增加，如果企业出口前没有考虑商标注册及查询等问题，很有可能都不知道自己已经侵犯他人在该国的商标权。一旦已有人在先注册，很可能会有被动侵权并面临跨国诉讼和巨额赔偿的风险。

所以，无与伦比的品牌时代，你准备好开战了吗？请拿好这本商标运用实战宝典，祝君路上风光无限！

目 录

第一章 创富起源——认识商标 / 1
  第一节 什么是商标？ / 2
    1 初创企业，到底需要对商标了解多少？ / 2
    2 商标与商号，差的可不是一个字那么简单 / 5
    3 哪些商品必须注册商标？ / 7
  第二节 地理标志 / 9
    1 地理标志提高农产品的美誉度和知名度 / 9
    2 任意无效他人商标？厉害了，地理标志！ / 11
  第三节 集体商标 / 14
    你知道有一种商标叫集体商标吗？ / 14
  第四节 驰名商标 / 16
    1 驰名商标不做广告也任性 / 16
    2 驰名商标可以转让，但不能用驰名商标宣传 / 18
    3 驰名商标有啥用？ / 20
    4 驰名商标VS普通商标：人民币玩家和免费玩家的区别 / 22

第二章 创富杠杆——商标的作用 / 25
    1 商场无情，如果创业失败了你还有商标 / 26
    2 以小博大，商标已然成为投资的下一个风口 / 29
    3 没有商标，企业尽失半壁江山 / 31
    4 商标注册的意义：未雨绸缪大于亡羊补牢 / 33

第三章 创富标识——商标的注册 / 37
  第一节 商标标记 / 38
    TM与®究竟代表什么？ / 38
  第二节 商标起名 / 40

  1 商标起名的四种禁区，碰一下都不行！ / 40
  2 提高商标注册成功率，知道命名规则很重要 / 43
  3 起名字的要点，你知道吗？ / 45
  4 三招教你轻松给商标取名 / 47

第三节 禁止作为商标使用 / 50
  1 什么是有害于社会主义道德风尚的商标？ / 50
  2 怎样判断商标带有民族歧视性或夸大宣传？ / 52
  3 商标注册被驳回中的民族歧视 / 54
  4 哪些英文绝对不可以注册商标？ / 56

第四节 商标查询 / 62
  1 解密商标查询四大风险 / 62
  2 商标查询要知己知彼 / 65

第五节 商标近似 / 68
  1 商标近似有妙招，教你正确的打开方式 / 68
  2 简单的商标近似判断诀窍 / 71
  3 一分钟掌握商标近似查询与判断的诀窍 / 76

第六节 类似商品与服务 / 79
  什么是类似商品与服务？ / 79

第七节 商标同日申请 / 81
  商标同日申请怎么办？ / 81

第八节 商标注册类别 / 83
  1 互联网公司应注册哪些类别的商标？ / 83
  2 教育机构应注册哪些类别的商标？ / 85
  3 手机APP应注册哪些类别的商标？ / 88
  4 以《王者荣耀》为例，深究游戏需要申请哪些类别商标？ / 91
  5 万能的第35类商标到底有多重要？ / 93
  6 餐饮行业商标注册类别选择大揭秘 / 96
  7 从事服装行业应如何进行知识产权保护？ / 98
  8 化妆品企业注册商标应该注册哪些类型？ / 102
  9 电商企业申请商标应注意哪些事项？ / 104
  10 "互联网+"时代的商标注册风险与应对策略 / 107
  11 聚焦创业公司商标注册策略 / 111

第九节　商标注册流程　/ 115
　　创业者必看的商标注册流程　/ 115

第十节　驳回复审　/ 118
　　1　商标被驳回无解？还可以再抢救一下　/ 118
　　2　"不死鸟"商标驳回复生记　/ 120
　　3　商标注册失败怎么办？驳回复审来挽救　/ 122

第十一节　商标异议　/ 127
　　商标申请想要浑水摸鱼？商标异议一招制敌　/ 127

第十二节　商标种类　/ 129
　　1　数字商标那么多，为何大家独爱"九"？　/ 129
　　2　组合商标分开申请的五大原因　/ 131
　　3　商标的文字和图形为什么要分开申请、组合使用？　/ 134
　　4　申请声音商标，你需要注意什么？　/ 137
　　5　商标的种类与商标的分类是一回事吗？　/ 140

第十三节　注册成功秘诀　/ 142
　　1　五大妙招帮你提高商标注册成功率　/ 142
　　2　商标注册成功后这些事一定要注意　/ 145
　　3　聚焦企业商标监控重要性　/ 147
　　4　获得商标的三种方式，你都知道吗？　/ 149
　　5　哪些行为会"作死"自己的商标？　/ 152

第十四节　商标代理　/ 156
　　1　三招教你选择好的商标注册代理机构　/ 156
　　2　三分钟让你学会选择靠谱的商标注册代理公司　/ 159
　　3　火眼金睛，教你识破商标代理机构骗局　/ 161
　　4　高、快、好、省，商标代理就是这么给力　/ 165

第四章　创富之道——商标的保护　/ 167

　第一节　商标抢注　/ 168
　　1　以抢注方式倒逼企业重视商标　/ 168
　　2　商标海外防"抢"之心不可无！　/ 170
　　3　140余件商标被抢注，遇到这事儿360是如何做的？　/ 172

　第二节　商标侵权　/ 174
　　1　商标被侵权怎么办？史上最实用诉讼攻略　/ 174

2　商标侵权，教你三招应对　/ 178
第三节　商标"撤三"　/ 180
　　1　防止商标"撤三"：我也曾使用过，只是你们看不见　/ 180
　　2　浅谈商标"撤三"　/ 183
　　3　有了这些理由，商标三年不用，也不用担心被撤销　/ 185
　　4　长期闲置可被撤，闲置商标再回收　/ 187
第四节　商标续展　/ 190
　　手机停机要缴费，商标到期要续展　/ 190
第五节　优先权　/ 192
　　1　什么是商标申请的优先权原则？　/ 192
　　2　商标注册能插队？有"权"就能行　/ 194
第六节　在先权利　/ 197
　　哪些在先权利阻碍了你的商标之路？　/ 197
第七节　通用名称　/ 199
　　1　如何让你的商标不变成通用名称？　/ 199
　　2　商标的知名度越高越好，但有一件事不得不防　/ 201
　　3　品牌过火，谨防乐极生悲　/ 203
第八节　国际商标　/ 207
　　1　企业品牌走向世界的第一步——商标国际注册　/ 207
　　2　商标国际注册，这些内容必须知道　/ 210
　　3　我的产品国内销售，为什么要注册海外商标？　/ 212
　　4　"少林寺"商标全世界都在用　/ 215
　　5　马德里国际商标注册的优势　/ 217
　　6　外国人如何在中国申请商标注册　/ 220
第九节　知识产权保护　/ 223
　　1　商标的全类别保护，对企业到底有多重要？　/ 223
　　2　互联网创业公司应如何保护知识产权？　/ 225
　　3　聚焦企业商标保护策略　/ 228
　　4　啤酒饮料类商品的知识产权保护　/ 231
　　5　商战之外的较量：阿里京东网站商标保护解析　/ 233

第五章　创富历程——商标的运用　/ 237
　第一节　商标转让　/ 238

1 你喜欢的名字都不能注册？商标转让最直接 / 238
2 快速解决商标转让中的无理纠纷 / 240
3 创业失败不心酸，还有商标转让这条路 / 242
4 商标转让价格高的原因 / 244
5 准备好创业了吗？最重要的条件是商标转让 / 246
6 下一个时代的风口为什么是商标转让？ / 248
7 商标注册那么慢，我要走捷径 / 253
8 商标变现方式知多少 / 255
9 注册商标和买商标哪个好？从三方面算账 / 259

第二节 商标许可 / 261
1 商标许可是品牌授权最快途径之一 / 261
2 夏普与海信的友谊巨轮说翻就翻 / 263
3 加多宝之后，红牛商标舶来之殇 / 265

第三节 商标质押 / 267
1 商标质押能换一亿元！知产金融助力企业开辟新思路 / 267
2 资金链断裂？拿商标抵押 / 269
3 一个商标换来两亿元，商标质押有门道 / 271

第六章 创富番外——商标设计 / 275
1 为什么黑色就是商标高大上的代名词？ / 276
2 大企业为何偏爱用动物做 Logo？ / 278
3 商标注册，要黑色还是要彩色？ / 280
4 你的品牌 Logo 需要注册商标还是申请版权？ / 282

第七章 创富帝国——商标品牌战略 / 285
1 品牌差异下的帝国商标战略 / 286
2 中小企业品牌战略的"五大"法宝 / 288
3 一块糖果的未来：看箭牌公司的世界争霸 / 290
4 欧莱雅集团：品牌帝国神话的构建 / 292
5 路威酩轩集团的撒手锏：国际化战略思维 / 295
6 小微企业如何进行商标战略布局？ / 297

第一章 创富起源——认识商标

商标（Trademark）是一个专门的法律术语。在我国，有注册商标和未注册商标之分。

商标是由国家授权的，需要到国家知识产权局商标局进行商标申请之后，由商标局授权才能够获得相应的法律保护。

可以说，在企业创业的过程中，商标起着至关重要的作用。往小处说，商标可以是企业的名称、Logo、标识等，还可以是产品特殊的声音，能够起到识别品牌和企业出处的作用。往大处说，如果一个企业的商标出现知识产权问题，往往都是事关企业命脉的大事。

商标分为商品商标、服务商标、集体商标和证明商标四种类型。经商标局核准的商标为注册商标。商标注册人享有专用权，受法律保护。

正因为注册商标具有专有权，也就是只有注册人才能拥有的权利，所以商标也可以作为抢占市场的利器。从这一点来说，商标可以创富的属性是毋庸置疑的。

在认识商标的过程中，集体商标、证明商标、驰名商标都拥有自己独特的地方。

如何才能运用好商标的价值，就从认识商标开始吧！

第一节 什么是商标？

1 初创企业，到底需要对商标了解多少？

初创企业时需要布局的领域涉及方方面面，其中一个重要环节就是商标的注册申请。很多时候，创业者对商标的了解有限，想要系统认知商标的价值及意义却又不知从何开始。

创业的你为什么必须注册商标？

"嘀嘀"改名"滴滴"、"陌陌"被人抢注、"非诚勿扰"商标纠纷……现实生活中，我们看到很多真实的案例，由于创业者在创业初期没有足够重视商标的重要性，最后苦心经营成长起来的品牌被他人轻易抢注，铸成不可挽回的错误。

可以说，商标就是企业的品牌，是企业形象和产品服务的脸面。对初创企业和创业者来说，最重要的就是在思想上认识到商标的重要性。不注册商标的潜在风险很大，注册商标有哪些好处呢？

首先，提供法律保障。注册是得到法律保护的前提条件，是确定专用权的重要依据。

其次，便于区分识别。商标引导消费者选择品牌消费，达到企业期望的市场营销效果。

再次，打造专属品牌。注册商标是创建自主品牌的第一步，为品牌体系奠定基础。

最后，提升竞争能力。知名度高、信誉好的商标会使该商品的市场竞争力明显增强。

商标注册的关键节点要清楚

很多创业者只知道成功注册一枚商标需要一年左右的时间，但对具体的申请流程一知半解，并不是很清楚。下面简单展示商标注册流程中的几个重要节点。

首先是进行商标查询。确认没有相同或近似商标已经注册的话，就可以提交申请商标注册的文件。

然后是商标形式审查。形式审查的内容包括申请文件的审查，对商标图样规格、清晰程度及必要的说明的审查、分类审查。符合法律规定的，商标局会出具《商标注册申请受理通知书》。

接下来是商标实质审查。商标局对商标注册申请进行检查、资料检索、分析对比、调查研究，确认申请商标是否合乎《商标法》的规定，并决定给予初步审定或驳回申请等。

通过实质审查之后便是商标初审公告。商标局对符合《商标法》有关规定的，允许其注册的决定，在《商标公告》中予以公告。

最后是颁发商标注册证书。初步审定的商标自刊登初步审定公告之日起三个月没有人提出异议，或提出异议经裁定不成立的，商标予以注册，并下发商标注册证。

甄选靠谱代理机构的几点建议

从商标的注册流程可以看出，商标注册具有一定的专业性和复杂性，因而很多创业者选择通过商标代理机构来完成商标的申请。选择靠谱的商标代理机构又该怎么做呢？

1. 看备案信息

正规的商标代理机构都在商标局的网站上进行了合法备案，事先确认商标代理机构是否有商标代理资质很重要。

2. 看服务质量

良好的商标代理机构会在服务的质量上用心,提供完善的商标代理规划和布局。

3. 代理人资质

代理人的从业时间、背景以及服务过的客户也是考虑的重要因素,专业团队的专属顾问可以省去不必要的麻烦。

4. 看成功案例

成功案例是衡量代理机构实力的一项重要标志,成功案例越多说明其服务的品质得到了客户的信赖,经验也就越丰富。

总之,一家靠谱的商标代理可以起到事半功倍的效果,选择专业的代理机构需要综合考虑资质、经验、服务、信誉等多方面的因素。

可以说,商标的注册、使用、管理和保护是一项系统性、专业性的工作,无论是前期的准备、中期的跟踪反馈,还是后期的使用与保护等,都需要创业者足够的重视。作为企业的无形资产、品牌文化的精髓,商标是企业创新发展、参与竞争的核心资源,商标经营的好坏攸关创业企业未来的生存与发展。

2 商标与商号，差的可不是一个字那么简单

生活中，我们常常会听到有关商标与商号的概念。作为寻常百姓，大多时候我们都不会去在意或深究其中的区别，也不会从专业的角度去理解两者的差异。这些耳熟能详的日常概念，都有哪些异同呢？

什么是商号，什么是商标？

从定义上看，商号主要是指生产经营活动的经营者在进行登记注册时用以表示自己营业名称的一部分，是工厂、商店、公司、集团等企业的特定标志和名称，简单说就是企业名称。而商标是指任何能够将一种商品与他种商品区别开来的，包括文字、图形、字母、数字和颜色，以及上述诸要素组合而成的可视性标志，是企业产品或服务的标识。

商号与商标其实是两个很容易混淆的概念，因为两者之间的关系十分密切，有的商标可以登记为商号，有的商号也可以注册为商标。由于商标权与商号权高度的相似性，所以两者常常被标示在同一种商品上。比如卫龙食品发展集团是商号，而卫龙则是其旗下辣条产品的商标；娃哈哈集团旗下以"娃哈哈"为商标的有矿泉水、乳饮料等。

两者最大的相同点就是都具有区别性功能，能够将一种商品与他种商品很好地区别开来。

商标是用来区别不同的商品生产经营者提供的商品或服务的，它反映了特定的商品或服务的质量、特色，便于人们选择品牌购买或消费，以防止与他人在同种商品或类似商品及服务上相混淆。

商号反映了特定的主体身份，表现了经营者的人格性和经营性，其目的是

将自己的营业与其他人的营业相区别，以避免在各种活动中与其他经营者发生混淆，使公众误认。

当然，商号和商标作为企业的产权，都是有价值的无形资产，不仅具有排他性，而且都可作为经济财富依法进行交易转让。

两者之间的不同则主要表现在各自分属于不同领域。

商标主要是用来区别商品的，代表着商品的信誉，必须与其所依附的某些特定商品相联系而存在。商标权作为知识产权的一种，需要到商标局进行注册才能得到法律保障。比如，我们常喝的牛奶，有人选择伊利，有人倾向于蒙牛，就是对商标的认知。

商号主要是用来区别企业的，代表的是厂家的信誉，必须与商品的生产者或经营者相联系而存在。商号权属名称权，所以商号权与人身或身份联系更紧密。就像超市中的方便面品牌，有的产自统一企业，有的来源于今麦郎食品。

商标的有效期是10年，到期进行续展才能继续享有商标权；商号权随企业同生共灭，并没有时间限制。商标权在全国具有效力，商号专用权除全国性的企业外，一般只在登记主管的管辖区域内发生效力等。

随着企业品牌知名度的不断提升，越来越多的企业将自己的商号或特取部分注册成商标，或者将已注册商标变更登记为企业的商号。商标与商号统一化、一体化经营，这确实是实现品牌宣传最大化的有效方式。

3 哪些商品必须注册商标？

虽然注册商标有很多好处，但是仍旧有很多商品没有进行商标注册，甚至很多大企业的知名品牌上也打着"TM"标志，表示商标刚刚注册或者商标还没有注册下来，比如舒肤佳。这说明商标注册不是强制性的，注册与否商家可自行选择。但是你知道吗？有的商品必须注册商标，否则就不能生产。

药品和烟草制品没有商标不得生产

根据原国家工商行政管理局《关于公布必须使用注册商标的商品的通知》，必须使用注册商标的人用药品包括中成药（含药酒）、化学原料药及其制剂、抗生素、生化药品、放射性药品、血清疫苗、血液制品和诊断药品；烟草制品包括卷烟、雪茄烟和有包装的烟丝。

之所以规定药品必须使用注册商标，是因为药品直接关系到人民的身体健康和生命安全。通过使用注册商标，一方面可以避免不具备条件的企业生产药品，从而监督控制药品企业的生产条件；另一方面可以在日常的监督管理中对药品的质量进行监督，从而促进药品质量的提高。

对烟草制品规定必须使用商标则是为了控制烟草制品的生产。烟草生产既能为国家带来巨大的财政收入，也给人民的身体健康带来不利的影响，因此，国家对烟草制品的生产严格控制，未经批准的产品无法销售（因其无法取得商标注册），从而控制计划外烟厂的建设，进而严格控制烟草制品的生产。

那些没有商标的大企业是如何获得商标的？

商标的作用想必不用细说大家也已经知道，作为无形资产好处多多。但是有些大企业就是不注册商标，或者觉得没有必要注册商标，所以一直以"裸奔"的形式生存了很多年，并且生存状况还挺好，突然一个偶然的事件让这个品牌立马拥有了商标。你说奇怪不奇怪？

案例一：蒙牛酸酸乳　原因：有人冒充

2005年12月12日，蒙牛一纸诉状将市场上销售相似乳饮料的河南安阳市白雪公主乳业有限公司告上了呼和浩特市中院。2006年2月16日，呼和浩特市中院对此案进行了公开审理。

作为从2000年开始使用的"酸酸乳"商标，蒙牛在先使用了6年，并且拥有很高的知名度。尤其是2005年的"蒙牛酸酸乳超级女声"活动，使"酸酸乳"饮料商标几乎家喻户晓。这两个条件均符合驰名商标的认定范畴，所以法院将"酸酸乳"认定为驰名商标进行保护。而假冒者因为有"傍名牌"嫌疑，所以属于不正当行为，应予以禁止。

这是对于"蒙牛酸酸乳"未注册商标的保护。但经过那一场诉讼之后，"酸酸乳"就相当于注册了商标，并且是保护力度更强的驰名商标。

案例二：微信　原因：别人抢注

微信商标事件其实和腾讯并没有多大关系，但是因为腾讯的缘故商标没有让别人注册成功，足以说明腾讯的幸运。

在这里，就想告诉那些还没有注册商标的企业，是不是真要等到被抢注或吃官司时才重视商标注册的必要性？

第二节 地理标志

1 地理标志提高农产品的美誉度和知名度

"三农"问题一直是我国社会普遍关注的问题,笔者没有能力解决"三农"问题,但是可以根据各地区已有的做法结合知识产权的相关知识,尽可能提高农产品的美誉度和知名度。尤其是近年来,由于环境污染、雾霾天气等影响,使得人们对健康饮食等观念尤为重视。有机食品、新鲜果蔬电子商务平台的上线,都是在人们日益增长的健康需求下诞生的,恰恰给农产品提供了更好的舞台。

讲故事重要还是树立品牌重要?

大家都知道,东北"五常大米"的品牌特别知名,却也随之出现了各种假冒现象。面对市面上出现的那么多假冒劣质米,很多消费者已经产生怀疑。而这种情况最难受的其实是商标品牌的利害关系人。那么此时怎样才能告诉消费者自己的商品是真的呢?

此前,有一个做东北大米生意的店主在淘宝上经营一家网店,店里销售的就是自己家乡生产的大米。由于店主是一个地地道道的农业生产者,所以对生产一事烂熟于心。于是他将自己从春天播种到秋天收获的各个环节都拍成图片放在网店上,这样可信度就更高了。买家通常都会相信这样的宣传。最重要的是，店主还把自己的身份证照片放在网店上，里面的地址显示确实是"五常"无疑。这样就得到了很多消费者信赖。

是不是因此就能证明讲故事比树立品牌更重要？恰恰相反，讲故事是树立品牌中相对重要的一环，让别人更加信赖你的品牌。如果想要故事讲得精彩，就必须要以品牌为出发点。树立品牌，首要注册商标。

地理标志是提升农产品增收的重要途径

其实，注册商标也好，申请地理标志也好，都是增加农产品收入的重要途径。一旦农产品打上商标或者地理标志，就代表着质量与安全、消费与信誉等。消费者更愿意看在商标或者地理标志的面子上为品牌买单，商家收入自然水涨船高。

实际上，地理标志保护的农产品，是一个表示农产品特征和地域特征的天然品牌，具有比同类农产品更高市场价值与市场推广效应。其内涵包括质量安全、消费信誉、人文内涵、产业价值、知识产权、生态环境与非物质文化遗产等相关内在因素。同样是生产苹果，有地理标志保护的苹果就可以有效促进特色优势农产品的标准化生产与品牌差异化，形成不同风格、各具特色的农产品生产与销售格局，而没有商标或者地理标志保护的苹果就只能依靠苹果的外形和大小来说话了。

话说回来，地理标志实际上是由农产品无人问津或鲜有人问津到供不应求的内在转变。没有地理标志的保护时农产品需要自己找销路；而有地理标志的保护，在提升产品美誉度的同时其实也在向市场要销量，供应商会因为地理标志而选择货品。

从大的方面说，地理标志其实是提升地区经济的有利杠杆。我国著名的地理标志以农产品居多，但不是所有地理标志都是农产品。所以，相对于农产品而言，地理标志才是实现增收和提升美誉度的重要途径。

2 任意无效他人商标？厉害了，地理标志！

如果把中国按地理标志划分，那应该是一个巨大的"吃货"市场，很多地理标志基本都是与吃喝相关的，比如大家都知道的烟台苹果、五常大米、平谷大桃、贵州茅台等。看来地理标志是为了满足大家的味蕾而诞生的，可以叫"舌尖上的地理标志"。在我国，地理标志是按照商标来进行申请的注册，其保护力度相当于商标，但又与普通的商品商标有略微的差别，就连奖励力度方面，地理标志也比普通商标要高。所以，关于地理标志你真地了解吗？

地理标志属于集体商标、证明商标的一种

众所周知，商标分为商品商标、服务商标、集体商标和证明商标，其中，常见的是商品商标，就是用于商品中的商标标识。比如苹果、三星、诺基亚，这些大家熟悉的大品牌以商品商标居多。而地理商标既可以作为集体商标又可以作为证明商标。

世界贸易组织在有关贸易的知识产权协议中对地理标志的定义为：地理标志是鉴别原产于一成员方领土或该领土的一个地区或一地点的产品的标志，但标志产品的质量、声誉或其他确定的特性应主要决定于其原产地。因此，地理标志主要用于鉴别某一产品的产地，即是该产品的产地标志。地理标志也是知识产权的一种。

由于强调产地的作用，所以就注定了地理标志和"吃"有着莫大的联系。当然，也与"喝"有着不小的渊源，尤其是白酒品牌。由于中国的白酒文化历史悠远，所以很多具有地方特色的酒也被大家所熟知。这些地理标志都是以

地方命名的，一般意义上承载着地区的荣誉与兴衰。例如，贵州茅台酒、绍兴黄酒就是酒类产品中比较优秀的地理标志品牌。

地理标志能够无效其他商标？

之前，《商标法》中有规定，如果抢注了地理标志商标，但是该抢注商标商品并非来源于地理标志所表示的地区，是不予注册的。如果已经注册了的，还可以继续使用。但是，最高人民法院颁布的《关于审理商标授权确权行政案件若干问题的规定》中重新对此进行解释，确定地理标志可以无效与之相同名称但不是同一商标的商标。下面是上述规定中关于地理标志的原文：

第十七条　地理标志利害关系人依据商标法第十六条主张他人商标不应予以注册或者应予无效，如果诉争商标指定使用的商品与地理标志产品并非相同商品，而地理标志利害关系人能够证明诉争商标使用在该产品上仍然容易导致相关公众误认为该产品来源于该地区并因此具有特定的质量、信誉或者其他特征的，人民法院予以支持。

如果该地理标志已经注册为集体商标或者证明商标，集体商标或者证明商标的权利人或者利害关系人可选择依据该条或者另行依据商标法第十三条、第三十条等主张权利。

下面是上述规定中涉及的《商标法》第十三条和第三十条的原文：

第十三条　为相关公众所熟知的商标，持有人认为其权利受到侵害时，可以依照本法规定请求驰名商标保护。

第三十条　申请注册的商标，凡不符合本法有关规定或者同他人在同一种商品或者类似商品上已经注册或者初步审定的商品相同或者近似的，由商标局驳回申请，不予公告。

从以上的内容可以看出，上述规定实际上肯定了地理标志的保护力度，尤其是之前已经获得了和地理标志相同名字但产品不一的商标，如果地理标志不想让此商标存在，就可以无效掉该商标。而如果在其他类别上抢注的，商标局不予通过。如果该地理标志已经注册为集体商标或者证明商标，或者有人抢注成功后，还可以请求驰名商标的保护。

所以，这样看来，地理标志的保护力度几乎与驰名商标的保护力度相同了，跨类保护、无效其他商标其实都不在话下。当然，地理标志不只是吃吃喝喝那样简单，景德镇瓷器就是典型的代表。并且，地理商标非常适合那些整个村、整个镇都在从事同一种商品生产或经营活动的地区。

据不完全统计，很多地区的地理标志政府奖励都在5万~10万元或更高。例如，浙江金华市的地理标志奖励30万元、江西南昌市奖励10万元等。

第三节 集体商标

你知道有一种商标叫集体商标吗？

众所周知，商标分为四类，即商品商标、服务商标、集体商标和证明商标。其中前两种都比较好理解，商品商标就是用于商品上的商标，也是目前注册量最多的商标。服务商标通俗解释就是体现服务的商标，可以用于门店上等。大家最熟悉的服务商标就是那些体育用品商店的商标，在门店上都有显示。

我国有哪些集体商标？

平谷鲜桃、山西老陈醋、镇江香醋、长白山人参、五常大米、三门青蟹、舟山带鱼、绍兴黄酒、金华火腿、安溪铁观音、景德镇青花瓷……这些以地名命名的商标都属于集体商标。

那么，什么是集体商标呢？集体商标是指以团体、协会或者其他组织名义注册，供该组织成员在商事活动中使用，以表明使用者在该组织中的成员资格的标志。

集体商标不属于单个自然人、法人或者其他组织，即属于由多个自然人、法人或者其他组织组成的社团组织，即表明商品或服务来源于某一集体组织，这一集体组织可以是某一特定的行会、商会等工商业团体或其他集体组织，具体的商品或服务的提供者以集体成员的身份隐退在集体的背后,体现了其"共有"和"共享"的特点。

与证明商标和地理商标的区别

证明商标是指由对某种商品或者服务具有监督能力的组织所控制,而由该组织以外的单位或者个人使用于其商品或者服务,用以证明该商品或者服务原产地、原料、制造方法、质量或者其他特定品质的标志。比如绿色食品标识就是典型的证明商标。

地理商标可以作为集体商标注册。以地理标志作为集体商标注册的,其商品符合使用该地理标志条件的自然人、法人或者其他组织,可以要求参加以该地理标志作为集体商标注册的团体、协会或者其他组织,该团体、协会或者其他组织应当依据其章程接纳为会员;不要求参加以该地理标志作为集体商标注册的团体、协会或者其他组织的,也可以正当使用该地理标志,该团体、协会或者其他组织无权禁止。

使用集体商标的好处

注册和使用集体商标,有利于中小企业的联合,促进其集约经营,形成在市场中有竞争力的销售渠道,有利于产品和商标的宣传,促进规模经营。

还有一个好处就是集体商标的品牌效应比普通商标更有利。如果企业怕创品牌困难,那么加入一个很有名的集体商标或许是个出路,但前提必须是产品质量过关。

最重要的是,集体商标还有政策性的奖励!以北京市密云区为例,《北京市密云区关于实施品牌战略的奖励办法》中对证明商标、集体商标和地理标志的经营单位一次性奖励10万元。

第四节 驰名商标

1 驰名商标不做广告也任性

大家都知道对驰名商标的保护更有力度,但是究竟有多大力度呢?力度大到你想象不到!在没有商标的时候,商家担心自己的心血会白费,又可能被别人抢注。有了商标后,商家又担心有人会在其他类别里注册,白白为别人作嫁衣。对于驰名商标来说,这些通通不是问题,因为驰名商标可以不用注册,可以跨类保护。这里就说说驰名商标的特别之处。

驰名商标可以不注册

无论是否注册,驰名商标均受到保护。我国《商标法》第十三条第一款规定"就相同或者类似商品申请注册的商标是复制、摹仿或者翻译他人未在中国注册的驰名商标,容易导致混淆的,不予注册并禁止使用"。

我国实行商标注册制度,没有取得核准注册的商标,在与其他注册商标权利发生冲突的时候,一般不受法律保护。但是,对于驰名商标来说,即使其未在我国注册,仍然可以得到商标法的保护,他人不能在与未注册的驰名商标实际使用的商品或类似的商品上,注册和使用与该驰名商标相同或者类似、导致相关公众对商品来源发生混淆的商标。

注册的驰名商标跨类保护

对已经注册的驰名商标跨类保护。我国《商标法》第十三条第二款规定："就不相同或者不相类似商品申请注册的商标是复制、摹仿或者翻译他人已经在中国注册的驰名商标，误导公众，致使该驰名商标注册人的利益可能受到损害的，不予注册并禁止使用。"最高人民法院《关于审理商标民事纠纷案件适用法律若干问题的解释》规定："下列行为属于《商标法》第五十二条第五项（新《商标法》第五十七条第七项）规定的给他人注册商标专用权造成其他损害的行为……复制、摹仿、翻译他人注册的驰名商标或者主要部分在不相同或者不相类似商品上作为商标使用，误导公众，致使该驰名商标注册人的利益可能受到损害的……"。

一般注册商标专用权的禁用范围，仅限于与核定使用商品相同或类似的商品。但对于驰名商标来说，只要某一相同或者近似的商标，足以使相关公众认为其与驰名商标具有相当程度的联系，而减弱驰名商标的显著性、贬损驰名商标的市场声誉，或者不正当利用驰名商标的市场声誉的，即使其使用在与驰名商标核定使用商品不相同或者不相类似的商品上，驰名商标也可以排除其注册和使用。

驰名商标可以撤销他人已注册商标

驰名商标所有人在撤销他人已注册的商标时有特别的期限保护。《商标法》第四十五条第一款规定："已经注册的商标，违反本法第十三条第二款和第三款、第十五条、第十六条第一款、第三十条、第三十一条、第三十二条规定的，自商标注册之日起五年内，在先权利人或者利害关系人可以请求商标评审委员会宣告该注册商标无效。对恶意注册的，驰名商标所有人不受五年的时间限制。"

也就是说，普通商标，即非驰名商标，因他人注册商标侵犯在先权利而撤销该商标时都要受到五年时限的限制。这里的五年指的是在侵权商标申请之日起五年内可以对其进行撤销。但是，对于驰名商标来说，如果商标注册人是出于恶意的话，可以不受五年期限的限制，就是不管侵权商标已经注册了多少年都可以将对方撤销。

2 驰名商标可以转让，但不能用驰名商标宣传

驰名商标可以转让，但很少有人真正转让驰名商标，因为驰名商标是每个企业的梦想和目标，如果不是经营不善、出现重大问题等万不得已的情况，谁会把驰名商标转让给其他人呢？虽然驰名商标可以转让，但是不能用"驰名商标"的字眼去宣传，否则就会被罚钱哦！

因"中国驰名商标"字样大中电器赔偿用户三倍

早在2014年的《商标法》中就已经不允许企业使用驰名商标进行宣传了，大中电器就因此遭受了损失。

赵先生是大中电器的一名普通顾客，2014年11月去大中电器清河店购买饮水机时看到了墙上写着"中国名牌"和"中国驰名商标"的字样。赵先生非常清楚法律法规，知道所有获得"中国名牌"的企业于2012年9月后禁止在广告中使用"中国名牌"标志及称号，超期使用认证标志涉嫌假冒，对消费者构成误导；也知道不能用"驰名商标"进行宣传。于是就到海淀区工商部门投诉了，工商部门对该店行政处罚10万元。接着，赵先生又把大中电器告上了法院，请求退货并要求三倍赔偿。法院认定大中电器属虚假宣传，所以判决三倍赔偿。

为什么不能使用驰名商标宣传？

这主要是因为驰名商标虽然"任性"，但也只能针对商标层面，防止其他商标"傍名牌"，可以跨类别保护等。但驰名商标并不是作为商标质量和信誉

的保证,导致消费者一度"误会",所以国家才规定不能用"驰名商标"进行宣传。凡是生产、经营者将"驰名商标"用于商品、商品包装或容器上,或者用于广告宣传、展览以及其他商业活动中的,规定处10万元罚款。

综上,就是不能用驰名商标宣传的原因。驰名商标却是可以转让的。不过转让后的驰名商标就不再是驰名商标了,主要是由于经营者变更了,存在很多不确定性因素。虽然驰名商标转让后不再是驰名商标,但由于之前的影响力,所以这类商标想要重新被认定为驰名商标也不是难事。因此,有人花高价购买了驰名商标也不要气馁,只要脚踏实地,一切都还可以"任性"起来。

3 驰名商标有啥用？

"请认准中国驰名商标"是20世纪八九十年代很多人耳熟能详的一句广告语，但是自2014年开始，这种广告就再也见不到了。在2014年5月1日起开始实施的《商标法》中规定，生产、经营者不得将"驰名商标"的字样用于商品、商品包装或容器上，也不得用于广告宣传、展览及其他商业活动中。违反此规定的，将由地方工商行政管理部门责令改正，并处以10万元罚款。

面对如此严格的"禁宣令"，很多人心中都存了一个大大的疑问：为何要禁止宣传"驰名商标"？既然已经禁止将"驰名商标"字样用于广告宣传与市场推广，那么"驰名商标"还有什么用？

"过去，很多公众将驰名商标误认为是国家对商品服务质量与企业信誉的官方认可，因此一些企业就将'驰名商标'的字样用于广告宣传、展览，或印刷到商品包装上，希望可以提升消费者对产品与企业的信任度与认知度，起到广告宣传、促进销售的作用。实际上，因为大众对于驰名商标认识上的偏差，确实令拥有驰名商标的企业知名度、品牌影响力与品牌价值得到了一定程度的提升。在这种情况下，一些企业开始盲目追求'驰名商标'的称号，甚至不择手段，通过虚构商标争议、商标侵权案件等方式获取驰名商标的认定。这些企业在驰名商标的认定上花费了大量时间与精力，而忽视了商品或服务质量，这实际上是一种本末倒置的行为。"专家解释到，"为了遏止这种现象，强化驰名商标的保护作用，2014年《商标法》中对于驰名商标的用途做了一定的限制。"

实际上，驰名商标的认定是对拥有较高知名度商标的一种保护措施，在一定程度上可以防范"傍名牌""搭便车"等行为，使企业在商标争议、纠纷等案件中占据有利地位。因此，虽然"驰名商标"被明令禁止作为广告宣传使用，但其依然可以享受不同于普通商标的、特殊的商标保护权利。

我国《商标法》第十三条规定了对驰名商标的特别保护，未在中国注册的驰名商标，可以享受同类别或类似商品服务类别上的商标保护权，而已在中国注册的驰名商标，不仅在相同或类似商品、服务上禁止他人注册和使用，在其他不相同、不类似的商品或服务类别上也禁止他人注册和使用。也就是说，在我国注册的驰名商标，几乎可以享受到全类别的商标保护。这不仅可以为驰名商标省下一笔不菲的全类别注册费用，还可以有效地遏制不法商家对驰名商标的"傍名牌""搭便车"和恶意抢注等行为。

一旦出现恶意注册的行为，驰名商标也可以不受 5 年的时间限制，能够随时向商标评审委员会请求宣告恶意注册的商标无效。除此之外，其他公司也不得以该驰名商标作为域名、公司名称注册，否则将有很大可能构成不正当竞争行为。可以说，驰名商标较之一般商标，被赋予了更为广泛的排他性权利，在法律上也受到了更为全面的保护。

除此之外，在实践与商业经营中，驰名商标也可获得更多的特殊保护。一般来说，驰名商标的知名度较高，在政府与公众当中的认同度也比较高，工商部门在侵权打假时的力度自然也比一般商标要大。同时，驰名商标的市场信誉度高，在进行商标权许可、转让时可获得更多的商业利益，用于质押、融资、投资、信贷、招投标等商业行为时也更容易得到支持。这对于企业的发展或转型升级来说，无疑具有极其重要的作用。

驰名商标"禁宣令"无疑会削减企业追逐驰名商标的热情，但其最终目的就是让驰名商标回归"本源"，令企业更多地关注产品、服务质量。因此，即使不能用于宣传推广，但在法律保护与商业活动中，驰名商标仍是一张不可多得的"护身符"。在此也提醒各位商标权人，驰名商标不是企业宣传的金字招牌，对于企业来说，只有以诚实的经营活动、优质的商品质量、完善的售后服务与积极的科技创新才能真正提高企业核心竞争力，为企业赢得市场，令品牌真正成为"驰名"商标。

4 驰名商标 VS 普通商标：人民币玩家和免费玩家的区别

驰名商标，是指经过商标局、商评委或法院这些有权机关按照法律程序认定为"驰名商标"的商标。通俗一点说，驰名商标就是一种经过官方认定，同时被大众熟知的、享有较高声誉的商标。在过去，驰名商标可是个香饽饽，因为一个产品只要印上了驰名商标，就会被认为是质量有保障的优质名牌产品。虽然在专业人士眼里这种说法是不准确的，但是这并不妨碍普罗大众对驰名商标的追捧，驰名的就是比不知道哪旮沓冒出来的小牌子强！

不过，自从2014年《商标法》实施以来，"请认准中国驰名商标"这样的广告宣传就不能用了，产品、包装等也都不能印刷这四个字了。对于商标注册人来说，这就很尴尬了，不能告诉别人我们的牌子很强，那我们还申请驰名商标有什么用？

驰名商标有什么用？当然有用！同样是商标，与普通商标相比，驰名商标那可是人民币玩家的待遇，享受SVIP特权！

防御特权：跨类别顶级保护

注册过商标的人都知道，注册商标时要选择商品或服务的分类，比如美特斯邦威这类做服装的就要选择第25类，提供知识产权法律服务的就要选择第45类，苹果这类做手机的就要选择第9类、第42类等。注意，这个分类是至关重要的，选择了哪些类别，要注册的商标就在这些类别里受保护，没有选择的那些类别你就无权干涉。

比如，可口可乐公司只在第32类"可乐C320002"上注册了商标，作为一个普通的商标，可口可乐只能在这个类别和近似类别的范围内受到保护，如果有人在第 5 类"杀虫剂 050439"上注册同样的商标是被允许的，可口可乐公司无权干涉。

同样的商标，一个是饮料，另一个是喝了就死人的杀虫剂，这影响多不好啊！

这时，作为一个普通玩家，哦不，是普通商标，为了防止这样尴尬场景出现，就不得不花费成千上万的银子把 45 个类别全部申请下来。

但是，如果是一个驰名商标，那就不一样了，你天生自带"跨类别顶级防御"技能！而且，即使是没有注册登记过的"编外"驰名商标，也一样能享受到特权！当然，"编外的"肯定没有"正规编制"的福利好。

我国《商标法》规定，没有在中国注册过的驰名商标，可以享受同类别或类似商品服务类别上的商标保护权。举个例子，可口可乐在美国本土是一个非常著名的可乐饮料商标，但是并没有在中国注册，作为"编外"的驰名商标，可口可乐可以在第 32 类以及与第 32 类近似的类别上获得保护，其他人想要"山寨"是不可以的。这就相当于普通商标上升了一个等级，获得了 VIP 级别的保护。当然，第 5 类杀虫剂跟第 32 类并不近似，可口可乐还是拿杀虫剂没办法。这时，为了获得更大的特权，可口可乐不得不再次升级——在中国进行商标注册，成为有"正规编制"的驰名商标，获得 SVIP 级别的保护。

我国《商标法》规定，已在中国注册的驰名商标，不仅在相同或类似商品、服务上禁止他人注册、使用或摹仿，在其他不相同、不类似的商品或服务类别上也禁止他人注册、使用和摹仿，也就是说，在我国注册的、拥有"正规编制"的驰名商标，几乎可以享受到全类别的商标保护。

这就完美解决了闹心的杀虫剂问题。升级成 SVIP，甭管是杀虫剂还是液化气，可口可乐都不用放在心上。特权加身，省钱又省心啊！

攻击特权：跨时间、跨领域、不受限随时攻击

驰名商标防御级别虽然高，但万一出现了恶意注册的强力攻击怎么办？不用担心，驰名商标的攻击技能也是满分。

人在江湖飘，难免会遇到抄袭、摹仿等不好行为。普通商标发现了这种事，可以请求商标评审委员会宣告"山寨"商标无效，但这是有追溯期的，普通商标要在"山寨"商标注册之日起 5 年之内提出申请，过了 5 年那就是木已成舟、哭诉无门了。

BUT！驰名商标可以不受 5 年的时间限制，能够随时向商标评审委员会请求宣告恶意注册的商标无效！除此之外，其他公司也不可以用驰名商标当作域名、公司名称注册，否则有可能构成不正当竞争行为哟。

等级特权：成长加速、加倍获益

除此之外，驰名商标还拥有等级加速特权。

作为 SVIP，驰名商标自带"主角光环"，知名度和信誉度更高，在政府和公众当中的认同度也比较高，工商部门在侵权打假时的力度自然也比普通商标要大，进行商标质押、融资、投资、信贷、招投标等商业活动也更容易得到支持，在进行商标权许可、转让时可以获得更多的商业利益。成长加速，获利翻番，在行业里自然能排名靠前，连带着整个企业一起升级不是梦！

允许宣传推广的时候，凭"驰名商标"这个金字招牌企业就可以所向披靡，在激烈的市场竞争中闯出一片天。如今虽然不能拿这四个字出来招摇，但特权加身，驰名商标仍是一张不可多得的"护身符"。如果企业还能获得"诚实经营"卡、"优质产品"卡、"完善售后"卡、"科技创新"卡四大法宝，成为商战江湖武林盟主就指日可待了！

就这样，人民币玩家驰名商标，以 SVIP 级别特权单枪匹马独闯商场，杀光了一众拦路的妖魔鬼怪，从此成为江湖上的一个传说。

第二章 创富杠杆——商标的作用

从法律方面来讲，注册商标可以保护产品和服务不被他人侵犯，商标可以维护企业的信誉和形象；从品牌方面来讲，商标能够增强消费者的认同感，还可以增强企业自身维护品牌价值的想法，大大提升企业的影响力，给企业带来更多的发展。消费者也大多通过品牌来选择产品，品牌产品更容易被消费者认可。

商标好处有很多：

1）商标的第一要素是保护，保护产品以及服务拥有品牌的唯一性，其他人任何人都不可冒用。一旦拥有了注册商标，在全国甚至全世界都只有注册人可以使用。

2）商标是企业形象的体现，消费者购买产品看的就是品牌的口碑、质量等，也就是形象的问题。所有商标对消费者的认知都是非常重要的。

3）注册商标，可以以此为契机进行国际贸易，拥有一定的国际认同度，进而形成一定的国际地位。

4）商标本身就是无形资产，对于企业来讲，如果不使用可以用来许可、转让以及抵押。商标价值越高，价格必然会更高，有时会高到你意想不到。

1 商场无情，如果创业失败了你还有商标

两军相交，攻心为上。当三鹿的"毒奶粉"事件曝光后，九阳打着"中国人的肠胃还是适合喝豆浆"的广告语，一脚把牛奶和奶粉踩在脚下，让九阳这样一个二三线品牌一跃而上。然而今天的主人公不是九阳，而是那个让多少家长都恨得牙根痒痒的"三鹿"。这样一个臭名远扬的商标，您知道卖了多少钱吗？6亿多元！当然，这6亿多元不光是商标，还有资产。

"死鹿"也能价值千金

2009年3月4日上午，石家庄三鹿集团股份有限公司（三鹿集团）破产首次拍卖会在河北省石家庄市中级人民法院审判庭举行。最终，北京三元集团有限责任公司与河北三元食品有限公司组成的联合竞拍体以61650万元人民币的价格竞拍成功。因为"毒奶粉"事件的三鹿已经是臭名远扬，为什么三元还愿意将其以不菲的价格收购呢？还是由于其无形资产的缘故。

据了解，三元及首农集团2009年分三次接手三鹿资产，其中第一次并购的资产为三鹿集团的土地使用权、房屋建筑物、机器设备等可持续经营的有效资产，但"唐山三鹿乳业有限公司"70.00%的投资权益和"石家庄君乐宝乳业有限公司"16.97%的投资权益，由于优先购买权人主张权利，最后并未被三元收购。

据三元副总经理吕淑芹介绍，三元收购三鹿时，首先就是要恢复生产，安抚民心；其次就是对三鹿进行整合，利用三鹿的生产线弥补三元产能不足的问题。

在行业内人士看来，三元收购三鹿，无疑是一场蛇吞象的收购。据正略钧

策管理咨询公司咨询顾问闫强介绍，当时的三鹿在全国都具有一定的影响力，市场份额可以排到全国前四，而三元仅仅分布在北京及周边地区，排名远远落后于三鹿。一个区域性品牌收购一个全国性品牌在各方面都有诸多的不适应。而且对于三元而言，质量永远要排在市场的前面，所以三元在收购三鹿之后，如何在曾经"出事"的工厂里面生产出没有问题的产品要远胜于利用三鹿的渠道去开拓市场。

但事实证明，三元收购三鹿以来，一直在牛奶行业占据一席之地，从今天的发展来看，结果并没有想象中的那么坏。因为三鹿的品牌虽然是坏的，但是其整个业态、渠道的体系还是健康的，所以才能卖得如此高价。

其实，需要强调的并不是三元的成功与否，而是三鹿在经历毁灭性的打击后，仍旧能够价值千金、成功拍卖，足见以商标为代表的企业知识产权的重要作用。

出过问题的北冰洋依然坚挺

著名的红罐之争就是因为王老吉和加多宝商标许可问题而引发的一系列纠纷，而北冰洋汽水和北冰洋冰棍也是因为商标许可出的问题。二者的共同因素除了商标许可之外，就是都属于老字号，而在经营老字号商品时，保证商标质量则是很重要的一环。而北冰洋汽水和冰棍就是因为商品质量而引发的诉讼。

其实，北冰洋有着重出江湖的意味，据说，北冰洋汽水曾承载着北京"80后"儿时的美好回忆。2001年3月，北冰洋公司与双都食品厂合资设立冷食公司，三方订立承包经营协议，由双都食品厂承包经营冷食公司，并得到北冰洋商标的使用授权。

然而，冷食公司并未珍惜这个老字号商标，没有把好质量这一关，2011年10月出现了双把雪糕菌落超标事件。不仅冷食公司和双都食品厂接受整改，北冰洋公司也因此被要求停业整顿。而北冰洋公司在之后对冷食公司生产现场的检查中又发现很多问题，于是要求其进一步停业整改。

2012年5月9日，北冰洋公司因为另外两家公司出现的产品质量问题而影响北冰洋商标品牌形象，故将二者诉至法院，要求解除其商标授权并支付商标使用费及违约金40万元。法院根据当事人事先的约定，以两个被告未遵循相关约定为由解除了商标许可使用合同并要求交付许可使用费及违约金等。

虽然曾经出现过品牌问题，但北冰洋的实力依旧雄厚。这从其零售定价方面就可看出端倪。一小玻璃瓶的北冰洋汽水在各个饭店，尤其是中小型餐馆有售，并且300ml零售价就能卖到4元。而那些瓶装的诸如康师傅、可口可乐等知名品牌，零售价一般才3元。到底是什么在起作用？你懂的，当然是品牌。也就是说，如果企业因经营不善出了问题或倒闭了，如果拥有商标，一切就还在。实在撑不下去了，商标卖了也可以很值钱！

2 以小博大，商标已然成为投资的下一个风口

可口可乐的负责人曾经说过，"即使可口可乐全球的工厂一夜之间都被烧毁，公司凭'可口可乐'商标，就可以在一个月之内重新获得发展。"

作为企业的品牌形象和无形资产，商标是品牌力量的核心体现，其价值无疑有着巨大的潜力。

数据显示，2016年我国商标申请量达369.1万件，已连续15年位居世界第一。截至2016年年底，我国商标累计申请2209.4万件，累计注册1450.9万件，有效注册1237.6万件，商标的申请量明显逐年大跨步上升，商标的注册便利化改革成效初显。

商标投资：投资理财的下一个风口

商标申请的持续繁荣得益于不断涌现的创业热潮，但是常用汉字数量有限，商标资源在一定程度上也是一种有限的资源，可以预见的是商标注册资源未来也会面临枯竭。而那时，商标交易将会变得更为频繁，交易价值也会随之水涨船高。

因为商标的稀缺性，使得很多企业在诸如中华商标超市之类的大型专业平台来获得商标。于是，就有企业和个人将商标作为一种理财产品进行投资，以期在未来可预见的时期内获得收益或者实现资产增值。

商标投资是建立在行业分析、数据分析、价值分析等基础上的一种市场决策行为。

我们看过很多关于知名商标被抢注的新闻，如滴滴打车、陌陌商标，还有大热的乔丹商标纠纷案。但是，商标投资不等同于商标投机。商标投机是建立

在赌运气、傍名牌、打擦边球的基础上的一种投机取巧行为。这也是商标投资被人们误解、屡屡遭人诟病的原因所在。

今天我们主张的商标投资是理性的投资，而不是投机。

以小博大　小商标创造无限价值

当年，唯冠公司先于苹果公司注册了"iPad"的商标，以至于苹果公司不得不用高价回购；聪明的占宝生抢先一步注册"TESLA"商标，以至于特斯拉延迟一年多进入中国市场，不得不与占宝生达成和解交易，数额估计超千万元。

随着商标便利化改革的持续、国家对中国知识产权整体发展的推动力度，引导企业重视商标，商标注册的程序复杂性也在下降，使得商标投资的吸引力越来越大。前些年，一对"80后"夫妻以1800元注册了一枚"土而奇"商标，并最终以20万元的价格转让的事件更是证明了商标的无限增值空间。

所以说，商标投资作为一个全新的投资行业正在快速崛起。知识产权在市场经济中发挥的作用以及在人们心目中的地位，也已经发生了很大变化。

3 没有商标,企业尽失半壁江山

商标,是指在生产经营活动中使用的,用于识别商品或服务来源的标志。通俗来讲,商标就是人们所说的牌子,包括文字、图形、字母、数字、声音等。麦当劳著名的"M"标记、苹果公司旗下的"iPhone""iPad""Apple Watch",以及米高梅电影公司的狮子吼等,都属于商标的范畴。

商标承载着企业的经营管理、科技进步、员工素质、商业信誉、产品或服务的质量等,是企业不可分割的一部分,代表着企业的对外形象。因此,对于企业来说,商标不仅起着区别品牌、便于消费者按照品牌购物的作用,还是企业质量的象征,可以起到广告宣传、促进销售的作用,是企业抢占市场、提高竞争力的重要工具。

通过注册商标,企业还可获得受法律保护的商标专用权,不仅可以有效阻止市场上的假冒、"山寨"、"傍名牌"等不正当竞争,还可通过商标许可、转让,或将商标作为财产抵押贷款、融资等方式,直接获取经济利益。

商标无疑是企业重要的无形资产。那么,不注册商标会对企业产生什么不良影响呢?

被抢注,破财免灾,损失惨重

我国《商标法》实行"申请在先原则",也就是说,在时间上谁先提出商标注册申请,该商标的专用权就授予谁。一旦商标被他人抢先注册,企业将不能再使用该商标进行商业活动;如果继续使用,就侵犯了他人的注册商标专用权,将面临赔偿责任,严重的还将承担刑事责任。

此时,企业要么被迫放弃使用已有一定知名度的原商标,重新投入时间、精力和费用打造另一个商标,要么花费大量金钱赎回注册商标。无论哪一种,企业都将付出巨大的经济代价，得不偿失。

代表事件： 苹果公司以 6000 万美元从唯冠手中买到"iPad"商标；New Balance 被判赔偿广州新百伦 9800 万元人民币。

"山寨"当道，难以维权，市场被瓜分

当企业打响品牌之后，市场上"傍名牌""借东风"等情况也会随之出现，但是，未注册商标不受商标专用权的保护。如果企业没有及时注册商标，那么他人便可肆无忌惮地使用该商标制造仿冒品。这就意味着企业辛苦开创出来的市场将被他人无偿享受，原有的市场份额也将被山寨、高仿产品瓜分，企业不得不蒙受巨大的经济损失。

除此之外，山寨产品质量参差不齐，大量劣质产品的出现无疑将影响企业产品的声誉，从而令企业的正常经营与发展受到限制，最终造成企业整体经济利益的下滑。如果企业没有注册商标，那么将无法使用法律武器维护自身合法权益，只能吃哑巴亏，眼睁睁地看着自己辛苦建立的市场被"山寨"货毁坏殆尽。

代表事件： 阿姨奶茶商标未注册，"山寨"店横行上海滩。

面对市场，寸步难行，痛失半壁江山

近几年，电子商务平台的崛起影响了绝大部分人的消费方式，人们乐得足不出户网上淘宝，各大企业也就跟随消费者脚步，纷纷转投电商平台，争相开辟网络市场。但是，无论是天猫、京东这种新晋一线电商平台，还是当当网、亚马逊这种老牌电商平台，在商家入驻条件中都明确规定企业需要 TM 商标或®商标才可入驻！

不仅如此，如今"山寨"、假货横行，各大卖场也制定了更为严格的入场标准。没有商标，企业在进行招投标、加盟、进卖场、进驻电商平台时，都会遭到相关平台的抵制，企业将寸步难行。

代表事件： 2014 年天猫公布新入驻标准，没有 TM 商标或®商标，企业将无法入驻。

不注册商标看似无伤大雅，实际上却会让企业辛苦打下的江山毁于一旦。希望大家在追求发展与经济利益时要权衡利弊，提高知识产权保护意识，及时注册商标，防患于未然。

4　商标注册的意义：未雨绸缪大于亡羊补牢

商标作为企业品牌的核心标识，兼具经济、信誉、产权、艺术等多重价值。注册商标是企业知名度和美誉度的体现和代表，因而商标是企业产品通向市场的第一步。在激烈的商战中，企业不仅需要通过自身过硬的产品质量和良好的服务在市场上站稳脚跟，还要学会运用法律武器保护商标等知识产权。

一个企业的成长发展离不开注册商标，合法进行商标的注册，可以在保障自己权益的同时，也使别人的权益得到尊重。

商标具有引导消费者选择品牌购物或消费的作用，能有力推进生产者、经营者不断提高商品的质量。同时，商标还有利于商场竞赛和广告宣传，是公司质量的标志。作为企业无形资产的一部分，注册商标还可以许可他人使用，进行融资贷款等。

没有对比就没有伤害。商标不注册，不仅会让自己的企业遭受经济名誉等损害，很可能会侵犯他人商标的专用权，进而影响企业的正常生产经营，造成不必要的损失。

商标专用权不受保护

商标具有唯一性和独占性，商标不注册企业就没有商标的专用权。企业商标经营得好，其他商家也可以随便用，这样就使商标标明商品来源的基本作用受到影响，对商标所代表的商品质量和信誉也将产生不利影响。只有商标经过注册后，其他任何人均不可使用相同或相似的商标用于同品类产品的宣传。

遭人抢注风险加大

我国《商标法》规定，商标注册采用申请在先原则。一个经营良好的企业如果没有及时进行商标注册，遭人抢注的风险就会增大。一旦自己苦心经营的商标被他人抢先注册，则商标的最先使用者将不能继续使用该商标。前些年，陌陌与滴滴出行的商标争议，就是典型的代表事件。

容易侵犯他人权利

侵犯他人的权利可以指两方面。一方面，未注册商标有可能与使用在相同或类似商品上的已经成功注册的他人商标相同或者近似，从而发生侵权行为。另一方面，一旦自己的商标被他人恶意抢注，原企业在不知情的状况下如果继续使用该商标进行推广，便会构成"劣币驱逐良币"的侵权行为。

企业品牌形象受损

商标不注册，就会有大量的低成本、低品质产品浑水摸鱼，用以谋求市场利益。长此以往，消费者购买到低质产品就会对企业的生产经营产生误解，不仅使得消费者的合法权益受到伤害，对市场的正常发展造成负面冲击，还使得原企业的品牌形象极度受损，导致企业的信誉与声誉下降。

不能成为无形资产

未注册商标使用人不享有商标专用权，不受法律保护，不能形成工业产权，因此也不能成为使用人的无形资产。只有经过注册的商标，在拥有商标专用权以后，才能成为企业无形资产的一部分，并且其价值也会随着产品与服务经营质量的上升而不断升值，为企业带来更多的利益。

造成经济价值损失

一个苦心经营的成功商标就是消费者认购的标志，是以营利为目的的企业一颗无形的"摇钱树"。无论商标被抢注还是被低质产品的涌入而冲击,企业挽救的措施要么将"自己的"商标重新买回来,要么放弃苦心经营的商标使用权,白白为他人作嫁衣裳。无论结果怎样,对企业造成的归根结底都是严重的经济损失。

在激烈的市场竞争中,企业不仅要努力提高产品质量与服务品质赢得客户信赖,同时还要提高知识产权的保护意识,学会以法律武器保护自身的权益不受侵害。商标一定要及时注册,正所谓"未雨绸缪大于亡羊补牢"。

第三章 创富标识——商标的注册

要注册商标，首先要从确定商标名称开始。一个响亮的名字可以让企业省掉很多宣传费。

此外，注册一个商标需要很多流程，包括查询、提交、审查、公告和注册，直到顺利地拿到商标注册证书，才算告一段落。

但是，如果其中的某一个环节出现问题，那就会引发"多米诺骨牌"效应：在商标的实质审查阶段如果被驳回的话还要进行驳回复审；驳回复审如果没有成功的话还可以起诉到法院；在初审公告期间还有异议环节；商标即便注册成功了还可能会被无效……

总之，如果缺乏专业性知识，想要进行商标注册只有找代理机构这条路。

第一节　商标标记

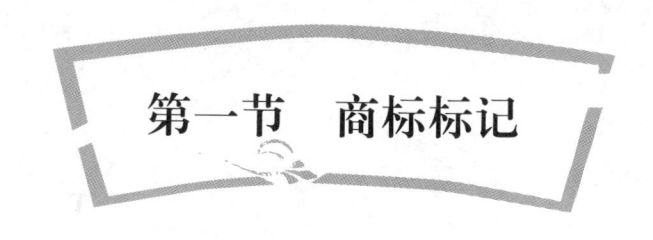

TM与®究竟代表什么？

大家肯定都注意过，不管是在大型商场还是小超市，不管是大家具还是小小的一包口香糖，总会时不时地看到在商品的包装上标有"TM"或者®的标识。如果没有点专业知识，大多数人其实是不太清楚"TM"与®到底代表什么。

那么，"TM"与®到底是什么？

经常网购的人，会不会感觉"TM"像极了天猫的拼音缩写？其实，并不是。

简单来说，"TM"实际上是英文"Trademark"的缩写，也就是商标的意思。很多时候，在商标尚未注册下来的时候，产品的包装或说明书等上是可以在商标的右边打上"TM"标识的。这样做的目的就是告诉公众，这个图形或文字是作为商品或服务的"商标"使用的。多数情况下，"TM"表示的是已经提交申请，但是还没有正式授权的商标。打上"TM"标记可以作为使用该图形或文字作为商标的证明。

用一种通俗的比喻来说，给商标打上"TM"的标识，很像是恋爱中的男生对女生宣示了"主权"，主动告诉其他人你的商标已经名花有主了，大家就不要再瞎操心了。需要谨记的是，我国法律中没有对"TM"有任何的规范，在使用时要根据实际情况而定。

那®又代表什么？

®是英文"Register"的缩写，中文意思是"注册"。商品或服务打上这个标记，就是告诉人们它所标注的图形或文字是注册商标，已经获得商标局的批准，具备商标的独占性、排他性等权利，受到国家法律的保护。未经授权，任何个人和组织的擅自使用行为都属于侵权行为。

与"TM"不同的是，已被授权的商标在我国的《商标法实施条例》中有明文规定：

使用注册商标，可以在商品、商品包装、说明书或者其他附着物上标明"注册商标"或者注册标记。注册标记包括"注"和®。使用注册标记，应当标注在商标的右上角或者右下角。

拿到商标注册证，®标更像是已经结婚的合法关系。相对于"TM"的恋爱式关系，注册了的商标具有法律效力，受法律的保护。当然，如果自己的商标还不是注册商标，如果标记为®的话就属于触犯法律的行为。

当然，我国也有对未注册商标的保护，但保护起来不如已注册商标的力度大。所以，从这一点来看，商标还是及早注册更好。

第二节 商标起名

1 商标起名的四种禁区,碰一下都不行!

相信人人生来爱美,美的东西能让人更有消费的欲望,所以大部分的商标也是追求美的。然而,很多商标注册人对商标注册禁区缺乏足够的认知,不免一味标新立异,在商标的名字上过于追求个性,或是坚持自我、一意孤行,最终逃不过驳回的命运。

那么,哪些商标名称容易被驳回呢?

总想和名人拉上关系

想通过抢注将名人注册成自己的商标是很多人"乐此不疲"的一件事,利用名人的效应来蹭热度,为自己的生意加上一把火。我们熟悉的很多名人,比如文学领域的莫言、科学领域的屠呦呦、体育领域的易建联、音乐领域的郎朗等都曾"躺过枪"。

然而《商标法》明确公众人物姓名不得作为商标使用,就是要防止市场竞争者通过"搭便车"的方式来扰乱市场秩序。最高人民法院出台的新规再次明确政治、经济、文化、宗教、民族等领域公众人物姓名不能注册为商标。因此,即使注册成功也可能面临被无效的风险!

也想沾沾国家的光

有些商标的申请人为了追求商标名气的高大上，就特别想和国家的重要机构攀上亲戚。比如，注册故宫、天安门、人民大会堂等来凸显商标的重量级别，还有的以"国"字辈来彰显品牌的认可度，为自己的品牌增加筹码。

但"国酒""国酿"是绝对不能通过商标审查的，"国酒茅台"的商标就一直未被审查通过。法律具有严格的规定，国家名称、县级以上地名、具有政治意义的名称或图案等，都是国家明令禁止的商标。就算提交上去，也会面临被驳回的结果！

想做大牌的"李鬼"兄弟

我们日常生活中稍不留心就有可能着了"李鬼"的道儿，什么"周住牌"洗衣粉、"八个核桃""十个核桃"、"二粮液""三粮液"、"雲碧""雷碧"等，总之就是要鱼目混珠到让你防不胜防。

"山寨""傍名牌""擦边球"的商标注册是一种混淆公众的不良行为，更是一种侵权行为。虽然我们在市面上会看到很多"山寨"品牌扰乱视听，但其实很多大品牌已经将一些有可能被"山寨"的商标进行了注册，这就是防御性商标。比如大白兔集团还注册了"大灰兔""大花兔"，可口可乐注册了"雷碧"，娃哈哈注册了"娃娃哈"等。

为出名只好出此下策

最后这种情况比较"辣眼睛"。为了提高品牌的曝光度，有的商标申请人选择"剑走偏锋"，坚持将"个性"进行到底。只要能吸引人，什么"小三""败家女""潘金莲""王八蛋"等都敢拿来试一试。

无疑，这种词汇属于有害于社会主义道德风尚的词汇，容易对人、社会产生不良社会影响，是官方坚决抵制的，稍有触及驳回没商量！我国《商标法》明文规定，使用时易产生不良社会影响的，不得作为商标使用。

商标是企业产品与服务的品牌标识，不仅是企业形象的代表，也体现着相应的文化内涵。为了保证商标注册的公正与合理，我国《商标法》特别规定了商标注册标准，还规定了禁止注册商标的多种情形。笔者在这里郑重提醒，给商标起名字一定要慎重，注册时既要重视成功率也要兼顾商标的文化内涵。

2 提高商标注册成功率，知道命名规则很重要

随着国家繁荣发展的趋势以及创业政策不断利好，新兴的创业企业如雨后春笋般遍地而生，"大众创业、万众创新"的政策导向让企业发展一片繁荣。与此同时，市场主体如浪潮般涌现，也让商标注册难度增加的现状成为不争的事实。想要顺顺利利成功注册一个中意的商标确实不容易。

商标注册为啥那么难？

很多商标申请人会有这样的疑问：商标注册为什么成功率不能达到100%，为什么现在的商标注册变得越来越难？

事实上，商标作为一种资源，具有稀缺性。以中文商标为例，目前我国有效注册商标已经超千万个，接近商标用词的极限。但是大部分商标申请人在商标命名上的认知、思维方式都是相近的，尤其在热门产业领域，想到相同名称的概率非常高，这也是商标被驳回的重要原因之一。

商标命名　这些规则很重要

因而，商标名称要顺利通过审核就要符合《商标法》的相关规定。为了能够和已经注册的商标区别开来，有效避免商标相同或近似的情况，需要商标申请人在命名环节深思熟虑。下面就简单说几种商标命名时需要知道的命名规则。

1. 尽量避免常见词汇

上文说到，我国现有有效商标注册已超千万个，如果不在起名的时候好好

思考，而使用较为普遍的大众词汇作为名称注册，由此造成的商标名称重合率非常高。比如，在第9类电子通信，很多商标喜欢带"通"字，第25类服装类，很多申请人喜欢带"美""好"等字，这些字眼区别性比较低，难以增加商标通过率。因而，在起名字的时候需要对词汇的日常使用有一定的了解，在其具有显著性的基础上做到一定的独创性、独特性。

2. 不要使用禁用词汇

我国《商标法》明文规定了禁止作为商标使用的几种情形，如与国旗、国徽、国歌等相同或者近似的，带有民族歧视性的，同"红十字""红新月"的名称、标志相同或者近似的等情形。仅有本商品的通用名称、图形、型号的，或者仅直接表示商品的质量、主要原料、功能、用途、重量、数量及其他特点的也不能作为商标注册。例如，将矿泉水商标注册为"纯净"，将食品商标注册为"好吃"等，这样都是不可以的。

3. 增加字词改变原意

有的客户在想好商标名称或者已经在使用的情况下，才发现已经被他人抢先注册，但是又不愿意放弃这个商标。此时最好的方法就是在原名称的前后加上具有显著性含义的字词，或者替换原有商标中的部分字词，能够使中文商标的整体含义具有显著区别。比如说，做服装的客户喜欢"骑士"这个名字，然而"骑士"在服装鞋帽类别已经有人注册，此时在后边加上具有实际意义的一个"兔"字，变成"骑士兔"，使得原意发生改变就可以注册。

当然，除了在起名字上多加用心以外，我们还可以通过其他方式，比如转让的方式获得商标权。市场上很多已成功注册的商标是处于闲置状态的，可以通过中华商标超市等平台获取优质商标。商标转让也不失为一种获得商标的便捷形式。

3 起名字的要点,你知道吗?

人们常说人如其名,可见,名字不仅是人身份的简单标签和代表,还承载着人的气韵、品行和内涵。名字伴随人的出生、成长与离去,与人的一生息息相关。如何给孩子起一个适当的名字,恰如其分地彰显孩子的成长期望和文化修养,确实是一门大学问。以"小知"的名字为例,正如孔圣人所云:"知者不惑",有智慧的人向来不会迷惑。如此有诗意情怀的名字也会给人留下深刻的印象。

其实,起名字没那么难,难的是如何起一个合适的名字。自我意识觉醒的年代我们拒绝中规中矩,同时在传统文化心态下又不能过于追求个性,如何拿捏到位把握尺度是关键。起商标名字其实与起宝宝的名字有异曲同工之妙。

通俗易懂,雅俗共赏

名字是人一生的标签,有一个好名字就像人穿上一件漂亮得体的衣服,让人一生受用。起名字首先应该通俗易懂,在了解字义的基础上语意明了,符合现代阅读的音律、音韵,三观积极向上,切莫出现消极悲观的字眼。除此之外,名字还要向着雅俗共赏的审美意趣靠近。为了增加文化内涵,多多翻阅《楚辞》《易经》《诗经》等文学经典,从传统的文化精髓中汲取营养不失为一种高妙的方法。

书写简便,避免生僻

名字除了要好听、读起来朗朗上口外,还应该符合现代人的书写习惯,尽量使用较为简洁的汉字，既是为了书写方便，也是为了形象美观。除了人如其名外，中国人也讲究字如其人。现在人们喜欢追求个性、寻求不同的心态无可争议，这是现代人拒绝趋同的不自觉行为，但是过度的个性不仅达不到想要的效果，反而会事与愿违。为了降低重名概率，越来越多的人开始使用生僻字，这固然有一定道理。但是，为了便于阅读和书写，也为了便于生活、学习与交往，建议尽量避免太生僻和繁复的字，尤其是一些电脑系统也无法识别的生僻字。

不宜浅薄，切忌俗套

名字一方面表达父母对子女的期望，在一定程度上也体现出家长的审美观与价值观。钱百万、金鑫鑫、刘老二、王铁柱、张翠花等，这样的名字不是太过露骨，就是过于庸俗，鲜有美感，缺少一定的涵养。现在是一个处处讲求创新、与时俱进的时代，存在落后观念与古板审美的名字往往给人格格不入之感。因此，起名字切忌落入俗套的圈子。

其实，在中国起名字还有很多讲究，笔者在此抛砖引玉，想说明的是起名字是一件大事，其难易程度取决于自己的态度。视为璞玉，精雕细琢，终必璀璨夺目；视如草芥，弃如敝屣，不免黯淡无光。但凡看似简单的事穷究起来都有大学问、大智慧。

同理，如果将企业比作家长，企业的商标就是家长的孩子。商标作为企业形象的核心体现，是企业价值的无形资产。给公司注册商标时起一个喜闻乐见的名字，不仅容易为大众所接受，还能同步提升企业的品牌价值，为公司带来更多的客户，在获得良好经济效益的同时，促进企业的良性发展。

4　三招教你轻松给商标取名

对于一个企业来说，商标注册很重要，但有的时候取一个好的商标名更为重要。一个好的商标名可以帮助企业扩大知名度和影响力，甚至可能决定企业的长远发展。

什么才是好的商标名呢？商标名称的选择不仅要考虑到好听、好记、符合企业文化、高端大气上档次、低调奢华有内涵这些影响传播力的因素，更要考虑到是否具有显著性、独创性、近似性等专业问题。

那么，怎样取名字才能二者兼顾，顺利通过商标局的审查而注册成功呢？下面就来教你三招，让你轻松给商标取个好名字！

明确企业文化理念和品牌概念

一个好的商标名称应当体现企业的名称、形象、文化、品牌、企业经营种类、地理位置、产品的质量和服务等，将这些方面逐字逐句写在纸上，这是企业商标名称的精髓与方向。

头脑风暴，选择方法

我国《商标法》规定，申请注册的商标应具有显著特征、便于识别，并不得与他人在先取得的合法权利相冲突。

如何使商标的名称具有显著性呢？笔者总结归纳了以下几种方法。

1. 天马行空独创法

即采用天马行空的想象，创造一个从未有过的词汇。这样的名字足够独特、竞争性强，不会因与其他商标名称类似而被驳回，在日后企业品牌宣传时，可以最大限度地排除其他品牌的竞争障碍。

例如"吉普"商标就是由其公司创造的，后来"吉普"这个名称几乎成为越野车的代名词，而在此之前，本行业并无类似名称。

采用这种方法创造的商标名称由于非常独特，在申请商标注册时成功率也会超乎寻常地高。

2. 固有名称选择法

即在已经存在的词语中选择一个心仪的名称作为商标名，这是目前所有商标中数量最多的一类。值得注意的是，固有名称的选择应与企业的商品或服务类别没有任何联系，仅仅作为标识帮助消费者辨识企业、品牌、产品来使用，否则很容易被认定为描述性词语、通用名称而被驳回。

例如"苹果"一词，由于这个词是描述性的，是某种水果的通用名称，因此不能作为苹果这种水果的商标。但将其用在电脑行业，"苹果"则失去了描述词和通用名称的效力，变成一个很好的商标。

3. 产品联想法

即从企业产品出发展开联想，将与产品有关的词语联系起来。这种名称能够起到间接暗示产品品质、标榜企业文化、突出产品内涵等作用。这里提醒，尽量不要选择与产品类别相关的描述性的词语作为商标名称，否则很容易被认定为缺乏显著特征而被驳回。

4. 国际风情法

即给自己的商标取一个"洋范儿"的名称。有些行业存在崇尚外来品的现象，如服装、食品等，企业也可采用一个比较国际化的名称来迎合消费者的喜好。

可采用一些比较常用的音译名称。例如，"Beautiful"可以音译成"碧欧得福"，"Delicious"可以音译成"得利斯"等。除此之外，还可以用一些带有国外特点的词汇来取名，比如美国的"山姆××"、日本的"樱××"、法国的"××士"等。

确定选择，进行检索注册

结合第一步与第二步，将企业文化和品牌概念与取名方法相结合，对写下来的名字进行组合、拆分、抽象、概括等，反复尝试，直到得到一些好读、好记，又具有意义的名称。

确定好名称之后，登录商标局网站，把得到的这些商标名称进行检索，选择无类似名称、成功率较高的商标进行注册。若不熟悉检索、注册流程，可以咨询代理机构。

附：取商标名称的禁区

A. 禁用通用名称、描述性商标，慎用暗示性商标；

B. 不要试图与驰名商标或者著名商标擦边，会让你得不偿失；

C. 不要用过于深奥的名称，消费者无法理解。

D. 名称不要过长或者过短，汉字以 2~4 个字为佳，英文限制在 3 个单词以内。

第三节 禁止作为商标使用

1 什么是有害于社会主义道德风尚的商标？

关于不能申请商标的条件有很多。在《商标法》第十条禁止作为商标使用的标志中，共有八条规定，其中最后一条是有害于社会主义道德风尚或者有其他不良影响的，算是一个兜底性的规定。然而到底什么是影响社会主义道德风尚的呢？今天给您具体说一说。

凡是标志中包含对我国政治、经济、文化、宗教、民族、道德等社会公共利益和公共秩序产生消极的、负面的影响的商标构成要素，或者可能使消费者对商品数量、质量、价格、型号等特征及其来源产生误导的构成要素，都可以归入这一项。此类标志主要包括以下因素。

1）使用侮辱性或淫秽性文字、图案作为商标构成要素，比如使用"王八蛋"作为商标。

2）使用国家领导人的姓名。这个就不用解释了，不光是国家领导人，因为在先权利中还包括在先姓名权，那些知名人物的姓名都不可以。

3）使用"911"等带有政治意义的数字。可想而知，"九一八""五四"应该也不可以的。

4）使用"黑鬼"等有害于种族尊严的词汇。类似于这样的词语应该还有"南方蛮子""东亚病夫"等，是不是一听就很让人愤怒？

5）使用与我国各党派、政府机构、社会团体等单位或者组织的名称、标志相同或者相近的名称和标志。党派，如"国民党"等，对吧？

6）使用与我国党政机关职务或者军队的行政职务职衔相同或相近的名称。比如"大校""连长""科长""处长"肯定都不行。

7）使用与各国法定货币的图案、名称或者标记相同或者近似的标志。"人民币""英镑""美元""欧元"，或者货币的图案。当然，我国人民币背面是以著名景区为图案的，这个应该不算与之图案相同，想要注册时要看具体情况。

8）使用"一元钱""五千克"之类容易使消费者误认为其实商品价格、数量的标志。

9）使用他人的企业名称或者知名商品的名称等。在这方面产生纠纷的案例很多，红蜻蜓就是其中之一。两个红蜻蜓一个是企业名称，另一个是商标名称，但现在共同存在，因此纠纷不断，所以在这方面企业还要非常注意。

2 怎样判断商标带有民族歧视性或夸大宣传？

国际著名品牌评估机构 Brand Finance 的数据显示，中国在世界国家品牌价值排行榜中排名第二，仅次于美国。美国品牌价值已连续第二年排名第一，其价值为 19.7 万亿美元，比上年度增长 1%。排名第三位至第五位的分别是德国（4.17 万亿美元，下滑 4%），英国（3.01 万亿美元，增长 6%），日本（2.54 万亿美元，增长 3%）。前十名中增长幅度最大的是印度（增长 32%），以 2.14 万亿美元排名第七。既然中国品牌价值排名世界第二，自然是非常注重品牌塑造的，所以在申请商标时，有很多带有民族歧视性的标志和夸大宣传带有欺骗性的标志是不能够注册成商标的。下面就说一说什么是民族歧视性和夸大宣传带有欺骗性的标志。

民族歧视性显现在不同商品上情况不同

所谓带有民族歧视性的标志，是指商标的构成要素如文字、图形等带有对特定民族进行丑化、贬低或者其他对其不平等看待的内容。

对某一标志是否带有民族歧视性往往需要结合具体的商品或者服务来判断。比如将某个民族的全称或者简称注册在马桶或者卫生巾等类商品上显然会传达出不友好的信息，但如果用在衣服类商品上，就不再被视为带有民族性歧视。

主要以不让公众产生误解为准

对某一标志是否属于带有欺骗性有时需要结合具体的商品或者服务来判

断,比如将"超级合金"使用在某些金属制品上明显带有欺骗性,而使用在食品类商品上则不一定带有欺骗性。实践中,一些文字图形虽然明显带有夸张性,比如"仙露"用在矿泉水或者酒类商品上,但消费者会意识到这只是一种宣传手法,不会被欺骗,虽然带有夸大宣传,但仍然可以用做商标。

《最高人民法院审理商标授权确权行政案件若干问题的意见》第二条也规定:"有些标志或者其构成要素虽有夸大成分,但根据日常生活经验或者相关公众的通常认识等不足以引人误解。对于这种情形,人民法院不宜将其认定为夸大宣传并带有欺骗性的标志。"容易使公众产生误解的标准需结合标志与商品来判断。比如将"消费者满意的好家具"这一标志使用在家具商品上,就容易使公众对家具的质量产生误解。同样,如果将"天山"使用在矿泉水商品上,就容易使公众对矿泉水的产地产生误解。

更多名称如果企业不容易判断时,就以是否能够让公众引起误解为准则。

3　商标注册被驳回中的民族歧视

没有个性名称的商标不是一个好商标，但是很多有"个性"的名字都被驳回了，想知道为什么吗？举一个外国人的例子吧。有一个乐队注册了一个叫"丹凤眼"的商标被驳回了，理由是对"亚裔构成侮辱和歧视"。这个理由是典型的民族歧视，最后乐队上诉到最高法院，被告知"可以注册"。

美华人乐队为什么申请注册"丹凤眼"遭驳回？

话说美国有一支名叫"The Slants"的乐队，想把这个名称注册成商标，翻译过来就是"丹凤眼"。但是提交到美国专利商标局后遭到拒绝，理由是其字眼涉嫌种族歧视，认为这是对"单眼皮"的歧视，所以没有让其注册。

后来，这个官司打了很久。2009年，这个乐队又提出申请了，被美国专利商标局认为slanted eyes（丹凤眼）对亚裔构成侮辱和歧视，结果商标申请被拒。乐队把美国专利商标局告到法庭，结果法院判决乐队胜诉了，依据是宪法第一修正案，政府无权简单地因为某种言论有冒犯之意就拒绝他们的商标注册权。美国专利商标局认为slanted eyes侮辱华裔，继续上诉，案件于是上诉到美国联邦最高法院。最后，美国联邦最高法院一致裁定，美国专利商标局不能拒绝这支乐队将名称注册为商标的权利。

原来，这支乐队成员都是华人。乐队成员表示，slant本身并无种族歧视的意思，而乐队希望透过音乐提倡反对种族歧视。经过近8年诉讼，乐队对最高法院的判决感到非常激动。

看到这个结果，只想说一句话，外国人是怎么想的？中国人似乎并没有不喜欢丹凤眼好不好？不信你看，李易峰、王源那些"老鲜肉""小鲜肉"们，都是迷死人不偿命的丹凤眼。

民族歧视性也分情况

所谓带有民族歧视性的标志，是指商标的构成要素如文字、图形等带有对特定民族进行丑化、贬低或者其他对其不平等看待的内容。

之前，"黑人"商标在进行注册时就有相关种族歧视的传言，但经过论证，黑人与白人等其他肤色的种族并未有歧视的因素。相对的"黑鬼"就明显具有种族歧视。所以，在申请注册时还要视情况而定。

4 哪些英文绝对不可以注册商标？

我国《商标法》第十条规定了不得作为商标使用的标志，如与我国或外国的国家名称相同或近似的，与中央国家机关所在地特定地点、标志性建筑物的名称相同的，或带有歧视性的文字等均不可作为商标使用。也就是说，违反该条款规定的英文（包括全称、简称及缩写）是绝对不可以注册为商标的。那么，哪些英文属于规定的范畴呢？什么样的英文绝对不可以注册为商标呢？下面就带大家来看一看，商标局是如何审查英文商标的。

与我国或外国的国家名称相同或者近似的

一般情况下，英文的字母构成、含义、读音或者外观与国家名称相同或近似的，均不可作为商标使用。如我国国家名称的英文简称或者缩写包括"CN""CHN""P. R. C""CHINA""P. R. CHINA""PR OF CHINA"等，因此与我国国家名称相同或近似的"CHINA""CHINAR""China Power（中华电力）"等，不可作为商标使用。同样，与外国国家名称相同或近似的英文，如"FRANCE（法国）""Canada Light（加拿大之光）"等也不可作为商标注册使用。

但是，在一些特殊情况下，一些英文字母、单词或缩写是可以使用的，主要有以下几种情况。

1. 不会使公众误认的

如具有明确的其他含义且不会造成公众误认的。如"CHAIN（链条）"与我国英文名称"CHINA"虽然字母相近，但其英文单词有明确的其他含义，因此可以作为商标注册使用。

另外，英文字母经过排列组合后与禁止作为商标注册的名称无关，完全不会令公众误认的，如 CRINA（无含义），也可以作为商标注册使用。

2. 描述的是客观存在的事物，不会使公众误认的

如"中华鲟"是我国特有的古老珍稀鱼类，属于客观存在的实物，因此其英文"Chinese Sturgeon"是可以作为商标使用的。

3. 商标含有与我国国家名称相同或近似的文字，但其整体是报纸、期刊名称或者依法登记的企事业单位名称的

如"Air China（中国国际航空公司）""Renmin University of China（中国人民大学）"等。

4. 经该国政府同意的

如果商标注册申请人想要注册与外国国家名称相同或近似的商标，那么则需要经过该国政府同意，并提交经该国政府同意的书面证明文件。若该商标在该国已经获得注册，视为该外国政府同意。

5. 商标含有与外国国家名称相同或近似的文字，但其整体是企业名称且与申请人名义一致的

如德意志银行作为申请人申请"Deutsche Bank（德意志银行）"商标、新加坡航空股份有限公司作为申请人申请"Singapore Airlines（新加坡航空）"，均是可以的。

6. 商标所含国名与其他具备显著特征的标志相互独立，国名仅起真实表示申请人所属国作用的

如在商标"Maestro Italiano"中，商标申请人 Cielo E Terra S. P. A. 为意大利公司，其申请的商标中虽带有意大利的国家名称"Italiano"，但"Italiano"仅表示该公司所属国，因此可以作为商标注册使用。

与我国或外国国旗、国徽、军旗的名称相同或者近似的

申请注册的英文商标若与外国国旗、国徽、军旗的名称或者图案相同或者近似，如"Union Jack（英国国旗）"，则会被商标局判定为与外国国旗、国徽相同或者近似，不予通过。

当然，如果商标注册申请人已经获得该国政府同意的，并提交经该国政府同意的书面证明文件后则可将该英文名称作为商标注册使用。另外，若申请人就该商标在该国已经获得注册的，则视为该国政府同意，可以进行注册。

同政府间国际组织的名称相同或者近似的

政府间国际组织,是指由若干国家和地区的政府为了特定目的通过条约或者协议建立的有一定规章制度的团体,如联合国、欧洲联盟、东南亚国家联盟、非洲统一组织、世界贸易组织、世界知识产权组织等。申请商标注册时一定要避开与这些组织相关的英文全称、简称或缩写。

如联合国的英文全称为"United Nations",缩写为"UN";欧洲联盟的中文简称为欧盟,英文全称为"European Union",缩写为"EU";世界贸易组织的英文缩写为"WTO";亚太经合组织的英文缩写为"APEC"等。

但是,若商标注册申请人经过该政府间国际组织同意则可使用相关英文名称进行注册,注册时需要提交相关证明文件。

此外,如果申请注册的英文具有明确的其他含义或者特定的表现形式,不容易误导公众的,也可以注册。如"WHO(谁)"与世界贸易组织的英文缩写"WTO"虽字母构成相似,但因"WHO"有明确的含义,不会令相关公众产生混淆,因此可以进行商标注册。

同"红十字""红新月"的名称相同或者近似的

"红十字"是红十字会的专用标志,"红新月"是红新月会的专用标志,申请注册的英文商标不可与其相同或近似,否则商标局将不予注册。如"Red Cross"的中文含义为"红十字","Red Cresent"的含义为"红新月",都属于不可以注册的英文。

带有民族歧视性的

在英文商标中,若英文的含义带有对特定民族进行丑化、贬低或者其他不平等看待该民族的内容的,则属于带有民族歧视性的英文,不予注册。

不过,商标局在审查商标时,对于民族歧视性的判定还会综合考虑商标的构成及其指定使用商品、服务。也就是说,某英文名称原本没有歧视性含义,但用在某一特定类别上则有可能被认定为"带有民族歧视性的"。如"Indian

（印第安人）"用在服装衣帽上是可以的，但是作为卫生洁具注册则是不可以的。

有害于社会主义道德风尚的或者有其他不良影响的

什么英文属于"有害于社会主义道德风尚"或"不良影响"？总体来说，骂人的脏话、侮辱性质的词语、有损国家尊严和形象的、与恐怖主义组织沾边儿的、侵害宗教信仰的等都属于此条款禁止注册的范畴。如"Idiot（白痴）""Honky（白鬼子）"等侮辱性、歧视性词语是不可作为商标注册的，"Vladimir Putin（普京）""Krone（丹麦货币名称克朗）"等与国家、地区或者政治性国际组织领导人姓名，或与各国法定货币的名称相同或近似的，均属于不予注册的范畴。

另外，即使没有歧视性和贬义，用"Mecca（宗教圣地麦加）"等宗教或者民间信仰的偶像名称、宗教活动地点、场所的名称等词汇注册商标也会被判定为有害于宗教信仰、宗教感情而被驳回。

虽然此条款的判定会综合考虑社会背景、政治背景、历史背景以及商标的构成与指定使用的商品/服务等因素，但不同的商标审查员对于此条款的把握程度不同，因此也会造成一定程度的误判。一旦出现这种情况，建议商标注册申请人可以咨询专业的知识产权代理机构，代理机构会根据具体情况帮助申请人判断是否可以通过驳回复审"拯救"商标。

公众知晓的外国地名

根据《商标法》第十条精神，一般情况下，公众知晓的外国地名，也就是我国公众知晓的我国以外的其他国家和地区的地名，包括地名的全称、简称、外文名称和通用的中文译名，均不可作为商标注册。如"Olympia（希腊奥林匹亚）""Japan（日本）""Varsaw Burgrave（华沙贵族）"等均不可作为商标注册。

有以下特殊情况。

1. 申请人名称含有地名，申请人以其全称作为商标申请注册的

如申请人"纽约置地有限公司"将其英文全称"The New York Land Company Ltd.（纽约置地有限公司）"作为商标注册是可以的。

2. 商标由公众知晓的外国地名和其他文字构成，但整体具有其他含义且使用在其指定商品上不会使公众发生商品产地误认的

如在商标"London Fog（伦敦雾）"中，虽然商标中含有伦敦的英文名称，但商标整体"伦敦雾"属于客观存在的一种自然现象，属于"整体具有其他含义"的范畴，是可以作为商标注册的。

3. 商标所含地名与其他具备显著特征的标志相互独立，地名仅起真实表示申请人所在地作用的

如在商标"Paris"中（见下表），商标申请人所在地为巴黎，其申请的商标中虽带有巴黎的英文全称"Paris"，但"Paris"仅表示该公司所在地，因此可以作为商标注册使用。

注册号	22557321	商标中文	鎏朝	商标拼音	LiuChao
商标英文	Paris	商标字头		商标数字	
申请日期	2017-01-09	初审日期	2017-11-13	注册日期	2018-02-14
初审公告	1575/62512	注册公告	1587/97373	截止日期	2028-02-13
商标流程				商标预售	
注册人	M. N. 国际责任有限公司 M. N. International EURL				
原注册人					
注册地址	法国巴黎 16 区儒维内街 20 号 20 RueJouvenet 75016 Paris				

【延伸阅读】《商标法》第十条

第十条 下列标志不得作为商标使用：

（一）同中华人民共和国的国家名称、国旗、国徽、国歌、军旗、军徽、军歌、勋章等相同或者近似的，以及同中央国家机关的名称、标志、所在地特定地点的名称或者标志性建筑物的名称、图形相同的；

（二）同外国的国家名称、国旗、国徽、军旗等相同或者近似的，但经该国政府同意的除外；

（三）同政府间国际组织的名称、旗帜、徽记等相同或者近似的，但经该组织同意或者不易误导公众的除外；

（四）与表明实施控制、予以保证的官方标志、检验印记相同或者近似的，但经授权的除外；

（五）同"红十字""红新月"的名称、标志相同或者近似的；

（六）带有民族歧视性的；

（七）带有欺骗性，容易使公众对商品的质量等特点或者产地产生误认的；

（八）有害于社会主义道德风尚或者有其他不良影响的。

县级以上行政区划的地名或者公众知晓的外国地名，不得作为商标。但是，地名具有其他含义或者作为集体商标、证明商标组成部分的除外；已经注册的使用地名的商标继续有效。

第四节 商标查询

1 解密商标查询四大风险

众所周知,企业及个人在进行商标注册之前需要进行商标查询,了解准备申请注册的商标是否与他人已注册或正在注册的商标相同或近似,以降低商标注册风险,提高商标注册成功率。但是,这并不代表经过查询的商标就能100%注册成功。商标查询存在一定的风险,将会影响到近似判断的准确性,从而造成商标注册的失败,因此不得不加以注意。

盲期风险不可避免

无论是商标注册申请人还是商标代理机构,查询近似商标的主要依据是商标局内计算机数据库中的各类申请信息,但这些申请资料都需要人工一一分类并通过扫描输入商标局数据库。也就是说,我们提交的各类商标申请文件从递交到商标局,到可以从计算机数据库中检索到需要一定的时间,一般在3~6个月,这就是通常所说的查询盲期。

在盲期内的商标信息是任何人都无法查询到的,因此企业或个人申请注册的商标有与在盲期内的在先商标出现相同或近似的风险。这个风险是客观存在的,无法避免。

跨类别近似风险构成威胁

一般来说，商标查询是按照商标局使用的《类似商品和服务区分表》中对商品或服务的分类进行单类别查询，但这其中存在跨类别近似的风险。

跨类别近似，是指不在同一大类别的商品或服务项目，在功能、使用方法和用途、销售渠道等方面均具有极高的类似性，因此互相构成近似商品或服务。如第21类中的"暖水瓶"与第11类的"电热水瓶"类似，第29类的"豆腐"与第30类的"食用面筋"类似。

值得注意的是，有些商品虽然未在《类似商品和服务区分表》中明确标明为跨类别近似，但在实际审查中，审查员根据商品的性质、用途，也有可能将商标判定为与另一类别的商品近似。这就要求进行商标查询的人必须具备丰富的商品分类知识和经验，查询时要在多个类别上进行检索，才能最大限度地避免跨类别近似风险。

驰名商标风险难以查明

根据我国《商标法》第十三条规定，我国对未注册的驰名商标予以特别保护。申请注册的商标若在相同或类似的商品上与未注册的驰名商标相同或近似的，商标局不予注册并禁止使用。未注册的驰名商标无法通过商标局数据库检测到，因此会对商标查询造成一定的障碍。

另外，根据我国《商标法》第十三条精神，已在我国注册的驰名商标享受跨类别保护，也就是说，一枚商标即使只在某一个类别上进行了注册，但由于被认定为驰名商标，其他人在其他类别也不可注册相同或类似的商标。

商标局会不定期公布驰名商标的名单，在商标查询时却无法判断哪些商标属于驰名商标，驰名商标成为商标查询中又一个隐性风险。

优先权风险难以预知

我国《商标法》第二十五条规定，商标注册申请人自其商标在外国第一次提出商标注册申请之日起六个月内，又在中国就相同商品以同一商标提出商标注册申请的，可以要求优先权。受优先权保护的申请人，其商标注册申请日期不受在我国提出商标注册申请的日期约束，而是可以将其在外国第一次提出注册申请的日期作为申请日期。

也就是说，一些企业或个人可以通过要求优先权而获得一个较早的商标注册申请日期，从而"后来者居上"，威胁到申请日期在先的其他商标。优先权属于商标查询中的一个"盲点"，不可预知，从而成为商标查询的一大风险。

商标查询过程中存在的风险，决定了企业及个人在商标注册申请时要理性客观地看待商标查询，切不可盲目迷信商标查询结果。不过，尽管商标查询存在一定的局限性，但在实践中，经过查询的商标注册申请，其注册成功率远远大于未经查询的商标申请。因此，为了最大限度地提高商标注册成功率，企业及个人还是应积极进行商标查询，尽可能确保自己的商标可以顺利注册。

2 商标查询要知己知彼

在商标注册过程中,商标查询是一个不可忽略的重要步骤。通过查询商标局商标登记注册情况,了解准备申请注册的商标与他人已注册或正在注册的商标是否相同或近似,将会大大降低商标注册风险,提高商标注册成功率,避免时间与金钱的双重损失。

在商标查询中应注意哪些问题?商标查询有哪些规则?下面商标查询五大黄金法则,帮助你轻松应对商标查询这道坎。

知己知彼,百战百胜

商标查询的目的是规避商标注册风险,其中,商标相同或近似是商标注册过程中最常见的失败原因。商标近似的判断标准是什么?什么样的商标属于近似商标?这些都是进行商标查询前必须要了解的知识。

我国商标评审委员会 2005 年底公布了《商标审查标准》,商标审查员对商标显著性、近似商标的判断均以此为依据。知己知彼方能百战百胜,充分了解商标局的《商标审查标准》将有助于判断商标近似状况,从而降低商标注册失败风险。

小心防范隐性规则

一般来说,商标查询是按照商品或服务的类别进行单类别查询,例如想要注册服饰类商标则需要在第 25 类中进行近似查询。但目前在商标局使用的《类似商品和服务区分表》中,还存在跨类别近似的"严重"问题。

跨类别近似，是指不在同一大类别的商品或服务项目，在功能、使用方法和用途、销售渠道等方面均具有极高的类似性，因此互相构成近似商品或服务。如第30大类中的3002"茶饮料"，在功能与使用方法上均与第32大类的3202"不含酒精饮料"类似，故不同类别的二者互为类似商品。

当出现这种情况时，就需要申请人在两个类别中分别进行商标查询。不过，鉴于这种跨类别近似的情况太特殊，表面上看起来毫不相干的两种类别往往可能造成近似。建议申请人咨询有丰富商品分类知识和经验的专业人员，尽量避免因跨类别近似而造成商标注册失败。

除此之外，驰名商标的存在也给商标查询造成一定的困难。我国《商标法》规定，已在我国注册的驰名商标享受跨类别保护。也就是说，一枚商标即使只在某一个类别上进行了注册，但由于被认定为驰名商标，其他人在其他类别也不可注册相同或类似的商标。

"知识+经验"决定商标命运

商标查询，不仅查询商标近似情况，还要判断商标是否违背《商标法》的相关规定，以及商标是否具有显著性等问题。这就要求商标申请人要充分了解我国《商标法》及《商标法实施条例》第十条、第十一条等的相关规定，仔细研究商标近似判断标准，还要完全理解多达数百页的商标分类表。

此外，缺乏经验也是影响申请人商标查询的一大重要因素。缺少经验，申请人对商标的近似判断、显著性判断等都会产生偏差，不仅会降低商标查询的准确性，还会最终影响商标注册结果，导致注册失败。

正规的商标代理机构拥有一批专业人员，经验丰富，了解商标审查标准和评审规则，因此提供的专业意见可以有效地避免人为失误，大大提高商标注册的成功率。

细节决定成败

在进行商标查询时，有的申请人会发现在同一类别有相同或近似的商标了，但这并不意味自己的商标不能注册了。实际上，申请人在中国商标网上查询到的商标信息不仅包括正在申请和已经注册的商标，还包括申请失败和已经无效的商标，因此，当发现商标近似之后可以进入商标详细页面进行细节查询，页面最下方将会显示这枚商标的流程、状态、有效期等具体信息。若商标处于无效状态或已经过了有效期，申请人则可以重新进行申请。

不要盲目迷信商标查询结果

商标查询是为了避免商标注册失败，提高注册成功率，但商标申请过程中存在一些无法避免的客观因素，如查询盲期、近似判断的主观性、公告期的异议风险等，都会影响到商标注册结果。商标查询只能最大限度地降低商标注册风险，无法保证100%成功，因此切不可盲目迷信商标查询结果。

法律链接 我国《商标法》规定："申请注册的商标，凡不符合本法有关规定或者同他人在同一种商品或者类似商品上已经注册的或者初步审定的商标相同或者近似的，由商标局驳回申请，不予公告。"

第五节　商标近似

1　商标近似有妙招，教你正确的打开方式

看过西游记的都知道，真假美猴王让唐僧晕头转向，就连观音菩萨也束手无策，表示分不清。现实中，明星撞脸也是稀松平常的事情，也难怪粉丝错把张一山看成夏雨，把夏雨当成姜文。不过这些都是戏言。其实商标注册最不愿意撞脸，最怕的是不仅听起来很像，连看上去都像一个模子刻出来的。

商标注册是一个漫长的过程，任何一个环节的失误都有被驳回的风险。和明星撞脸一样，商标近似已经成为商标驳回的最重要原因之一。作为知识产权的服务人员，这就跟大家谈一谈，商标注册遭遇商标近似该怎么办。

大家首先要了解什么是近似商标。所谓近似商标，是指与注册商标不完全相同，但在形状、读音或者含义等方面与注册商标相同或者相近，使用在与注册商标核定使用的商品相同或者类似的商品上，易使普通消费者对商品的来源产生错误认识的商标。

判断商标近似的标准，主要从商标本身的音、形、义和整体表现形式等方面，以相关公众的一般注意力为标准，采取整体观察与对比主要部分的方法，同时还考虑到商标的显著性和知名度。

根据商标申请的不同阶段与实际情况，商标近似大致划分为以下四种情况。

商标查询过程

众所周知，商标注册之前都需要进行商标查询工作，看是否与在先注册的商标构成相近或近似，防患于未然。如果想要注册为商标的标志在文字图形等方面与在先注册的商标构成近似，则需要通过加字、换字或者修改图形设计等手段，从商标标识的音、形、义三个方面进行改变，以此达到显著区别于在先商标的效果，避免因商标近似导致注册失败。

商标初审阶段

《商标法》第三十条规定，同他人在同一种商品或者类似商品上已经注册的或者初步审定的商标相同或者近似的，由商标局驳回申请。如果商标在初审阶段因为近似被商标局驳回申请，商标注册人可在接到驳回通知书15日内向商评委提出复审。由于商标的审查主要是靠人为判断，因而会不可避免地存在人的主观因素，也会出现商标近似的误判。而在复审时，商标评审委员会有更严密客观的审查流程，所以驳回商标申请的复审也是解决商标近似的有效途径之一。

商标公告期间

商标初审通过后有三个月的公告期，若在公告期内有在先权利人以商标近似为由提出异议，商标局会在异议（公告）期结束后进行审核。如果被异议成功，即申请注册的商标被在先商标权利人以商标近似为由宣告无效，被异议人不服的，商标申请人可在收到通知15日内向商标评审委员会申请异议复审。

注册成功之后

商标申请人在拿到商标注册证以后，若发现有他人申请的商标与自己已经注册的商标近似，即"商标被近似"情况发生，应该积极地做出反应，用法律手段对已注册商标进行保护。

现阶段，我国中小企业发展迅速，商标注册数量持续激增，商标尤其是汉字商标作为一种有限资源正在逐渐减少。加之抢注、恶意注册等不良行为，商标近似越来越成为商标注册的雷区，成为影响商标顺利注册的一大障碍。

2 简单的商标近似判断诀窍

商标近似判断其实是个非常直观且主观的事情。李小璐与周迅长得像吗？有人说像，有人说不像。同理，两个商标是否近似，也是公说公有理，婆说婆有理。但是，这并不意味着商标近似判断毫无章法可循。下面就为你讲解史上最简单商标近似判断的诀窍。

在说诀窍之前，我们先来看看什么是商标近似。根据《商标审查标准》规定，商标近似是指商标文字的字形、读音、含义近似，商标图形的构图、着色、外观近似，或者文字和图形组合的整体排列组合方式和外观近似，立体商标的三维标志的形状和外观近似，颜色商标的颜色或者颜色组合近似，使用在同一种或者类似商品或者服务上易使相关公众对商品或者服务的来源产生误认。

判断商标近似，法律规定必须要以相关公众的一般注意力为审查标准，既要对商标的整体进行对比，又要对商标主要部分进行比对，还要考虑请求保护注册商标的知名度和显著性。

知道了标准，掌握近似判断的要点还远吗？

1）中文商标的汉字构成相同，仅字体或设计注音、排列顺序不同，易使相关公众对商品或者服务的来源产生误认的，判定为近似商标。例如：

波斯·卡帝　　斯波帝卡

评析：虽然两个商标部分汉字、顺序不同，但主体十分相似，故判近似。

2）商标由相同外文、字母或数字构成，仅字体或设计不同，易使相关公众对商品或者服务的来源产生误认的，判定为近似商标。但有下列情形之一的除外。

①商标由一个或两个非普通字体的外文字母构成，无含义且字形明显不同，使商标整体区别明显，不易使相关公众对商品或者服务的来源产生误认的。举例：

评析：虽然商标同为 M，但因字形明显不同，故不构成近似。

②商标由三个或者三个以上外文字母构成，顺序不同，读起来或者字形明显不同，无含义或者含义不同，使商标整体区别明显，不易使相关公众对商品或者服务的来源产生误认的。

评析：虽然两个商标都是由 BLF 组成，但在设计上明显不同，因此不构成近似。

3）商标由两个外文单词构成，仅单词顺序不同，含义无明显区别，易使相关公众对商品或者服务的来源产生误认的，判定为近似商标。

4）中文商标由三个或者三个以上汉字构成，仅个别汉字不同，整体无含义或者含义无明显区别，易使相关公众对商品或者服务的来源产生误认的，判定为近似商标。但首字读音或者字形明显不同，或者整体含义不同，使商标整体区别明显，不易使相关公众对商品或者服务来源产生误认的除外。例如：

莱克斯顿　莱克斯蔓

评析：这两个商标名本身均无含义，且只有一字之差，易混淆，故判近似。

5）外文商标由四个或者四个以上字母构成，仅个别字母不同，整体无含义或者含义无明显区别，易使相关公众对商品或者服务的来源产生误认的，判定为近似商标。但首字母发音及字形明显不同，或者整体含义不同，使商标整体区别明显，不易使相关公众对商品或者服务的来源产生误认的除外。例如：

BILLDAN　BILLDANY

评析：两个商标整体无含义，且仅个别字母不同，易混淆，故判近似。

6）商标文字字形近似，易使相关公众对商品或者服务的来源产生误认的，判定为近似商标。例如：

酷几　酷儿

评析：这属于明显的傍名牌行为，所以"酷儿"是绝对不允许的。

7）商标文字读音相同或者近似，且字形或者整体外观近似，易使相关公众对商品或者服务的来源产生误认的，判定为近似商标。但含义、字形或者整体外观区别明显，不易使相关公众对商品或者服务的来源产生误认的除外。例如：

好哥　好歌

评析：两个商标虽然只有一字之差，但"哥"与"歌"本身就是两种事情，故不易混淆。

8）商标文字含义相同或近似，易使相关公众对商品或者服务的来源产生误认的，判定为近似商标。例如：

Onetwothree 123

评析：左边很容易被理解是右边的英文商标，故判近似。

9）商标文字由字、词重叠而成，易使相关公众对商品或者服务的来源产生误认的，判定为近似商标。

10）外文商标仅在形式上发生单复数、动名词、缩写、添加冠词、比较级或最高级、词性等变化，但表述的含义基本相同，易使相关公众对商品或者服务的来源产生误认的，判定为近似商标。

11）商标是在他人在先商标中加上本商品的通用名称、型号、地点、原料、功能、用途、场所的文字，易使相关公众对商品或者服务的来源产生误认，判定为近似商标。例如：

绿安　绿安服饰

评析：通用名称往往容易被误认是某名牌进军新领域而开拓的产品名，故判近似。

12）商标是在他人在先商标中加上起修饰作用的形容词或者副词以及其他在商标中显著性较弱的文字，所表述的含义基本相同，易使相关公众对商品或者服务的来源产生误认的，判定为近似商标。但含义或者整体区别明显，不易使相关公众对商品或者服务的来源产生误认的除外。例如：

吉澳　新吉澳

评析：这个就有明显的"山寨"意味，很容易让消费者误认，故判近似。

13）两商标或其中之一由两个或者两个以上相对独立的部分构成，其中显著部分近似，易使相关公众对商品或者服务的来源产生误认的，判定为近似商标。但整体含义区别明显，不易使相关公众对商品或者服务的来源产生误认的除外。

14）商标完全包含他人在先具有一定知名度或者显著性较强的文字商标，易使相关公众认为属于系列商标而对商品或者服务来源产生误认的，判定为近似商标。例如：

欧莱雅海皙　欧莱雅

评析：左边的商标会让消费者误认为是欧莱雅公司新出的产品名，故判近似。

说了这么多要点，最后我们结合案例理解一下。

北京市一中院曾审结了一起商标近似纠纷案。商标评审委员会认为"萌贝佳 Meng Bei Jia"商标与"佳贝 jiabei"商标在整体视觉效果、文字构成等方面相近，构成近似商标。申请商标与引证商标并存使用在同一种或类似商品上易使相关公众对商品的来源产生混淆误认，故已经构成使用在类似商品上的近似商标。原告提交的证据不足以证明申请商标经过使用产生足以与引证商标相区分的显著特征，从而未导致与引证商标相混淆。

但北京市一中院认为，"萌贝佳 Meng Bei Jia"商标是由中文"萌贝佳"及其对应的汉语拼音"Meng Bei Jia"组成，其中"萌"字进行了艺术化变形设计。引证商标由中文"佳贝"及其对应的汉语拼音"jiabei"组成，两商标的文字、呼叫均存在较大差异，不能仅因上述商标均含有"贝""佳"二字而判定为近似商标。相关公众可将申请商标与引证商标予以识别，故而对两商标所标识的商品来源加以区分。综上，法院判决撤销了商标评审委员会被诉裁定。

从该案可以看出，虽然从文字的组成来看，两商标都含有"佳""贝"，但是同时应考虑两商标都有其对应的汉语拼音，从而排除了两商标有读音混淆的可能性，加之"萌贝佳"商标中的首字"萌"进行了艺术化，更加可以将申请商标与引证商标相区分，不会导致消费者的混淆误认。

3 一分钟掌握商标近似查询与判断的诀窍

如今,随着我国经济的不断发展,商标申请量和注册量逐年大幅增加,如1983年商标注册量2万件,1993年增至13万件,2003年则达45.2万件,2008年就有69.8万件,最近几年更是一直以每年10万件的速度增长。因此,申请商标注册的难度和风险也越来越大。为了提高商标注册的成功率、降低风险,注册前进行近似查询与判断很必要。

所谓商标近似查询是指商标注册申请人亲自或者委托商标代理人到商标注册机构查询有关商标登记注册情况,以了解自己准备申请注册的商标是否与他人已经注册成功或正在申请注册的商标相同或者近似的程序。尽管这是非强制性的程序,却是十分重要的环节。

因为申请商标的在先查询,可以有效地提高申请注册的成功概率,减少盲目性。一般意义上,商标申请周期为一年左右,如若盲目行事,一旦驳回,难免会给申请人造成时间和成本的双重损失。因此,商标的在先查询可以大大减少盲目费用的支出,为顺利注册争取更多的有效时间。

如何进行商标近似查询

主要途径有以下几种:

1)可以到商标局营业大厅去办理商标查询手续。这种查询途径是需要收取费用的,中文商标60元,英文商标100元,图形商标120元。

2)可以委托商标注册代理机构代为查询,这种商标查询途径一般是免费的,还可以有比较专业的代理人对查询结果进行评估,给予专业的注册意见或建议。

3）申请人自己可以通过登录"中国商标网",输入相应的分类号及内容进行查询,只是在商标查询过程中无法判定商标是否构成近似。

有一点值得注意,商标查询只能对已经录入数据库的申请和注册的商标信息进行查询,因为工作流程原因,数据库中的录入信息是有滞后期的。一枚商标从递交申请通过书审、收文、扫码,再到受理、录入能在商标局的数据库中显示其信息是需要时间的,一般是4~6个月。其间新近申请的一些商标信息是查询不到的,这个查询不到的空白区也就是我们所说的盲区。

那么,在商标存在查询盲区的情况下,如何才能进一步提高商标申请的成功率呢?这就需要进行商标的近似判断。商标有很多种,常见的有文字商标、图形商标、颜色商标以及组合商标等。而中文商标是日常生活最常见的,也是很多商标申请人最头疼的商标种类。接下来,笔者就以中文商标为例,讲解一下如何进行商标近似判断。

如何进行商标近似判断

所谓近似是有范围的。商标近似是指商标在相同或类似的商品或服务上申请的近似商标会被判定为近似。所以在进行商标查询之前,首先要确认具体的商品或服务项目。商标分类共45个大类,每个大类里都有若干类似群,每个类似群里有很多商品或服务项目的选项,在一个类似群里的商品或服务是类似商品或服务。当然也会存在一些跨类似群近似的商品,这就要具体情况具体分析了。

下面简述几种简单的判定中文商标近似的方法:

1）两个以上中文汉字相同,只是排列顺序不同的会被判定为近似,如"安途""途安"互为一对近似商标。

2）三个以上中文汉字,仅个别字不同,且该文字显著性较弱的会被判定为近似,但这也分几种情况。例如"帕尔斯""帕尔特"会判定为近似商标;又如"电老虎""电飞虎",这一类的商标则不会判定为近似,因为其整体表达的含义有明显区别。

当遇到两个字的商标出现近似情况时,则可以在前面加一个字,但注意这个字不能是表示颜色、商品特性的词。如"太阳",在前加一个"红"字变成"红太阳",这样依然会被判定为近似。

3）文字商标,仅表示位置和经营场所的词不同,其他部分相同的也会被判定为近似，如"水云轩""水云阁"就属于近似商标。当然还有显著性较弱的词，如"世家""世纪"等，只要与这类词组合的其他部分是相同的，都属于近似商标。

4）四个字组成的中文商标，前后两个部分都可以分别成为一个整体，且在查询时都分别有人单独注册，如"华瑞艾尔"商标，如果在先分别有注册"华瑞"和"艾尔"的，那这种商标一般情况下会存有风险，不建议注册。另外，如果是在先只有注册"艾尔"的，那"华瑞艾尔"通常是可以注册的。相反，如果在先只有注册"华瑞"的，那"华瑞艾尔"注册时还是会有一些风险的，不建议注册。

第六节 类似商品与服务

什么是类似商品与服务？

注册商标时，你知道白酒、啤酒其实不在一个类别里吗？如果你只注册了其中一类商标，那么就会面临日后品牌有影响力后因别人抢注另一类商标而无能为力的局面，因为，如果不是驰名商标就不可以跨类保护的。如果说白酒和啤酒是"类似商品"还不是特别明显，那方便食品与食品中的饼干与果肉，虽然都算零食，但也属于不同类别。要知道"类似商品"和"类似服务"在商标注册、转让及其他问题时经常遇到。

存在特定联系，容易造成混淆

根据相关解释，所谓"类似商品"，是指在功能、用途、生产部门、销售渠道、消费对象等方面相同，或者相关公众一般认为其存在特定联系，容易造成混淆的商品。这个类似商品指的通常是日常生活中人们按类别分的，例如家电类商品包括冰箱（第11类）、洗衣机（第7类）、电视机（第9类）等，但其实，在注册商标时都不在同一个类别中。

"类似服务"是指服务的目的、内容、方式、对象等相同或者相关公众一般认为其存在特定联系、容易造成混淆的服务。商品和服务类似，是指商品和服务之间存在特定联系，容易使相关公众混淆。

可能由消费群体、消费习惯决定

什么情况下容易被认定为类似商品或服务呢？

具体地说，如果两种商品的功能、用途相同或者有较大的关联性，能够满足消费者相同需求的，则被判定为类似商品的可能性较大。如果两种商品的销售渠道、销售场所相同或者相近，消费者同时接触的机会较大，容易使消费者将两者联系起来，则被判定为类似商品的可能性较大。

如果两种商品由相同行业或者领域的生产者生产、制造、加工的可能性越大，则被判定为类似商品的可能性越大。如果两种商品以同一行业的人为消费群体，或者其消费群体具有共同的特点，则被判定为类似商品的可能性较大。

类似商品的判定，还应当考虑中国消费者在特定的社会文化背景下所形成的消费习惯。如果消费者在习惯上可将两种商品相互替代，则该两种商品被判定为类似商品的可能性较大。

实践中，《商标法》建议如果转让商标时，也要将类似商品商标一并转让。在法院审判是否商标侵权时，也会考虑此种情况，因为有时会出现某一商标被不同企业在不同类别（但可能是类似商品）里分别持有，这样可能容易被消费者误认为是同一商标同一企业而发生混淆，从而影响法院的判决。

第七节 商标同日申请

商标同日申请怎么办？

众所周知，我国商标注册实行"申请在先原则"，即不同申请人就相同或近似的商标，在同一种商品类别或类似商品上申请商标注册的，商标局会根据收到申请文件的日期初步审定并公告申请日期在先的商标。但是，当商标申请日期是同一天时，怎么办呢？

提交使用证据，证明在先使用商标

我国《商标法》第三十一条规定了申请在先原则的补充原则——使用在先原则，也就是说，当两个或两个以上的商标注册申请人，同一天以相同或近似的商标在同一种商品或类似商标上申请注册的，初步审定并公告使用在先的商标。

一般来说，如果出现商标同日申请的情况，商标局会向涉及同日申请的申请人发出商标注册同日申请补送使用证据通知书。申请人则需要在收到商标局通知之日起 30 日内提交在先使用该商标的证据。

那么，什么可以作为商标使用证据呢？

我国《商标法》第四十八条规定，"商标的使用，是指将商标用于商品、商品包装或者容器以及商品交易文书上，或者将商标用于广告宣传、展览以及其他商业活动中，用于识别商品来源的行为。"因此，符合上述标准的商标使用行为，如白酒厂商在酒瓶上印制商标、汽车制造企业将商标制作成实物并镶嵌于车头等部位、企业在广告宣传片中反复展现自己的商标等，均可作为商标的使用证据提交。

友好协商，自行解决

若双方提供的使用证据都无效，或出现同日使用、均未使用等无法分出"胜负"的情况，商标局会向各申请人发出商标注册同日申请协商通知书。根据《商标法实施条例》第十九条规定，申请人可在收到商标局通知之日起30日内自行协商解决问题，并将书面协议报送商标局。这就意味着将有一方或几方放弃申请该商标。不过，本着平等自愿的协商原则，协商双方可根据各自需要达成有偿或无偿协议，协议内容符合相关法律规定即可。

不可忽视，现场抽签

不愿意协商解决，或在规定时间内协商未果的，商标局将通知申请人以抽签的方式确定一个申请人，驳回其他人的注册申请。不过，这并不代表申请人可以什么都不做，"听天由命"。

在商标局发出的商标同日申请抽签通知书上，明确标注着申请人参加商标同日申请抽签的时间、地点及需要携带的相关材料。申请人在收到通知书后，需要严格按照规定准备好相关材料，准时参加现场抽签。未准时参加抽签的，或材料不齐全的，则视为放弃申请，由商标局驳回该申请人的商标注册申请。因此，参与抽签的申请人，一定要仔细阅读相关通知及规定，切不可因漠视大意而错失良机。

第八节 商标注册类别

1 互联网公司应注册哪些类别的商标？

众所周知，企业和个人在进行商标注册时要按照《类似商品与服务分类表》对商标进行分类注册，经营服装、餐饮、医疗等范围的公司都可在分类表中找到与本行业相关的商品或服务类别。但是，作为历史短暂、基于网站存在的新兴行业，互联网公司可以发现，在《类似商品与服务分类表》中并没有一个表述为"网站"的商品或服务分类。那么，互联网公司在进行商标申请时，应该选择哪些类别进行注册呢？

首先，互联网公司应根据最核心的业务范围进行商标注册。

一般来说，涉及互联网公司核心业务的类别有第9类、第16类、第35类、第38类、第41类以及第42类。

第9类，包括计算机硬件、软件等，其中"0901电子计算机及其外部设备"中的很多小项都涉及计算机、软件、下载等内容，是互联网公司的重点关注对象。

第16类，印刷物、纸媒产品。"1606印刷出版物""1607照片，图片，图画"等会影响到公司的产品实物化。

第35类，包括广告、商业经营、商业管理等，关系到互联网公司的广告宣传、商业事务等方面，因此在这个类别进行商标注册对互联网公司也很重要。

第 38 类，电信。"3802 通讯服务"类别中，包括"计算机辅助信息和图像传送 380024""计算机终端通讯 380023"等多个小项都与互联网公司脱不开关系，值得注意。

第 41 类，关于提供培训、文体活动等。"4104 出版服务"中的"提供在线电子出版物（非下载）410099"、"4105 文娱、体育活动的服务"中的"提供在线音乐（非下载）410200""提供在线录像（非下载）410201"等都有效保护了互联网公司的在线服务，也是值得注册的商标类型。

第 42 类，包括计算机硬件与软件的设计与开发等。本类别的"4220 计算机编程及相关服务"是与互联网行业密不可分的类别，如果公司涉及编程、软件、搜索引擎等相关的业务，一定要注册这个类别的商标。

除此之外，互联网公司在注册商标时还应考虑到网站的性质。如今各行各业纷纷建立自己的企业网站，涉及互联网的公司并不都是以互联网为主营业务的。如果网站是做餐饮行业的，在进行商标注册时还要在餐饮相关的类别进行保护。

另外，近年来互联网公司中较突出的一种类型——电商，与普遍意义上的互联网公司在商标注册类别上也有所差别，虽然要注册的商品类别仍然集中在以上几类中，但因涉及商品的直接买卖，还要考虑与之相关的类别，如"替他人推销 350071""为零售目的在通讯媒体上展示商品 350092"等。

其次，互联网公司应考虑到业务延伸，对有可能开展的业务进行注册。

互联网公司若处在快速发展、拓展业务的阶段，在有能力的情况下，应该扩大范围，对可能开展的业务做好商标准备。如将来准备提供金融服务的网站，在第 36 类有关金融事务的类别中注册"通过网站提供金融信息 360113"是非常必要的；新《商标法》开始实施后，在第 45 类增加了"在线社交网络服务 450218"，业务中包括在线社交服务的互联网公司也不能忽视这个类别。

最后，防人之心不可无，互联网公司还应做好防范，注册防御商标。

大部分互联网企业都要面对大量公众用户，商标就成为公司知名度投资的重要一环。对于广告宣传投入量大、力求创立驰名品牌形象的企业来说，在同类或不同类产品上广泛注册防御商标，具有实质性的战略意义。注册防御商标，不仅可以防范不法商家"傍名牌"、抢注商标的行为，还可在企业未成为驰名商标、不能受到跨类别保护的时候，成为很实用的保护措施。

选择商品或服务类别是企业在申请商标注册时一个不可避免的环节，如何选择正确的类别尤为重要。如果申请的类别不对，在商标被侵权时将无法维护自身权益，因此会造成不可挽回的巨大损失。

2 教育机构应注册哪些类别的商标？

用"忽如一夜春风来，千树万树梨花开"来形容目前的教育机构恐怕是再合适不过的了。知识经济的快速发展与市场需求不断增加，令教育市场呈现非常旺盛的增长态势；而随着互联网、移动互联网的迅速崛起，"互联网+"概念提出后，在线教育、远程教育等互联网教育项目又成功地掀起一股教育培训风潮，教育培训已然成为经济领域最火热的创业和投资项目。此前，华图教育集团旗下"华图"商标荣获职业教育行业首枚驰名商标的消息给整个教育培训市场打了一针兴奋剂，教育培训业在资本市场的运作不断迎来利好。

教育培训机构以及想要创业、投资教育培训机构的读者们，应该注册哪些类别的商标呢？

核心类别：41、43

第41类主要包括由个人或团体提供的人或动物智力开发方面的服务，对人或动物的教育培训、为文化和教育目的向公众展示可视艺术作品或文学作品等服务均属于这个类别。

普通教育培训机构涉及的商标保护类别主要有以下群组。

【4101】教育群组中的410002学校（教育）、410017教学教育培训、410048教育信息、410049教育考核、410061实际培训（示范）、410189辅导（培训）、410011函授课程410012体育教育等小项。

【4102】组织和安排教育、文化、娱乐等活动群组中的410010组织教育或娱乐竞赛、410044安排和组织学术讨论会、410051组织文化或教育展览等小项。

【4102】出版服务群组中的410016文字出版、410024书籍出版、410091在线电子书籍和杂志的出版、410099提供在线电子出版物（非下载）等小项。

【4105】文娱、体育活动的服务群组中的410106录像带录制、410201提供在线录像（非下载）等小项。

另外，涉及体育培训、健身的教育机构还应注册410021体操训练、410193私人健身教练服务、410054健身俱乐部、410194健身指导课程等；而涉及幼儿教育的还应申请注册410058幼儿园、410197玩具出租，以及第43类中的430098日间托儿所等小项。

重要类别：10、15、16、35、38

实际上，教育培训涉及文化、体育、乐器、艺术等多种类别，根据教育培训机构的种类不同，需要注册的类别也有所不同，如宠物培训需要另外注册410005动物训练小项；而乐器培训或艺术学校除了第41类之外，还要申请第15类的商标保护；涉及医疗行业的医科大学则还需要注册第10类与医疗相关的商品类别等。因此在实践中，教育培训机构也要灵活选择商标保护类别，从实际出发，最大限度地保护自己的合法权益。

除此之外，在教育培训过程中会涉及的培训之外的项目，也需要特别注意。在线教育涉及的计算机方面，也要尽可能地将其注册为商标保护起来。综合来讲，教育培训机构注册商标时还需考虑以下几个较为重要的类别。

第16类中的【1605】办公、日用纸制品群组、【1606】印刷出版物群组、【1611】办公文具群组、【1614】笔群组、【1619】教学用具群组等。

第35类中的【3501】广告群组、【3503】替他人推销群组、【3506】办公事务群组等。

第38类中的380043提供互联网聊天室、380049视频会议服务、380050提供在线论坛等小项，对于开设网络教学、提供在线教育的培训机构来说，都是比较重要的商标保护类别。

拓展类别：9、11、42、28

如今，任何行业都在努力开发行业产业链，尽可能地开拓业务市场。因此，在能力允许的范围内，教育培训机构也应充分考虑到业务延伸，对有可能开展的业务进行商标注册。如对在线教育、远程教育、教育书籍、课堂视频、教育培训软件等来说都非常重要的第 9 类与第 42 类，涉及情境教学的第 11 类，与幼儿快乐教育密不可分的第 28 类等，都属于教育培训业可能拓展的业务范围，因此各教育机构在选择商标类别时也不得不做好防护措施。

市场的火爆令越来越多的创业者与投资方选择试水教育培训业，而趁着"互联网＋"的东风与 BAT 三巨头的加入，越来越多的互联网巨头转战教育市场，企图分一杯羹。在这种形势下，如何全面系统地保护好商标，走好进军教育培训业的第一步变得尤为重要。在此呼吁各大教育培训机构提高商标保护意识，重视商标战略布局，未雨绸缪，谨防落入商标侵权纠纷的漩涡，避免因商标保护不力影响公司的发展。同时，也建议各大教育培训平台，如果对将要申请的商标类别没有把握，应该找一个正规、专业的商标代理公司进行咨询或代理。专业的商标代理公司熟悉商标申请与商标评审规则，实战经验丰富，可以有效避免人为失误造成的时间和金钱损失，对教育培训机构申请商标注册、选择商标类别将起到事半功倍的作用。

3 手机 APP 应注册哪些类别的商标？

随着移动互联网的飞速发展与智能手机的快速崛起，传统的通过浏览器访问的方式已经无法满足用户日益增高的浏览需求，手机 APP 便应运而生。各种企业纷纷推出自己的 APP 以应对移动互联的需求，APP 开始呈现爆发式增长。但异常火爆的成长势态与巨大的消费市场，也为 APP 运营商们带来了层层杀机，一些别有用心的人开始通过抢注商标、山寨软件等方式企图在"APP 淘金热"中分一杯羹，陌陌、西柚、滴滴打车、微信等知名 APP 都曾"中招"，深陷商标纠纷，除被索天价赔偿之外，还一度陷入被迫改名、被山寨的危机。

不过，纵观这些被坑的"苦主们"，之所以被钻了空子，归根结底是因为这些 APP 运营商的知识产权保护工作不到位，商标近似查询不准确、商标类别保护不全、商标注册不及时等漏洞比比皆是。更有甚者，自始至终就没有想过注册商标、保护知识产权的事儿！正是对知识产权保护的漠视，最终让这些 APP 运营商尝到了苦果。

那么，手机 APP 应该注册哪些类别的商标？在著作权、专利等知识产权方面，又有哪些需要注意的地方？对此，笔者向各大 APP 运营商提出一点建议。

及时为 APP 申请商标

吃够了商标的亏，"产品未动，商标先行"几乎成了各大行业的共识，APP 运营商们也应该充分意识到这一点。

我国商标注册实行"申请在先原则"，通俗来讲，就是先到先得，一份相同或近似的商标申请，谁先提出商标注册申请谁将得到商标专用权。如果APP没有及时注册商标，一旦被他人抢注就会陷入被动，要么用大量金钱赎回商标，要么像滴滴打车、西柚等APP一样被迫改名。无论哪一种，APP运营商都将付出巨大的代价。因此，及时申请商标是APP以及所有运营商开发、推广新产品的首要一步。

一般来说，APP由Logo与名称两部分组成，任一部分的抄袭都会导致使用者混淆。因此为了防止他人"山寨"APP，APP的Logo部分与名称部分都要申请商标注册，全面地保护商标才能从根本上扼杀他人的"傍名牌"念头。

选对商标类别

APP实际是要下载、运行在手机或平板电脑上的软件，因此，与计算机软硬件相关的第9类、第35类、第38类、第42类都是APP要注册的核心类别。

1. 核心类别：9、35、38、42

第9类：包括计算机硬件、软件等，其中"0901电子计算机及其外部设备"中的很多小项都涉及计算机、软件、下载等内容，如计算机程序（可下载软件）、可下载的计算机应用软件、已录制的计算机操作程序等，是APP的"重点关注对象"。

第35类：计算机网络上的在线广告、为零售目的在通信媒体上展示商品、通过网站提供商业信息、替他人推销等。

第38类：计算机辅助信息与图像传送、提供与全球计算机网络的电信联接服务、提供互联网聊天室、数字文件传送、提供在线论坛等。

第42类：包括计算机硬件与软件的设计与开发等。其中"4220计算机编程及相关服务"是与互联网行业密不可分的类别，包括计算机软件更新、计算机软件维护、电子数据存储等都属于这个类别，APP也一定要注册这个类别的商标。

2. 重要类别：36、41、45

第36类：包括网上银行、通过网站提供金融信息等。第36类无疑是涉及金融服务的APP的标配，如支付宝APP，以及目前提供金融、支付服务的微信，都要注册第36类。

第41类：包括提供在线音乐、提供在线录像、提供在线电子出版物、在计算机网络上提供在线游戏等。唱吧、优酷、酷狗音乐等娱乐类APP，以及涉及以上服务的 APP 也需要着重注意第 41 类。

第 45 类：在线社交网络服务小项是重点。除了社交类 APP，很多其他类别 APP 实际上也提供在线社交服务，因此这个类别是不可忽视的重要类别。

值得注意的是，以上这些类别是所有 APP 都要着重注意的，除此之外，APP 还要根据不同的类型来选择具体类别和拓展类别。如滴滴打车本质上是为出租车行业服务的，因此在注册商标时还需要注册与出租车、运输相关的第 39 类商标；考虑到滴滴打车将来有可能出版地图册、城市旅游交通攻略之类的出版物，滴滴打车还可注册第 16 类地图册、地图、书籍、期刊、杂志等。

再如，健身类 APP 还应注册第 41 类中的教育、私人健身教练服务、健身指导课程等，拓展类别为第 28 类运动器材；旅游类 APP 需要注册第 43 类餐厅、饭店、旅馆预订，第 39 类旅行安排等；房产信息 APP，则应注册第 36 类不动产出租、不动产代理、不动产中介、不动产评估、不动产管理、金融服务等。

总体来说，选择商标类别是个技术活儿，企业若不想进行全类别注册，那么，只有准确、专业、全面地选择商标类别，才能最大限度地保护 APP 的合法权益不受他人侵害。

手机 APP 的出现为我们的生活、工作、学习提供了更多的便利，但为用户谋福利的同时，当 APP 知名度提升的时候，各种盗版、山寨 APP 也就顺势而生。这不仅会阻碍正版 APP 的发展，抢走属于正版的市场，还会严重影响到正版 APP 的口碑与品牌形象，更有甚者，还会倒打一耙向正版 APP 索要天价赔偿，滴滴打车、微信等知名 APP 都是活生生的例子。希望 APP 运营商们充分意识到知识产权保护不到位的危害，提高知识产权保护意识，咨询专业知识产权机构，在面对知识产权保护问题时谨慎小心，360°保护 APP 的知识产权，做到早申请、早保护、早维权，最大限度地减少 APP 保护漏洞。

4 以《王者荣耀》为例,深究游戏需要申请哪些类别商标?

《王者荣耀》无疑为腾讯亲手打造的大 IP。这一 IP 有多大?几乎是全民皆爱,日流水 2 亿人次,在《王者荣耀》中基本每一个时代背景,例如太古时代、战国争鸣等,都有其自己的英雄和故事,每一个英雄也与以往我们所熟知的英雄不同。

全世界英雄的集合体,会不会都在这里出现?

每一款游戏都有一个故事背景,而《王者荣耀》中的故事背景更像是每个时代和各种英雄的集合。对,还有其他游戏中的经典角色,例如亚瑟就是《英雄联盟》中的盖伦。

正是因为这样,所以在游戏中玩家会碰到角色改皮肤及改名的经历。

这些英雄的设计灵感皆来源于新的概念和新的故事内核,甚至颠覆传统形象,笔者认为主要是为了迎合年轻一代用户。

于是,传说中的、影视剧中的、国外的那么多英雄混杂在一个空间及平台上,像极了当年曾经风靡一时的"英雄杀"。这一次,还是以英雄为核心的团队游戏开杀,一对一、三对三、五对五自由随心。

游戏应该注册的商标类别

《王者荣耀》由于其知名度和用户人群广泛,所以在申请注册商标时就要保护全面。查询后得知,《王者荣耀》几乎是全类别注册,除了第 1、2、7 等几个类别没有申请之外，其他类别均申请注册了。

那么，其他游戏是否也要全类别注册呢？笔者认为应该先把主要的几个类别注册了，至于相关类别可以根据游戏的实际情况而定。

1. 核心类别：第 9 类和第 41 类

最直接相关的就是第 9 类的游戏软件和第 41 类的在先游戏服务。而具体群组或者小项，笔者建议最好覆盖这两个类别的全部群组，主要是为了防止出现近似商品和服务。

2. 重要类别：第 42 类、第 35 类

第 42 类是网站服务，第 35 类是广告销售、网站及电商。注册这两个类别肯定没错。

3. 相关类别以衍生品为主：第 16 类、第 18 类、第 25 类、第 28 类、第 30 类、第 32 类

即使是游戏本身并不涉及这些类别，但是知名游戏名称用在这些商品上也可以带来巨大的商业利益。

第 16 类是办公用品，可以有相关游戏角色的文具，注册之后授权即可。

第 18 类是皮革皮具，可以开发相关元素的。

第 25 类服装、第 28 类健身器材、第 30 类食品、第 32 类啤酒饮料的开发形式与其他类别相似。

不过，像《王者荣耀》这种现象级的游戏显然应该进行全类别注册，不仅起到保护作用，即使是授权和转让，其商业价值也非常可观。

近年来，我国司法实践上陆续出现以游戏场景、游戏页面等元素构成的游戏"特有装潢"，主要是对游戏外部表现形式的整体印象或者形象的保护。对于游戏产品来说，知识产权不仅代表着其创作水平和技术能力，而且蕴含着巨大的商业价值。

5 万能的第35类商标到底有多重要？

第35类商标被称作"万能商标"，好像所有行业都能够跟它扯上关系。然而，事情真是这样吗？到底哪些企业需要注册第35类商标？

广告、电商、服务行业全都逃不开

第35类商标属于服务商标，包括由个人或组织提供的广告、商业经营、商业管理、办公事务等服务，具体包括以下群组：【3501】广告、【3502】工商管理辅助业、【3503】替他人推销、【3504】人事管理辅助业、【3505】商业企业迁移、【3506】办公事务、【3507】财会、【3508】单一服务、【3509】药品、医疗用品或批发服务。

根据上述群组及其下属小项内容，包括广告、策划、设计类的文化创意公司，提供招聘服务及人事管理等类型的公司（猎头公司），提供销售交易服务的公司，以及进出口贸易公司、商业管理咨询服务类公司、会计财务公司、办公服务类型公司、提供医药服务的药店等，主营业务为以上群组的企业都必须注册第35类商标。除此之外，业务范围涉及以上群组的企业，如互联网企业、电商企业等，也需要注册第35类商标。

【3503】"替他人推销"是一朵商标界的奇葩

【3503】"替他人推销"这一群组一直是大家争议的焦点，也是其他企业是否有必要注册第35类商标的关键点。一些企业认为，第35类是服务商标，而自己是生产制造型企业，只要在生产的产品中注册了相应的商标，就可以进

行推广和销售，没有必要注册第 35 类商标。

一般来说，不涉及第 35 类内容的生产制造类企业可以不用注册此类商标，在实践中，不注册第 35 类商标却有很大的风险。

例如，A 为巧克力生产厂家，只在第 30 类注册了与巧克力这一产品有关的"巧心"商标。B 在第 35 类注册了与 A 同名的"巧心"牌商标，原则上 B 可以以"巧心"商标为名开一家巧克力店，只要其销售的商品不是 A 企业的商品就不会造成侵权。在日常生活中，绝大部分消费者却会将 B 的"巧心"商店销售的其他企业的商品等同于 A 的"巧心"牌商品。如此一来，A 无疑将受到非常大的经济损失。而一旦 B 的商店销售的商品出现质量问题，A 的"巧心"牌商品的口碑也会受到连累，得不偿失。

所以，保护还是要全面。因为一旦放弃了第 35 类，就等同于将自己的主动权交给了别人。

电商、微商，第 35 类商标简直是救命稻草

第 35 类商标对于从事电商、微商的创业者非常重要。因为分类修改后，增加了"350113 点击付费广告""350111 搜索引擎优化""350112 网站流量优化"等与搜索引擎有关的服务内容，还增加了"350119 通过网站提供商业信息""350117 在计算机数据库中升级和维护数据"，这两项增加实际原来受第 42 类保护。网站、电子商务属于哪个类别原来没有定论，但现在多数网站可以归入第 35 类的保护范围。

此外，第 35 类还包括广告、设计、营销、策划、加盟、电子商务、商业咨询、替他人推销等！

值得注意的是，在 2004 年商标局给四川省工商局的《关于国际分类第 35 类是否包括商场、超市服务问题的批复》中指明，根据《类似商品和服务区分表》中第 35 类的注释"本类尤其不包括：其主要职能是销售商品的企业，即商业企业的活动"，认定商场、超市的服务不属于该类的内容。但随后在 2007 年修订的第九版《类似商品和服务区分表》中删除了这一条注释。因此，虽然目前第十版《类似商品和服务区分表》中仍未明确说明第 35 类用于保护商场、超市、专卖店，但我们可以理解为商标局已经默认了"替他人推销"这一群组的服务范畴包括销售、批发商品的服务。

另外，目前国际上很多国家都已经将"零售、批发商品"等有关超市、

商场的内容纳入商标的分类中，而实际上，长久以来，我国绝大部分人对第35类"替他人推销"中包括商店、专卖店已经达成高度共识，因此注册第35类商标成为企业知识产权战略中不得不考虑的一个重要布局。

基于这种原因，出于防御和规避风险的目的，所有企业都有注册第35类商标的必要，这也是很多知识产权顾问建议企业和个人注册第35类商标的原因。商标注册要根据企业实际情况，不要盲目听信他人推荐，也切不可因省钱而因小失大。

6 餐饮行业商标注册类别选择大揭秘

"餐饮行业"可不仅仅是我们平时看到的吃吃喝喝的那些东西，里面的门道儿可够多的。就这个"美食"已经牵扯很多产品了，更别说"喝"的（如酒水饮料等）。相信大家都知道全球知名的餐饮连锁店"麦当劳"，这枚商标不仅在餐饮店（第43类）注册了，同时在熟食、小吃、生食（第29~31类）也都注册了。不仅如此，公司对"麦当劳"进行了长远规划，最终做了商标多类别保护，让这枚商标在餐饮行业安全地发挥着自己的价值。

如果有人决定要在餐饮行业大干一场，那么就要小心了。只注册一类商标是很危险的，因为你的竞争对手会随时从你没有保护的商标类别下手注册，最终导致你的商标不能在餐饮行业大展宏图！

在申请商标的时候一定要考虑这枚商标未来的发展方向，这样才能准确地选择商标需要申请的类别。

核心类别

第43类：饭店、餐馆、酒店
第35类：餐饮管理、咨询、特许经营
第29类：腌腊制品、鱼翅、鱼制食品、食用油
第30类：调味品、糕点、方便食品

重要类别

第08类：餐具、餐叉

第 16 类：保鲜膜、餐巾纸、宣传册、报纸、期刊、美食杂志

第 21 类：餐具、炊具、垃圾筒、牙签、饮用器皿、食物保温容器

第 24 类：餐巾、桌布、垫子、坐垫、洗涤用手套

第 31 类：新鲜水果、蔬菜、活鱼、海鲜、家禽

第 32 类：饮料、果汁、矿泉水、啤酒

第 33 类：白酒、红酒、葡萄酒

第 39 类：物流、配送、仓储

第 40 类：食品加工、剥制加工

第 44 类：营养与饮食指导、保健

关联类别

第 01 类：食物防腐用化学用品、食品工业用谷蛋白

第 02 类：食品着色剂、色素

第 03 类：清洁制剂、洗洁精

第 05 类：补药、人参、枸杞、医用营养品、消毒纸巾

第 06 类：厨房用金属台、金属柜、金属容器

第 07 类：厨房用器具、食品加工机械

第 11 类：烹调器具、厨房用抽油烟机、微波炉、消毒碗柜、卫生设备

第 12 类：厢式餐车、餐饮车

第 20 类：餐具柜、桌、椅、凳子

第 25 类：制服、围巾、帽子

第 37 类：厨房设备的安装与维修服务

第 41 类：厨师培训、学校、俱乐部服务

7 从事服装行业应如何进行知识产权保护？

如果说有一种物品与人类如影随形的话，那就是衣服了。想了解服装与人类的关系到底有多密切，看看人声鼎沸的商场、大街上随处可见的服装店、品牌服装的年利润、时尚杂志及从业人员的数量就可见一斑了。服装行业从业者众多，从事该行业的企业想要脱颖而出并不容易。除了要改善传统经营模式外，还要注意品牌优势的打造。而保护企业品牌优势就需要知识产权助力。那么，从事服装行业的企业该怎样进行商标、专利及版权的保护呢？

服装零售业凛冬将至，从业者应如何应对？

有报道称，美特斯邦威服饰营收连续三年下降，频频关店；李宁半年时间关店1200家；佐丹奴、波司登、森马、利郎、贵人鸟……都在饱受煎熬。业界普遍认为，电商是造成传统服装零售业凋零的重要因素。电商经营模式免除了中间环节，能节约人力、租金、交通运输等多方面成本，还能够为消费者提供全面的产品和消费信息。站在消费者的角度，能够直观而便捷地"货比三家"，何乐而不为呢？那么，在电商蓬勃发展、传统零售业凋零的大背景下，从事服装业的企业怎样做才能蓬勃发展呢？

首先要转变经营理念，利用电商平台优势，改善经营模式。同传统的服装零售业相比，通过电商平台进行商品销售对人员能力要求侧重点不同，经营理念、营销方式、管理流程等多方面都有不同之处，企业想搭乘电商这辆"便车"就要适应电商经营模式要求。其次要细分消费者人群，走差异化道路。不同年龄、阶层、行业、收入的消费者对服装要求的侧重点不同。细分消费人群，做好市场调研，针对目标群体的需求提供差异化的产品。最后要注重品牌建设，打造服装品牌影响力。随着经济的发展，消费者的市场购买力不断提升，对产品关注的重点已经从价格转变为品牌。服装作为一种与人类生活关系密切并且要满足人类多重需求的产品，消费者对品牌的重视程度尤其之深。

提供差异化产品，需做好专利及版权保护

从事服装行业的企业想要向消费者提供差异化的产品，就要做到两点——"不山寨"及"不被山寨"。"不山寨"是指企业要创新，为消费者提供非大众化产品。这需要企业强化创新意识，加大对创新性活动的投入。"不被山寨"是指企业要对其产品做好知识产权保护，不然，具有独创性的创新成果被大批量"山寨"的话，再具有创新性也"泯然众人矣"。对于从事服装行业的企业来说，想要"不被山寨"就要做好外观设计专利及版权的保护。

外观设计专利是指对产品的形状、图案、色彩或者其结合所做出的富有美感并适于工业上应用的新设计。外观设计专利被授予后，任何单位或者个人未经专利权人许可，都不得实施其专利，即不得为生产经营目的制造、许诺销售、销售、进口其外观设计专利产品。也就是说，企业将具有独创性的服装设计申请专利后，可以防止其他企业盗用该设计，保障企业生产产品的创新性。此外，专利不仅能保障企业的合法权益，还是企业创新能力的证明，而这能增强消费者对企业的信任程度，提高企业产品市场销量和经济效益。

当然，从事服装行业的企业想减少"被山寨"情况的发生，在做好外观设计专利保护的同时还应该做好版权保护。《著作权法》所称的作品，是指文学、艺术和科学领域内具有独创性并能以某种有形形式复制的智力成果。因此，那些凝集了设计者的智力并体现独创性的服装，是可以受到《著作权法》保护的。在我国，作品完成就自动拥有版权，版权登记并不是作品取得版权的前提条件，但版权登记证明文件是登记事项的一种初步证明，可以作为主张权利或提出权利纠纷行政处理（诉讼）的证明文件。版权登记不仅能维护其著作权人和使用者的合法权益，帮助其解决因版权归属造成的著作权纠纷，还有利于相关作品的许可、转让，为实现其经济价值提供必要的证明。因此，笔者建议从事服装行业的企业做好版权登记工作。

服装行业品牌建设，从做好商标保护做起

从事服装行业的企业想要在激烈的市场竞争中获得良好发展，转变经营方式和细化消费人群固然重要，加强品牌建设也很重要。这是因为企业在消费者心目中的"评分"最终要以其商品质量为落脚点。如果企业推向市场的产品质量很差，即便运用再好的营销手段，又怎么能长久呢？

品牌是消费者对一个企业及其产品、售后服务、文化价值的一种综合性评价和认知，也是可以触发受众心理活动的商标标识。企业用于商品之上的用来区分不同种类商品的标识是品牌的载体，没有这样的载体，品牌价值将无从依附。从事服装行业的企业想要加强品牌建设，就要从做好商标保护做起。

商标是商业主体在其提供的商品或服务上使用的，能够将其商品或服务与其他市场主体提供的商品或服务区别开来的标志。经商标局核准注册的商标为注册商标，商标注册人享有商标专用权，受法律保护。注册商标与普通产品标识最大的区别正在于此。商标注册人享有对其商标的独占使用权，未经允许，任何单位或个人不得随意使用。注册商标不仅能有效保护商标权人的合法权益，还便于消费者认牌购物，便于企业创立品牌抢占市场。此外，商标还是一种无形资产，注册商标可以通过转让或授权的形式，使企业直接获取经济利润。那么，对于服装行业来说，从事服装业的企业应从以下类别中选择申请。

1. 核心类别：25、9、10

第25类：服装、鞋、帽类。

第9类：潜水服、飞行员防护服、救生衣、防火石棉衣、防水衣等特殊救护类服装。

第10类：拘束衣、矫形鞋、医用紧身胸衣等矫形类服装。

2. 拓展类别：16、18、26、40、41、45

第18类：手提包、背包、拉箱、钱包、皮草、皮具等。

第26类：拉链、花边、扣眼、纽扣等。

第45类：晚礼服出租、服装出租。

以上三类可用于服装品牌拓展周边业务。

第40类：服装制作、布料剪裁、服装剪裁、裘皮试装加工、服装修改、刺绣等。

第42类：服装设计。

以上两类可用于服装品牌进行服装制作的业务拓展。

第16类：印刷出版物、海报、期刊、杂志等。

第41类：书籍出版、提供在线电子出版物等。

以上两类可用于服装品牌拓展的时尚杂志等。

3. 电商相关类别：9、35、38、39、42

第9类、第42类：计算机相关类别，涉及计算机程序、计算机编程、计算机系统设计、计算机软件维护等一系列与平台搭建有关的小项，因此成为电商首选的商标注册类别。

第35类、第38类：广告、替他人推销、为零售目的在通信媒体上展示商品、提供互联网聊天室等为电商平台提供展示、广告及交流功能，对电商企业品牌宣传及业务开展都有很大的影响。

第39类：运输、运输及运输前的包装服务、陆地运输、货物贮存等，第39类是与物流配送息息相关的类别，如果服装电商还提供物流配送服务，则不可避免地要选择这一类别。

8 化妆品企业注册商标应该注册哪些类型?

核心类别：3

第3类：化妆品（不包括动物用化妆品）、动物用化妆品、清洁制剂等都属于这一类。

拓展类别：1、7、42

第1类：制化妆品用茶提取物、制化妆品用抗氧化剂、制化妆品用维生素等。

第7类：化妆品生产设备。

第42类：化妆品研究。

电商相关类别：9、35、38、39

随着网络的发展，越来越多的传统行业开始进军电商行业。考虑到业务发展，化妆品行业也应该进行与电商相关的商标注册布局。

第9类：计算机相关类别，涉及计算机程序、计算机编程、计算机系统设计、计算机软件维护等一系列与平台搭建有关的小项，因此成为电商首选的商标注册类别。

第35类、第38类：广告、替他人推销、为零售目的在通信媒体上展示商品、提供互联网聊天室等为电商平台提供展示、广告及交流功能，对电商企业品牌宣传及业务开展都有很大的影响。

第 39 类：运输，运输及运输前的包装服务、陆地运输、货物贮存等。第 39 类是与物流配送息息相关的类别，如果服装电商还提供物流配送服务，则不可避免地要选择这一类别。

9 电商企业申请商标应注意哪些事项？

互联网电商企业应该注册哪些类别的商标？电商企业在申请商标时应注意哪些事项？

申请商标要趁早

网络的优势在于信息资源丰富、传播速度快、范围广等。电商企业虽然因此而享受着高于传统商业的曝光率和知名度，但这也造成很多电商商标被抢注的情况。

商标一旦被人抢注，电商企业则陷入要么花费大量金钱赎回商标，要么被迫放弃已有一定知名度的原商标的两难境地。因此，尽早申请商标是很有必要的。

商标命名要具有显著性

众所周知，我国《商标法》规定申请注册的商标应当有显著性并便于识别，但很多互联网电商企业却在"商标显著性"这一问题上屡屡碰壁。

一些互联网电商企业在对商标的命名上往往会犯一些"常识性错误"，造成商标缺乏显著性的情况，对企业商标的注册和保护带来很大隐患。如采用了对产品功能或服务品质的直接描述作为商标，或是商标中包含了网络技术术语、通用名词，这些都属于"不得作为商标注册的标志"，是很难通过商标局审查注册成功的。

除此之外，互联网电商企业还存在着因商标独创性较低而造成的商标显著性问题。

以京东商城为例,"京东"是一个公众熟知的地域名称,北京东部地区,甚至北京以东的临近区域,包括天津、河北等地都可成为"京东"。因此在这些地区,有很多企业将自己的商标命名为"京东",在京东商城成立之前,在各类别上已注册的"京东"商标已达数十件,其中不乏对互联网电商企业来说至关重要的类别。京东商城也因此而长期陷于商标争议中,对企业的战略发展造成了一定的影响和损失。

商标类别要选对

在《类似商品与服务分类表》中并没有一个表述为"网站"的商品或服务分类,而作为互联网公司中特别又很重要的一个分支——互联网电商,与传统意义的互联网公司又有所不同,它既包括了互联网公司的大部分特点,又多了一些商务类功能。因此,互联网电商在商标注册的分类上,与互联网公司也不尽相同。

首先,互联网电商平台的搭建脱离不开第42类计算机硬件与软件的设计与开发等。第42类中的"4220 计算机编程及相关服务"囊括了计算机编程、计算机系统设计、计算机软件维护等一系列与平台搭建有关的小项,因此成为互联网电商首选的商标注册类别。

其次,电商平台具有展示、广告及交流功能,则需要注册第35类"广告;商业经营;商业管理"及第38类中"3802 通讯服务"类别。这两大类中的"350039 广告""350071 替他人推销""350092 为零售目的在通讯媒体上展示商品""380043 提供互联网聊天室"等小项对电商企业品牌宣传及业务开展都有很大的影响。

最后,电商企业还需选择与物流配送相关的第39类,这也是电商平台区别于一般互联网公司的地方。第39类中包括"3901 运输及运输前的包装服务""3903 陆地运输"等与物流配送息息相关的类别,因此也是互联网电商企业注册商标不可遗漏的必选类别。

另外,与其他互联网公司一样,电商企业在注册商标时还应考虑到网站的性质。如果电商企业想要利用这个平台销售自己的产品,则还需要选择与产品相关的类别进行注册。比如凡客诚品,主营产品为服装鞋帽等,那么在进行商标注册时还要在与服装相关的第25类进行保护。

注册防御商标，降低危险

互联网电商企业与其他互联网公司一样，都要面对大量公众用户，商标就成为公司知名度投资的重要一环。对于广告宣传投入量大、力求创立驰名品牌形象的互联网电商企业来说，在同类或不同类产品上广泛注册防御商标，具有实质性的战略意义。

注册防御商标是对商标进行全方位保护的一项重要措施，不仅可以防范不法商家"傍名牌"、抢注商标的行为，还可在企业未成为驰名商标、不能受到跨类别保护的时候，成为很实用的一项商标保护措施。

阿里巴巴集团即是这种商标保护措施的忠实拥趸。除了集团的主要名称"阿里巴巴"之外，阿里巴巴还拥有很多防御商标，"阿里妈妈""阿里爷爷""阿里奶奶""阿里妹妹"等商标均被阿里巴巴收入囊中，有效地避免了不法商家"傍名牌"、抢注商标的行为。

关注市场，及时维权

电商企业在成功注册商标之后也要密切关注市场，对于市场上侵犯自己注册商标的行为要及时进行维权，禁止他人未经许可擅自使用自己的注册商标。一来是对企业正当权益的维护，二来也可避免注册商标成为商品通用名称的危险。

自2009年11月11日网购促销节出现并爆红以来，"双十一"不断被各大电商平台拿来宣传。阿里巴巴集团早在2012年底就已经成功取得"双十一"的商标，却直至2014年10月30日才发表维权声明。这也许是出于商业战略的考虑，但阿里巴巴集团在"双十一"商标被同行企业滥用的时候不及时主张保护自己的商标，在商标战略上则不免出现"维权不及时、怠于维权"的失误。若最终"双十一"商标被认定为通用商标而丧失商标的专用权，那么必将给阿里巴巴造成不可挽回的巨大损失。

商标是企业重要的无形资产，对企业的发展起着至关重要的作用，对于互联网电商企业更是如此。经过"双十一"商标事件，各大电商平台也充分意识到商标的重要性，纷纷开始检视自己的商标战略，调整企业发展布局。

10 "互联网+"时代的商标注册风险与应对策略

随着"互联网+"概念的普及,越来越多的传统行业趋向于与互联网进行跨界融合,"互联网+教育""互联网+制造"等新业态不断涌现。但在互联网化的过程中,互联网开放、数据共享、全球化等特点也令企业与个人在商标注册时面临着前所未有的挑战,传统商标注册战略未能有效保护企业商业安全,商标被侵权的现象比比皆是。"互联网+"时代商标注册有什么新的风险?企业与个人应该如何应对?

商标注册范围不断扩大

一般来说,传统企业在进行商标注册时,需要将公司名称、Logo、产品或服务的名称等重要品牌标识(文字与图形)注册为商标。但随着互联网与移动互联网的崛起,催生了一些具有互联网特质的品牌标识,如APP icon、域名等,互联网的普及令这些信息成为消费者辨别商品或服务来源的重要品牌标识,起着识别、引导、搜索及广告宣传的重要作用,成为企业及个人必须注册的商标内容。"互联网+"时代商标注册范围不断扩大。

以域名为例,处于搜索与品牌识别的目的,很多企业在选择核心域名时会使用与品牌名一致的名称,如谷歌(www.google.com)、百度(www.baidu.com)、当当(www.dangdang.com)等。若他人在域名之外的地方擅自使用这些核心域名作为标识,则会对该品牌造成一定的负面影响。

另外,在传统商标注册战略中,广告语往往是商标注册工作中很容易被忽视的一项内容。而实际上,作为企业品牌的"一线推销员",广告语起到向消费者传达产品或企业品牌核心概念的作用,可以于无形中增加品牌附加值,对于消费者理解品牌内涵、建立品牌忠诚度有着非常重要的意义。在"互联网＋"时代，企业广告宣传速度快、范围广、曝光度高，广告语的优势一再放大，一个好的广告语可以令消费者迅速联想到品牌，如李宁的"一切皆有可能"，耐克的"just do it"等，具有很高的品牌识别度，屡屡成为被侵权的对象。在"互联网＋"时代，企业及个人必须重视广告语商标的重要性。

应对策略：根据互联网发展趋势及时注册商标。由单纯的互联网发展到如今的移动互联网，"互联网＋"的概念在不断扩大，商标注册也必将不断扩容以适应时代发展。企业与个人若想要全面地保护自身的合法权益，则必须根据时代发展趋势，更新商标注册战略，及时注册商标，不断加大商标保护力度。

不同类别商标冲突日益加大

一些企业在互联网化的过程中，对于互联网对商标类别的影响没有足够重视，认为"互联网＋"就是在产品或服务的核心类别之外，再申请与计算机相关的第9类商标注册即可。事实上，这是远远不够的。

"互联网＋"时代，企业的产品或服务往往涉及线上与线下功能，兼具多个商标类别的特征。在这种情况下，企业若只在单一类别申请商标注册就会发生法律风险。在实践中，企业商标类别申请不到位造成的不同类别商标冲突日益增加，APP的出现更是加剧了这种冲突，此前的陌陌、滴滴打车等商标纠纷均因此而起。

以滴滴打车为例，一款打车软件至少涉及应用程序下载、地图服务、广播功能、出租车运输、旅行预订等内容，这就要求软件运营商需要在第9类、第16类、第38类、第39类等多种商标类别中进行商标注册。若其中某一类别的商标被他人抢注，将不可避免地造成不同类别商标之间的冲突。一旦发生这种情况，软件运营商或是花巨资购买这枚商标，或是放弃忍痛这枚商标，但这也意味着前期巨大的广告与运营投入付诸东流。无论哪种情况，都将付出巨大的经济代价。

应对策略：全面分析＋全（多）类别注册。不同类别间的商标冲突主要是商标注册类别不到位引发的，因此企业和个人在商标注册时一定要全面分析公司、产品、服务情况，根据实际情况进行多类别商标注册。如果有条件，采取全类别注册商标的方式则更为保险。

对于公司来说，应以企业核心业务和商业布局为基础选择商标类别。除了与主营业务相关的核心类别之外，企业还应考虑到业务延伸，对有可能拓展的业务进行注册。另外，近几年互联网的飞速发展带动了电子商务的发展，若企业涉及这方面的业务，那么还需考虑与之相关的类别，如第35类中"350071替他人推销""350092为零售目的在通信媒体上展示商品"等。

对于产品或服务来说，则应根据其涉及的功能选择商标类别。这就需要企业对产品或服务进行全方位的分析，根据核心功能与可能涉及的其他服务选择商标类别。

另外，对于一些品牌识别度高的重要信息，如公司名称、主打产品或服务等，企业与个人还应选择注册防御商标的方式保护自己的合法权益，这对于不法商家"傍名牌"、抢注商标的行为将起到很好的防范作用。

组合商标风险增加

组合商标是指使用两种或两种以上商标构成要素组合而成的商标，如"文字＋图形"商标、"字母＋数字"商标等。组合商标结合了各种要素之间的不同特点，具有图文并茂、形象生动、易于识别等优势，加之组合商标大大节省了分开注册的费用，因此得到了企业和个人的广泛认可与使用。

组合商标也存在着不容忽视的风险。抛开商标注册过程中成功率降低的风险不谈，被核准注册后，企业或个人在使用组合商标时，只能将组合商标作为一个整体标记使用，不可随意改变组合方式或单独使用各组合要素，否则将失去注册商标的效力，不受法律保护。

也就是说，如果他人擅自使用组合商标中的某一部分，则有很大可能不被判定为侵权行为，这就为商标侵权行为提供了便利条件。如知名品牌阿迪达斯"adidas＋图形"的组合商标，因品牌知名度广，该组合商标的英文及图形部分均具有很高的识别度，单独使用时也会令消费者产生品牌联想。因此，若该组合商标中的各构成要素未分开注册的话，则会有很大的被侵权风险。

互联网开放的环境无疑放大了这种风险。网络传播速度快、范围广等优势极大地提高了传统企业和个人的曝光率、知名度，但这也令企业信息获取更加容易，在这种情况下，抓住企业商标保护漏洞，利用组合商标的天然劣势趁机"搭便车""傍名牌"的商标侵权行为更加猖獗，企业使用组合商标的风险增大。

应对策略：分开注册，切莫因小失大。在注册商标时，尽可能将组合商标中的文字、图形、字母等各构成要素区分开，单独注册，将最大限度地保护企业合法权益，有效降低商标被侵权的风险。同时，单一要素构成的商标在使用时没有组合限制，既可单独使用，也可多个注册商标随意组合使用，使用方式更加自由，保护范围更大。因此，企业和个人在互联网化的过程中，切不可因节省注册费而盲目注册组合商标。

"互联网+"时代的来临，商标注册面对新一轮的风险，企业和个人在申请商标注册时不得不向前看，更多地考虑商业发展前景与商标战略布局。在商标注册之外，"互联网+"时代的商标使用、商标保护与维权等事务也面临着新的挑战，这就要求企业与个人在处理商标问题时需要更加小心谨慎，从互联网发展特点出发，提高商标保护意识，制定相应的商标保护规章制度，建立360°无死角商标保护网，关注市场，及时维权，从而最大限度地保障自己的合法权益。

11　聚焦创业公司商标注册策略

近年来，面对日益严峻的就业形势，很多高校毕业生都选择创业来赚取人生的第一桶金。而在国家"大众创业、万众创新"政策的大力号召下，也有越来越多的公司职员、公务员"不甘寂寞"，纷纷"下海"投身创业大潮。但是，从滴滴打车、陌陌等创业公司的发展中不难看出，一些创业公司或是对商标保护不够重视，或是缺乏商标专业知识，前期往往不能全面系统地对企业商标进行有效保护，商标被抢注、被侵权的事情时有发生。一些创业公司甚至在上市、融资等重大关头面临商标侵权诉讼，导致公司权益受到难以弥补的损害，极大地阻碍了公司的发展。那么，创业公司前期在进行商标注册时应注意哪些问题呢？

商标对公司发展来说至关重要，想要从根本上避免这种情况，就必须在商标战略上加以重视，具体到商标注册策略时，要注意以下几个方面。

全面查询，及时注册

众所周知，商标查询是商标注册过程中不可忽略的一个重要步骤。通过查询商标局商标登记注册情况，了解准备申请注册的商标与他人已注册或正在注册的商标是否相同或近似，将会大大降低商标注册风险，提高商标注册成功率，避免造成时间与金钱的双重损失。

实际上，商标注册之前需要进行商标查询可以说是一个老生常谈的问题，商标查询可不仅仅是在商标局指定网站简单地输入商标名称与类别就可以的。要想真正做到专业、全面、没有疏漏的商标查询，除了要完全理解商标局公布的《商标审查标准》之外，还要充分了解《类似商品和服务区分表》，尽量掌握跨类别近似的小项情况，对想要注册的商标进行单类别检索和交叉检索，最大限度地避免出现漏检等失误。

除此之外，驰名商标的存在也是商标查询中不可忽视的一个检索难点。我国《商标法》规定，已在我国注册的驰名商标享受跨类别保护。也就是说，即使创业公司想要注册的商标与驰名商标已经注册的商标类别不一样，但若商标名称相同或近似，创业公司也无法注册该商标。因此，将一些耳熟能详的驰名商标列入近似检索名单也是很有必要的。

在进行了地毯式的商标查询之后，及时注册就成为创业公司的首要任务。我国商标注册实行"申请在先原则"，就一份相同或近似的商标申请来说，谁先提出的商标注册申请谁将得到商标专用权。通俗来讲，"申请在先原则"就是先到先得。如果创业公司没有及时注册商标，商标一旦被他人抢注，后期创业公司就会陷入要么花费大量金钱赎回商标，要么被迫放弃商标的两难境地，因此，尽早申请商标是创业公司商标注册策略至关重要的一步。

谨慎选择商标类别，申请注册防御商标

选择商品或服务类别是企业在申请商标注册时不可避免的一个环节。我国采用《类似商品和服务区分表》将商品及服务分为45个大类别和若干小项，创业公司经营规模较小、业务较单一、资金短缺等客观条件决定了创业公司没有实力也没有必要进行全类别注册，因此创业公司需要尽可能谨慎、准确地选择商品或服务所属的类别，对核心类别、辅助类别以及可能拓展的业务类别进行注册，尽可能明确、全面地指定商标的保护范围。如果申请的类别不对，不仅商标无法起到维护企业和个人合法利益的作用，在商标注册时也有很大可能因此而造成商标近似，从而导致商标注册失败。

另外，为了日后防范不法商家"傍名牌""搭便车"、抢注商标等行为，创业公司在进行商标注册时还可以采取注册防御商标的形式对商标进行全方位保护。如因赞助综艺节目《奔跑吧兄弟》而大热的鸡尾酒品牌锐澳（RIO），在进行商标注册时就将与英文商标"RIO"近似的"RIO""PIO""R1O"，与中文商标"锐澳"近似的"锐傲""睿奥""瑞澳"等山寨商标一一收入囊中，用自己"山寨"自己的方式有效地保护了公司合法权益。

组合商标分开注册

组合商标具有图文并茂、形象生动、易于识别等优势,加之可以大大节省分开注册的费用,因此广受创业公司的认可与使用。但是,我国对组合商标采取各构成要素单一审查的方式进行审查,商标局需要对构成组合商标的文字、字母、图形等要素进行逐一审查,并保证所有要素均不与他人已经注册或正在注册的商标相同或近似,才能通过审查。这无形之中就增加了组合商标的审核环节,延长了审核时间,并大大增大了组合商标的驳回风险。

同时,组合商标在使用过程中也有诸多不便。在被核准注册后,创业公司在使用组合商标时,只能将组合商标作为一个整体标记使用,不可随意改变组合方式或单独使用各组合要素,否则组合商标将失去注册商标的效力,不受法律保护。

也就是说,如果他人擅自使用组合商标中的某一部分,则有很大可能不被判定为侵权行为,这就为商标侵权行为提供了便利条件。如知名快餐品牌肯德基"KFC+图形",因品牌知名度广,该组合商标的英文及图形部分均具有很高的识别度,单独使用时也会令消费者产生品牌联想。因此,若该组合商标中的各构成要素未进行分开注册的话,则会有很大的被侵权风险。

因此,创业公司在注册商标时最好将组合商标分开注册,以降低商标驳回风险,规避日后可能出现的傍名牌等商标侵权行为,切不可因省小钱而盲目注册组合商标。

随时收集证据,以备不时之需

这里的证据,指的是商标的使用证据。创业公司在提交了商标注册申请之后,短则需要一年,长则需要两三年才可拿到商标注册证。在此期间,创业公司将大量、频繁地使用该商标,建议创业公司应随时收集商标使用证据,这些证据将在商标面临驳回、撤销等风险时起到至关重要的作用。

如我国《商标法》第三十一条规定了申请在先原则的补充原则——使用在先原则,也就是说,当两个或两个以上的商标注册申请人同一天以相同或近似的商标在同一种商品或类似商标上申请注册的,初步审定并公告使用在先的商标。

因此，在商标申请过程中，一旦出现同日申请的情况，商标局会向同日申请的申请人发出商标注册同日申请补送使用证据通知书。申请人则需要在收到商标局通知之日起 30 日内提交在先使用该商标的证据。这时，创业公司收集的商标使用证据将决定商标权的归属。

除此之外，在后期的商标使用过程中，创业公司若遭遇"撤三"威胁或商标侵权纠纷等，充足的商标使用证据也可以帮助创业公司有效化解商标危机。因此，创业公司应充分重视商标使用证据的收集、整理与归档，在需要时可以快速及时地拿出有效证据，以免错失良机，后悔不已。

在未来的商业经营中，包括商标在内的知识产权战略将越来越重要，而作为商标战略的重要一环，如何走好商标注册这个第一步对于创业公司来说至关重要。商标的注册步骤、注册类别等问题深深影响到创业公司日后的发展，因此，提前考虑好商标注册策略，最大限度地减少商标注册漏洞，未雨绸缪，才能令创业公司得到长足发展，在以知识经济为主导的"互联网+"时代立于不败之地。

第九节 商标注册流程

创业者必看的商标注册流程

商标注册不是到商店购物或去菜市场买菜,购物买单、收货交钱就结束了。商标注册作为国家的一项政策法规,有一套完整的注册流程,是一个较为复杂的申请过程。作为刚刚创业、想要拥有一枚属于自己商标的创业者来说,熟悉和了解商标注册的流程显得非常必要,只有这样才能未雨绸缪有效减少商标注册环节不必要的麻烦和障碍,为顺利而及时拿到满意的商标奠定基础,最大限度提高商标注册的成功率。

商标不是你想要就能要的

在注册商标之前,最先要明确的就是什么人才能注册商标。我国目前对商标主体资格的限制较少,按照商标法的相关规定,只有具有以下条件的法人或者其他合法民事主体、自然人才可在我国提出商标申请。

首先是依中国法律成立的企业、事业单位、社会团体,其申请商标注册的范围,不受其经营范围的限制。其次是个体工商户、个人合伙、农村承包经营户和其他依法获准从事经营活动的自然人。这些主体申请商标注册的范围必须以核准经营范围为限,或者以其经营的农副产品为限。最后就是外国企业或外国自然人,与中国签订协议或与中国共同参加国际条约或按对等原则办理的国家的外国人或者外国企业，按照自愿的原则，可向商标局提出商标注册申请。

只有符合以上法律规定的条件，才能有资质进行商标注册的申请，迈出商标注册的第一步。

路漫漫，注册流程长而远

商标注册道阻且长，只有充分准备、了解商标注册程序，才能走好每一步，帮助我们有条不紊地进行商标注册，做到事半功倍。

商标注册第一步就是进行**商标查询**，看看是否已经有人进行了相同或相近的商标注册，通过专业服务人员完善商标注册计划，避免浪费时间和财力。如果相同或相似商标还没人注册的话，那就可以准备商标注册**申请文件并提交**。

然后是**商标形式审查**。形式审查的内容包括申请文件的审查，对商标图样规格、清晰程度及必要说明的审查，分类审查，大约一个月时间。若符合法律规定，审查机构编定申请号，确定申请日，商标局出具"商标注册申请受理通知书"。申请人的申请日期以商标局收到申请书件的日期为准。由于我国实行申请在先原则，因此商标注册的申请日期对申请人来说显得尤为重要。

接下来是**商标实质审查**。商标局对商标注册申请进行检查、资料检索、分析对比、调查研究，确认申请商标是否合乎《商标法》的规定（商标禁用条款、不具有显著性、存在近似商标等），并决定给予初步审定或驳回申请等一系列活动。这个过程较为漫长。

通过实质审查之后便是**商标初审公告**。商标初审公告是指商标注册申请经审查后，对符合《商标法》有关规定的允许其注册的决定，并在《商标公告》中予以公告。初步审定的商标自刊登初步审定公告之日起三个月没有人提出异议的，该商标予以注册，同时刊登注册公告。

最后**颁发商标注册证**。初步审定的商标自刊登初步审定公告之日起三个月没有人提出异议或提出异议经裁定不成立的，该商标予以注册，商标局下发商标注册证。商标注册被核准后，便会把该商标的详细资料记入注册记录册，注册日期追溯至提交申请当日。换言之，作为注册商标拥有人的权利，应由提交申请当日起计。

总之，我国对商标权的取得采取注册原则，即只有经商标局核准注册的商标，才能产生专用权。

第三章
创富标识——商标的注册

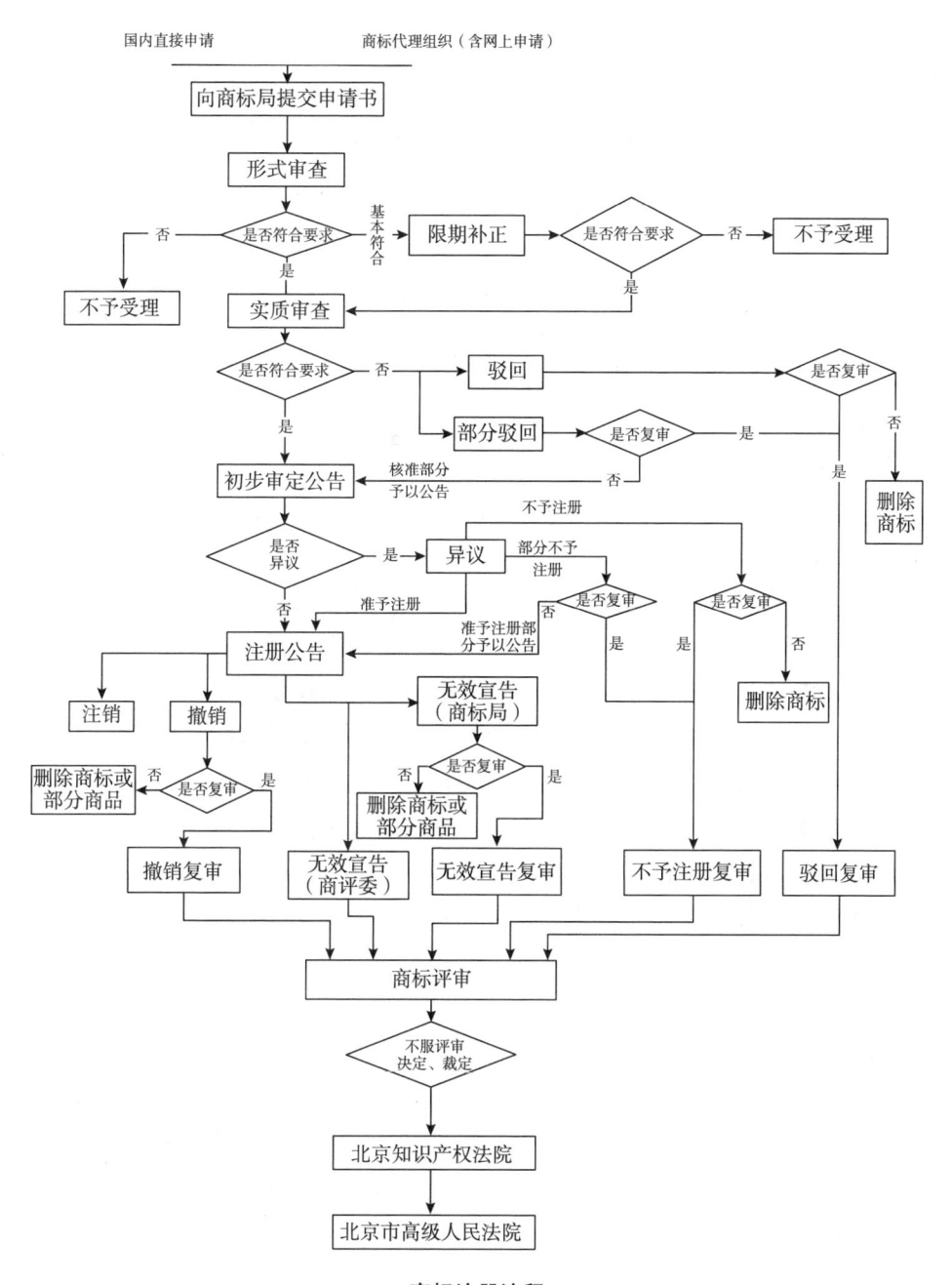

```
                国内直接申请              商标代理组织（含网上申请）
                        ↓                        ↓
                        └──────────┬─────────────┘
                                   ↓
                          ┌─────────────────┐
                          │ 向商标局提交申请书 │
                          └─────────────────┘
                                   ↓
                          ┌─────────┐
                          │ 形式审查 │
                          └─────────┘
                                   ↓
           否    ◇是否符合要求◇ ──基本符合──> [限期补正] ──> ◇是否符合要求◇ ──否──> [不予受理]
            ↓         │是                                            │是
        [不予受理]     ↓                                              ↓
                  ┌─────────┐ <───────────────────────────────────────┘
                  │ 实质审查 │
                  └─────────┘
                       ↓
              ◇是否符合要求◇ ──否──> [驳回] ─────────────> ◇是否复审◇ ──否──> [删除商标]
                       │是                                      │是
                       │          [部分驳回] ─> ◇是否复审◇ ──是──┘
                       ↓                            │否
                 ┌────────────┐ <──核准部分予以公告──┘
                 │ 初步审定公告 │
                 └────────────┘
                       ↓
              ◇是否异议◇ ──是──> [异议] ──部分不予注册──> ◇是否复审◇ ──是──┐
                   │否          │不予注册 ──> ◇是否复审◇ ──是──┐         │否
                   │            │准予注册                     │否        │
                   ↓            │准予注册部分予以公告          ↓         ↓
              ┌─────────┐ <─────┘                        [删除商标]   [删除商标]
              │ 注册公告 │
              └─────────┘
              ↓     ↓         ↓
         [注销] [撤销]    [无效宣告（商标局）]
                 ↓              ↓
           ◇是否复审◇        ◇是否复审◇
            是│ 否             否│ 是
              │ ↓                ↓ │
              │[删除商标或        [删除商标或
              │ 部分商品]         部分商品]
              ↓                     ↓
         [撤销复审] [无效宣告（商评委）] [无效宣告复审] [不予注册复审] [驳回复审]
              └──────┴──────────┬──────────┴──────────┘
                                ↓
                        ┌─────────┐
                        │ 商标评审 │
                        └─────────┘
                                ↓
                       ◇不服评审决定、裁定◇
                                ↓
                      ┌─────────────────┐
                      │ 北京知识产权法院 │
                      └─────────────────┘
                                ↓
                      ┌─────────────────┐
                      │ 北京市高级人民法院 │
                      └─────────────────┘
```

商标注册流程

第十节　驳回复审

1　商标被驳回无解？还可以再抢救一下

人生最痛苦的事，莫过于注册商标在经过了日日夜夜的漫长等待之后，传来被驳回的消息，简直闻者伤心、听者落泪。其实在我国的商标申请中，平均每三个申请商标之中就有一个被驳回。可以说，商标被驳回其实是商标注册过程中一件比较普遍的事，由此也可见商标注册的潜在风险。

商标一旦被商标局驳回，并不意味着商标就此"被判了死刑"。只要理性分析商标被驳回的原因，并采取针对性的抢救对策与措施，是可以让商标起死回生的。

简单实用，一招绕过近似的雷区

商标被驳回的原因有很多种，其中最主要、最普遍的是由于商标相同或近似引起的。我国的商标申请实行的是在先申请原则，相同的两个商标谁在同一类别中最先提交并成功注册，谁就具有了这个商标的排他性权利，其他的申请人就不能再申请与之相同或相近的商标。

例如，有公司在糖果类别注册了"大白兔"商标，其他公司就不能注册诸如"大奶兔""小白兔""大灰兔"等容易造成混淆的商标。判定商标是否近似并没有统一的标准，具体情况具体分析。如果想要申请的商标已经有人在先注册，可以在申请商标的基础上增删具有显著性的字词，使其具有不同的意义。比如想要申请的服装类"阳光"商标已经有人注册，可以改成"阳光兔"，改变原义来提高成功率。

驳回复审，抢救商标的不二法门

当然，有的商标被驳回完全是因为商标的申请人对《商标法》的内容不了解，直接使用与国旗、国徽、国歌、军旗、军徽、军歌、勋章等相同或者近似的商标，或者同中央国家机关的名称、标志等相同或近似，这些都是法律所禁止的，属于绝对驳回理由。

还有的商标被驳回的原因是因为使用了通用名称，或是直接表示商品的质量、主要原料、功能、用途、重量、数量等特点，比如纯净牌矿泉水、好吃牌薯片、十斤牌大米等，使得商标缺乏显著性。如果申请人的商标在长期的使用过程中，具有了显著性，也可以提供强有力的证明材料，通过商标的驳回复审争取商标的注册申请。例如，阿里巴巴的"双十一"就是数字商标，但在长期的使用中具有了明显的显著性。

在商标的实际申请过程中，商标由于种种原因面临被驳回的风险，只有提前做好商标的查询、规避风险等工作，商标申请才会一路过关斩将顺利完成注册。在商标的申请人不具备特别专业的知识及不熟悉操作流程的情况下，还是建议大家通过专业的商标代理机构来完成商标的申请。即使商标被驳回，代理机构也可以通过丰富的实践经验进行商标的驳回复审，最大限度地提高商标申请的成功率。

当然，除了依靠代理机构分析驳回原因、提供对策外，企业也应当自行判断被驳回的商标对企业的重要性，结合专业代理机构的建议决定是否复审。

2 "不死鸟"商标驳回复生记

商标注册的成功率并不是百分之百。想要拿到自己心爱的商标,方法有很多,其中之一就是号称"不死鸟"的驳回复审。下面有几个关于驳回复审成功的案例,看看聪明的你能够从中得到什么启发。

案例一:"CHAIYO" VS "CHAYO"

申请人申请的是第 20 类的商标"CHAIYO",但是因为引证商标"CHAYO"被驳回了。由于客户及时进行了驳回复审,证明引证商标并未续展,驳回复审成功。

案例二:"红山果 HOMESGO" VS "TONGMENG"

这两个商标中组成单词的对位字母除第二个字母,其他每一个字母都不一样,不知道为什么商标局把他们看成是近似的了。不过结局是好的,商评委觉得这俩商标不近似,最后驳回复审成功。

案例三:"优家购 youjiagou. com" VS "youjiugou"

虽然两组英文(或者拼音)看上去很相似,但还是有差别的。尤其是申请人的商标是由汉字和字母共同组成的,字母实际上是中文的拼音形式。而引证商标的拼音明显与"优家购"不同。最后,商标驳回复审成功。

只有六七成把握的商标到底要不要注册？

从上面的几个例子我们可以看出，如果在注册时就查询到了近似商标，那么到底还要不要注册？一般遇到这个问题，知识产权顾问都会建议换一个稳妥一点的名字。但是，如果这个名字是申请人特别喜欢的，那还是建议申请的，因为还有驳回复审这一关可以走。

但这里要分几种情况。首先是查询时没有完全相同的商标，如果完全相同就放弃吧。但是，如果情况不好判断的，有些近似也有些区别的，其实是可以尝试的。其次，就是如果申请人的商标已经使用很长时间，并且已经具备了一定的知名度，那么就一定要申请。只要能让公众不产生混淆，驳回复审的成功率就很大。

3 商标注册失败怎么办？驳回复审来挽救

商标注册存在三种不可避免的风险，因此会有注册失败的可能。根据不同情况，导致商标注册失败的原因也是多种多样的。其中，被商标局驳回或部分驳回不予通过而导致的商标注册失败，占失败原因的80%，成为商标注册失败的主要原因。

那么，一旦商标申请被驳回怎么办？只能扼腕叹息就束手无策了吗？当然不是！根据不同的情况，你的商标还有被"救活"的可能！

为什么商标注册被驳回？

1. 他人注册在先

商标审查员进行商标审查时，首先会在商标数据库中进行检索，若发现同一商标在同一种商品或类似商品上被其他人提出注册申请的话，就会根据"申请在先原则"，驳回后提出申请的企业或个人。

这种商标相同被驳回的情况一般是因为商标查询存在盲期导致的，属于不可避免的客观原因。除此之外，还有一种情况是由于商标注册申请人的疏忽导致的。

一些企业或个人没有经验，不熟悉商标注册流程，在提出商标注册申请之前没有进行商标近似查询，造成申请商标与已经注册成功的商标相同的情况，白白损失了注册费。

2. 商标近似被驳回

两个商标在文字字形、读音、含义、图形的构图及颜色、整体结构、立体形状、颜色组合近似，容易令公众产生误认或混淆的，一般会被认定为近似商标而驳回。

一般来说，在商标取名和 Logo 设计时，如果刻意模仿其他品牌，产生"傍名牌"的想法，则非常可能被认定为近似商标而被驳回。

商标近似是最常见的驳回原因，也是最容易产生误判的地方。因此，在后面会着重讲讲商标被判近似而驳回的具体情况和拯救措施。

3. 商标名称属于通用名称、描述性词语

行业内通用的名称以及仅仅描述了产品特征的词语是不能作为商标注册的。如"苹果"不可作为苹果这种水果的商标，"蜡染"也不可作为布的商标。

4. 商标缺乏显著特征

当申请的商标过于简单，如使用简单的线条、普通几何图形时，审查员会认为该商标缺乏显著特征，因不具备可识别性而被驳回。

5. 使用了不被允许注册的标志

《商标法》规定了包括中华人民共和国的名称、国旗、国歌在内的若干种不可作为商标注册使用的标志，其中，地名以及容易使公众对商品质量、产地产生误认的名称或标志都不可注册为商标。若不小心使用了不被允许的标志作为商标注册，则会被驳回，不予注册。

神来之笔：驳回复审

我国《商标法》第三十四条规定："对驳回申请、不予公告的商标……商标注册申请人不服的，可以自收到通知之日起十五日内向商标评审委员会申请复审。"

也就是说，在程序上，所有被商标局驳回的商标申请，均可以向商标评审委员会申请驳回复审，要求重新裁定。这相当于给所有被判"死刑"的商标一个重生的机会。

下面，就着重讲讲我们可以用哪些理由来"救活"那些被驳回的商标。

1. 商标不相同、不近似

申请商标与他人在先注册或者在先申请的商标相同或近似是最常见的驳回原因。如"NSFNISAFUN"商标驳回复审案，商标局以该商标同其他在先申请注册的商标构成类似服务上的近似商标为由，作出驳回决定。

驳回复审商标"NSFNISAFUN"

商标局引证的在先申请商标"NSFSNUSIFEISI"

英文字母"NSF"与"NSFS"在主体部分近似。申请商标在主体部分属于引证商标整体中的一部分，且与引证商标注册部分其中3个字母和顺序一模一样。所以商标局判定其近似，申请商标被驳回。

申请人代理律师提供证据证明，两商标外观整体不同、设计风格不同、翻译成中文后的实际含义不同，并提供商标持续使用的证据，以说明商标实际影响力和知名度。最后，商标局采纳了律师的代理意见，对"NSFNISAFUN"商标予以初审公告。

除此之外，对于商标近似驳回复审的还可以对构成要素、字形、构图等方面进行多方举证。以上案例是结合本案情况所做的针对性分析，在其他案件中，还要考虑具体的证据材料及案件实际来综合判定。

2. 在先使用

原则上，同一商标在同一种商品或类似商品上被他人提出注册申请的话，审查员会根据"申请在先原则"，驳回后提出申请的企业或个人。但是，如果申请日是在同一天，则公告使用在先的商标。

另外，为了防止恶意抢注，我国《商标法》第三十二条规定，申请商标注册不得损害他人现有的在先权利，也不得以不正当手段抢先注册他人已经使用并有一定影响的商标。

也就是说，商标因"他人注册在先"被驳回时，若与被公告商标的申请日是同一天，或怀疑自己的商标被抢注，则可以向商标评审委员会申请复审商标在先使用。

适用情况：他人申请在先被驳回；商标被抢注。

举证重点：经过使用；具有一定影响。

3. 使用商品或服务类别不类似

申请人在进行商标注册时要根据《类似商品和服务区分表》填报使用商标的商品类别，商标局审查员也会根据该分类表对申请的商标是否构成商品类似进行初步判断。一般来说，相同或类似商标在同一类别同一群组进行注册会因构成商品类似而被驳回，但这并不是绝对的。

根据实际情况，并不是同类、同组的商品均构成类似商品，也不是不同类不同组的必然不类似，如茶饮料属于第30类3002组别，但它的类似群组并不仅限于第30类3002组别，还包括第32类3202组别（3002茶饮料与3202全部商品近似）。

因为商品或服务类似判断的复杂性，以及不同审查员的审查尺度不一样，因"商品或服务类别类似"的原因被驳回的商标有可能是误判，一些审查员会将同一类别但不同组别的商标判定为近似商标，这种情况经过仔细分辨后是可以以此理由提出驳回复审的。

适用情况：商标近似；他人注册在先；商品类似。

举证重点：商品或服务在组别上不类似。

4. 商标具有显著性，便于识别

当审查员因商标缺乏显著特征而驳回商标注册申请时，可以通过证明申请商标具有显著性而提出驳回复审。商标的显著性并不是绝对的，一枚商标是否具备显著特征，在很大程度上取决于其使用的情况。

在实践中，有一些原本没有显著特征的商标经过使用后，使消费者能够通过其识别商品或服务的来源，即经过使用产生了显著特征。在这种情况下，商标是可以被注册得到保护的。

适用情况：申请商标缺乏显著特征。

举证重点：商标具有独创性和显著性；商标经过使用取得显著特征。

5. 没有使用不得作为商标注册的标志

我国《商标法》第十、十一、十二条规定了不得作为商标使用的标志。但是，审查员在其中一些条款的判定上也会有判断错误的情况。

如第十条第七款"带有欺骗性，容易使公众对商品的质量等特点或者产地产生误认的"，第十一条第一款"仅有本商品的通用名称、图形、型号的"等，这些都是非常容易产生争议的地方。

适用情况：使用通用名称；使用描述性词语；使用地名等。

举证重点：没有违反新《商标法》第十、十一、十二条规定。

以上，就是商标被驳回的解决办法。虽然驳回复审很强大，但这并不意味着所有被驳回的商标都有被拯救的价值，强行去挽救那些没有必要的商标，只会无端增加自己的时间成本，造成资源浪费。

小贴士：如果企业和个人没有商标申请经验，建议还是找专业代理机构进行咨询或代理比较好，尽量避免因自身原因造成不必要的金钱损失，增加时间成本。

第十一节　商标异议

商标申请想要浑水摸鱼？商标异议一招制敌

多年之前，有厂商向商标局提出"伊利 YiLi"商标注册申请，指定用在卫生器械、水龙头上。在公告期内，伊利集团提出异议申请。后来商标局仍裁定该商标有效，伊利集团不服，提起诉讼要求撤销裁定。北京高院审理后认定，将"伊利"作为水龙头、医疗器械的商标，尽管这些商品的生产销售与伊利集团没有太大的关系，但实际上也深深影响了"伊利"驰名商标的声誉。最后北京高院驳回商评委的上诉请求。

可以说，企业只要品牌做得好，就可以带来良好的口碑效应和经济效益。但是，品牌价值越来越高，也会致使一些企业通过"傍名牌"的手段来为自己赚取名利。"伊利"即使作为驰名商标，在品牌保护上也走得无比艰辛。

什么是商标异议申请？

所谓商标异议，就是指对某一经过初步审定并公告的商标，法定期限内在先权利人、利害关系人向商标局提出该商标不予注册的反对意见，即要求商标局在规定的 3 个月异议期满后不要核准该商标注册。

商标异议内容，既包括初步审定的商标与申请在先的商标相同或近似，也包括初步审定的商标违反了《商标法》的禁用条款或商标不具显著性等。一个比较有名的案例是关于茅台酒的。

2012年,当茅台注册的"国酒茅台及图"商标通过商标局的初审公告后,五粮液、剑南春、水井坊、郎酒、沱牌5家四川酒企联合向商标局递交异议报告。随着时间的推移反对者队伍不断壮大,包括很多专业律师纷纷向商标局递交异议书。

2016年,商标局认为被异议商标中的"国酒"一词带有"国内最好的酒""国家级酒"等评价性含义,若由被异议人永久性地独占所有,容易对公平的市场竞争秩序产生负面影响,于是决定被异议商标不予注册。

商标异议的提出无外乎以下几种情况:自己的商标没注册却被他人抢注;自己的商标被抢注为其他类别;自己注册的商标被他人混淆等。

可以说,商标异议就是避免不同类别中的相同或者近似商标在使用的过程中出现的利益冲突,或者保护相关利益人不受到相关牵连。由于很多的消费者对于商标的分类不了解,自然会认为相同商标的产品来自同一家厂商,从而产生混淆。在这种情况下,企业一定要及时进行商标注册,还要做好商标的防御性准备,进行多类别和跨类别的保护。

第十二节 商标种类

1 数字商标那么多,为何大家独爱"九"?

很多老板明确表示,喜欢"简单""大气"的名字。"简单"要求既要字简单,也要意思简单,保证大多数人能够看懂。"大气"这点每个人的标准都不同,所以也讨论不出结果来。就"简单"来说,数字是个不错的选择。但是由于我国近两年来商标注册量大幅增加,而商标又属于不可再生资源,很多比较好的数字都已经被别人注册,如"711""7喜""747""九州""九阳""999"等。关于数字申请是有很多注意事项的,下面就谈谈这事。

吉利的数字好记又好听

"九"是个位数字中最大的,所以被用作商标名称不足为怪。使用"九"的比较知名的品牌就有"九州""九阳""999"等。

"九州大地,浩劫重生"是很多仙侠故事中最惯用的开篇文字,说的肯定不是日本的九州岛。"九阳"最出名的是豆浆机,当初后羿射日时,射下了9个太阳,不知道是不是变成了"豆浆机"。

在以"九"为尊的世界中,"九五"是皇帝之位,所以和"九五"有关的商标也非常受宠。

此外,"七"也有一大帮的拥趸,如"711""747""7喜"。是不是国外的企业都比较喜欢这个数字，要不这几个怎么都是外国企业的商标！

数字申请也有禁忌

数字作为商标申请的八种形式之一很受欢迎，但数字注册也是有一定禁忌的。很多特殊数字是不能申请的，如"110""119"等都是与我国公共服务相关的数字，商标局不可能审批通过的。还有一些比较特殊的纪念日，如"五四""九一八"这样的，注册下来的可能性也微乎其微。

还有很多代表年份的数字，比如"始于1907"等，表示年代久远，这样的商标被驳回的可能性很大。之前就有酒厂申请"三百年"和"三百年山庄"被驳回了。但是这类商标想注册成功也是有办法的，就是加特殊设计、增加汉字说明、增加显著性等。

所以，如果还想申请数字商标的话，设计一个有特色的商标是关键。

2　组合商标分开申请的五大原因

商标是企业品牌的核心价值体现，对企业商标的认可代表了公众对企业形象的认知，因而注册商标是企业建立自主品牌的重要一步。商标申请时，有的客户会根据企业的需要注册组合商标，而商标代理人通常会建议客户将组合商标分开进行注册。组合商标为什么要分开申请呢？

什么是组合商标？

企业在注册商标的时候，除了进行单一元素的商标注册外，还会以组合的方式对商标进行注册。简单说来，组合商标就是指用文字、图形、字母、数字、三维标志和颜色组合六要素中任何两种或两种以上的要素组合而成的商标。相对于只由文字、字母、图案等一种元素来注册的商标，其构成较为复杂。

我们所熟知的很多品牌都使用组合商标，以此更好地增加商标的辨识度，建立独具一格的品牌标识。

组合商标综合了文字商标、图形商标或颜色组合商标之间的不同特点，具有形象生动、引人注意、易于识别的特点，所以得到了广泛使用。同时，组合注册的商标虽然构成元素多，但所花费的成本为一枚商标的注册费用。

既然组合商标有这些好处，为什么还要分开注册呢？这是因为，分开注册的好处更多，同时还能有效避免组合注册的一些弊端和风险。

为什么要分开注册？

1. 提高注册成功率

注册商标最重要的就是成功率问题，分开注册能够有效提高商标的注册成功率。对于中文商标、字母商标和图形商标等要素组合的商标，商标局会将其拆开来，对各构成要素分别进行审查，其中只要有一个元素和别人在先商标中元素相同或近似，则整个组合商标将会被驳回，牵一发而动全身。而分开注册，即使其中的某个商标因为商标的在先权利而被驳回，也不影响其他部分的申请。

2. 使用灵活方便

分开申请的商标具有很强的使用灵活性，各要素既可以独立使用，也可以随意进行组合。以国际知名的运动品牌阿迪达斯为例，既注册了英文 adidas、图形，又有汉字的商标，这些商标可以独立使用，也可以随意组合使用，对于产品包装、店铺装饰、产品使用或宣传推广都非常灵活、方便。而组合注册一旦核准注册，则只能按照注册时商标的组合方式使用，不可以改变组合方式，不可以拆开单独使用，在分开使用的标识上也不可以标注注册商标的标记。

3. 提高审查效率

一般说来，商标组合申请的审查速度要比各要素单独申请慢一些。这是因为，按照商标局的审查规则，组合商标的每一部分都要分开逐一审查，不可避免地增加审核的工作量，导致审查效率降低。而单独申请则彼此互不影响，在审查的效率上要高些。

4. 综合效益较高

部分客户认为，商标各要素组合申请为一个商标，只要花费一枚商标的费用，如果分开申请就要花几倍的费用。虽然短时间内看，组合申请费用少成本低，单独申请费用多，但从长远考虑，单独要素分开注册的效益要相对高很多。虽然表面成本增加了，但在商标实际使用过程中产生的无形效益和由此带来的经济价值要远远大于分开注册的费用，所以商标注册一定要将目光放长远。

5. 有利于商标保护

单独注册的商标在使用时可以分开使用也可以组合使用，在提高注册成功的概率的基础上，还能有效增强商标的防御能力。在组合商标中，侵权人仅仅使用组合商标中部分，法院不一定会认定侵权人使用的商标与组合商标是近似商标。分别注册后的商标都独立而具有显著性，一旦遇到侵权行为可以方便维权。侵权人如果还是使用组合商标中某一部分，法院则极有可能认定侵权人使用的商标与分开注册的商标近似。

组合商标分开申请，无论从时效性和成功率等方面来考虑，性价比都是最高的，相对于整体注册申请，其利大于弊。因而企业注册商标时，一定要根据自身的实际情况，做好商标的注册计划。

3 商标的文字和图形为什么要分开申请、组合使用？

市场未动，商标先行。企业纵然有征服世界的雄心壮志，也要从小小的一枚商标开始。作为品牌建设的第一步，商标申请尤为关键，因为它关系到一个企业的未来发展。关键时刻，还能决定企业的生死存亡。

文字商标与图形商标，你选哪一种？

日常生产生活中，文字商标与图形商标是商标注册的常见形式。具体而言，文字商标就是用汉字、拼音字母或其他文字、字母组合而成，使用在商品或服务上的标志。图形商标是指仅用图形构成的商标，是一种用几何图形或其他事物图案构成，使用在商品或服务上的标志。

我们常见的很多知名品牌就是既有文字商标，也有图形商标，比如耐克、阿迪达斯。

再如中细软，既有文字商标也有图形商标，并且可以组合使用。

中细软　　CIPRUN

文字商标　　字母商标

图形商标　　组合商标

文字 OR 图形，孰好孰坏？

为了便于呼叫，大多数企业都会选文字作为商标注册和使用，所以文字商标是一种主要的商标形式。文字商标具有表达意思明确、视觉效果良好、易认易记等优点，所以，商标的设计越来越趋向文字化。

图形商标同样具有优势，多用做企业或系列产品的标志。如果标志不含有文字，或者相关企业、产品主要使用图形标志。那么，就应该优先考虑申请注册图形商标。

分开申请与组合使用

很多情况下，商标的使用往往是文字商标与图形商标的结合，图文并茂地将企业的品牌理念和文化展示出来。但是文字与图形还是分开来申请比较好，主要是从以下几点来考虑。

首先，商标局对于文字+图形的组合商标审查流程是图形和文字分开审查的，文字部分与图形部分都需要审查。如果申请组合商标，文字或图形任一部分没通过，该商标整体将被驳回。如果分别申请文字商标和图形商标的话，即使文字部分被驳回，图形商标依然可以注册成功；图形部分被驳回，也不影响文字商标的注册成功。

其次，组合申请的商标具有一定的弊端。组合商标一旦申请成功，图形就不可以再发生改变。即使是对组合的商标进行微调，或者调换位置也是不可以的。《商标法》规定，商标只能按注册的样式来使用，是不可以随便变化的。如果擅自改变，轻者将受到处罚，重者商标还会面临被撤销的风险，不能不引起企业的重视。

所以，文字商标和图形商标申请注册的话，最好还是分开来进行。虽然在成本上有一定的增加，但是商标的组合使用会更加便利和灵活，无论是从品牌的发展还是企业的战略布局上来讲，都是具有长远意义的。

4 申请声音商标，你需要注意什么？

提起"恒源祥"这个老国货品牌，相信绝大部分人首先想起的并不是它优质的羊绒制品，也不是它的 Logo，而是那句经典的广告词——恒源祥，羊羊羊。虽然很多企业会花很大的力气设计 Logo 和品牌名称，但不得不承认，作为消费者的我们，有时候会对声音更敏感。换句话说，声音标识用在某些产品上会给顾客留下更深刻的印象。

比如，时隔了近 20 年，看到下面这段文字还是能清晰地想起来这段声音的旋律，并跟着唱下去——"甜甜的，酸酸的，营养多味道好，天天喝真快乐，娃哈哈果奶！"

还有这段传播特别广、开创了"病毒式"营销先河的旋律——"今年过节不收礼，收礼还收脑白金。"

另外，米高梅的狮子吼、新闻联播的开头曲、太阳神集团的"当太阳升起的时候"等，都是令人难忘的广告好声音。不得不承认，相比于文字和图形商标，声音商标可以让品牌更有识别性，尤其在经过大规模的"病毒式"传播之后，个性的、魔性的旋律会一直存在于我们的脑海里。要是能拥有一枚声音商标，那企业简直就有了一件"大杀器"！

那么，如何才能成功地拥有一枚"魔性的"声音商标呢？

声音禁忌伤不起——别碰禁区

申请普通的文字、图形商标时，是不允许使用国旗、国徽、军旗、军徽，或有害于民族、宗教等标志的，申请声音商标也不能例外。

比如，与我国或外国国歌、军歌或国际歌等旋律相同或近似的声音、宗教音乐或恐怖暴力等具有不良影响的声音等，都是申请声音商标的禁区，碰不得。

强调个性、拒绝平庸——必须要有显著特征

和申请普通商标一样，声音商标也是非常强调个性的，平庸的曲调、行业通用的声音、没特点的旋律等，都是过不了关的。

比如，把钢琴弹奏声使用在"乐器"上、把儿童嬉笑声使用在"婴儿奶粉"上、把猫狗这种动物的叫声使用在"宠物饲养"上，都是不可以的，效果等同于普通商标注册时的"使用通用名称"。

还有什么算是"缺乏显著特征"的声音呢？比如，过于简单普通的音调或旋律、一首完整的或特别长的歌曲或乐曲、以平常语调直接喊出来的普通标

语或口号、行业内通用的音乐或声音等，都属于没什么个性的声音，很难注册成功。

跨越听觉与视觉的近似

对声音商标的近似审查，不止审查是否与另一个声音商标近似，还要审查是不是与可视性商标——也就是文字、图形等商标存在近似情况。

比如，你要申请的声音商标里包括一句广告语"大宝明天见"，如果有个文字商标也恰好包含了差不多的这几个字，那么就会构成近似，不能通过审查。

其实，要想成功注册一枚声音商标，最好的方式就是在广告、广播等媒介中长期使用。换句话说，就是长期给消费者"洗脑"，让大家把这段声音与你的品牌联系起来，这才是让你的声音商标有显著特征、区别于其他品牌的最有效的办法，申请注册的时候也会比较有把握。

5　商标的种类与商标的分类是一回事吗？

作为区别商品来源的标志，商标是连接企业与消费者的重要纽带，消费者往往通过商标来认定品牌，这大大降低了交易成本。当然，商标作为企业无形资产，是企业品牌的核心标识，在品牌意识逐步提高的时代，企业越来越重视商标的经营与维护。

那么，商标都是怎么划分种类的，注册商标时该如何选取类别呢？

按照使用对象的不同可以分为商品商标和服务商标

商品商标当然就是使用在实物商品上的商标，比如服饰中的"耐克""李宁"，食品中的"稻香村""双汇"，共享单车中的"摩拜""ofo"等。

服务商标一般使用在商业性质的服务项目，用来满足消费者的需求，如旅游服务、保险服务、娱乐服务。银行服务使用的标志"中国银行"、航空公司的"海南航空"、知识产权服务中的"中细软"、旅行活动中的"去哪儿网"等都是服务商标。

按构成要素可分为文字商标、图形商标、三维商标、数字商标、组合商标、声音商标等

文字商标我们最熟悉，就是纯粹使用文字，如常见的"可口可乐""娃哈哈""农夫山泉"等。

图形商标指用几何图形或其他事物图案构成，使用在商品或服务上的标志。图形商标具有便于识别的特点，如耐克的对钩标识、阿迪达斯的三叶草，以及北京稻香村的三禾标识等。

组合商标就是由两种或两种以上的商标要素组合使用在商标或服务上，具有图文并茂、形象生动、便于识别等优点。

根据注册人的身份可分为普通商标、集体商标和证明商标

普通商标最常见，指一般的经营者自行注册，由自己使用的商标。

集体商标是以团体、协会或者其他组织名义注册，供组织成员在商事活动中使用，表明成员资格的标志。大街上常见的"沙县小吃""新华书店"等就属于集体商标。

证明商标是指由对某种商品或者服务具有监督能力的组织所控制，而由该组织以外的单位或者个人使用于其商品或者服务，用以证明该商品或者服务的原产地、原料、制造方法、质量或者其他特定品质的标志。如绿色食品标识、纯羊毛标志、电工标志等。

当然，对企业来说无论是文字商标还是图形商标，都是为了提升企业的品牌形象，为企业带来更多的经济价值，让产品与服务更能深入人心。同时，还能有效防止商标的抢注和商标的侵权等带来的各种损失。

除了需要知道商标的种类之外，对商标注册人来说更需要了解的还有商标的分类，我国商标局将所有商品或服务划分为 45 个类别，形成了《类似商品和服务区分表》，其中第 1~34 类为商品分类，第 35~45 类为服务分类。

在商标注册的时候，如何选取类别对广大的商标注册人来说，也是一件令人头痛的事情。大部分人认为将自己主营类别以及后期可能涉及的类别进行注册申请就已经完全足够了。但是在实际的操作过程中，很多的近似商品并没有在一个类别中，如家电行业里的电热水器在第 11 类、洗衣机在第 7 类、电视摄像机在第 9 类。企业需要进行商标的跨类别注册才能实现最好、最全面的商标保护。当然这需要对商标的分类比较了解、具有一定的专业经验才能有效地实现。

第十三节 注册成功秘诀

1 五大妙招帮你提高商标注册成功率

企业和个人在注册商标时最担心的莫过于商标注册能否成功的问题。在商标注册过程中，商标相同、商标近似、被异议等因素均有可能导致商标注册失败。那么，怎样才能提高商标注册成功率呢？

商标取名有诀窍

众所周知，一个好的商标名称可以帮助企业扩大知名度和影响力，甚至有可能决定企业的长远发展。但是，不是所有"高端大气上档次"的名称都可以作为商标被注册。我国《商标法》第十条、第十一条等规定了不得作为商标使用或注册的标志，企业若是使用了国家名称、国徽、红十字等不得作为商标使用的标志，或是将商品的通用名称、缺乏显著性的名称作为商标注册，那么将无法通过商标局审查，最终导致企业商标注册失败。

因此，企业在选择商标名称的时候，除了考虑到名字好听、好记、便于宣传等影响传播力的因素之外，更要考虑商标是否具有显著性、独创性、近似性等专业问题，这样才能顺利通过商标局审查，提高商标注册成功率。

近似查询需仔细

在商标注册过程中，因商标相同或近似而导致商标注册失败是最常见的原因。因此，在提交商标注册申请之前，需要仔细查询商标近似情况。

企业或个人可通过登录商标局指定网站"中国商标网"或委托商标代理机构进行商标近似查询，通过查询商标局商标登记注册情况，了解准备申请注册的商标与他人已注册或正在注册的商标是否相同或近似，将会大大降低商标注册风险，提高商标注册成功率，避免造成时间与金钱的双重损失。

组合商标分开注册

我国《商标法》规定了文字、图形、字母、数字、三维标志、颜色组合、声音等要素均可作为商标申请注册。单纯使用其中一种要素作为商标申请称为单一商标，使用两种或两种以上要素组合而成的商标称为组合商标，如"文字+图形"商标、"字母+数字"商标等。组合商标综合了各种要素之间的不同特点，具有图文并茂、形象生动、易于识别等优势，加之组合商标大大节省了分开注册的费用，因此得到了企业和个人的广泛认可与使用。

组合商标也存在着不容忽视的风险，我国对组合商标采取各构成要素单一审查的方式，构成组合商标的文字、字母、图形等要素均要保证不与他人已经注册或正在注册的商标相同或近似，才能通过审查。也就是说，只要其中一个构成要素造成了相同或近似，那么整个商标都将被驳回，最终导致商标注册失败。

因此，在商标注册过程中，将组合商标分开注册将会大大提高商标注册成功率。如果要申请注册的组合商标对于企业或个人来说非常重要，那么则可在分开注册的同时，也将整个组合商标作为一个整体进行注册。

商标类别要准确

选择商品或服务类别是企业在申请商标注册时不可避免的一个环节。我国采取《类似商品和服务区分表》将商品及服务分为 45 个大类别和若干小项，企业及个人需要尽可能谨慎、准确地选择商品或服务所属的类别，以便明确指定该商标的保护范围。如果申请的类别不对，不仅商标无法起到维护企业和个人合法利益的作用，在商标注册时也有很大可能因此而造成商标近似，从而导致商标注册失败。

驳回复审要及时

造成商标注册不成功的原因有很多，除了来自申请人自身的主观原因，在商标申请过程中也客观存在着很多无法避免的原因，如查询盲期、商标审查的主观性等。企业或个人难免会遇到申请被驳回或被异议的情况，但这并不代表商标"无药可救"了。

我国《商标法》第三十四条中规定："对驳回申请、不予公告的商标，商标局应当书面通知商标注册申请人。商标注册申请人不服的，可以自收到通知之日起十五日内向商标评审委员会申请复审。"

也就是说，在程序上，所有被商标局驳回的商标申请，均可以在规定日期内向商标评审委员会申请驳回复审，要求重新裁定。这相当于给了所有被判"死刑"的商标一个重生的机会。因此，企业或个人在接到了商标被驳回的通知后，切莫悔恨叹息，而是要及时做好驳回复审的准备，尽最大努力救活商标！

商标注册无小事，只要前期工作做得充分，后期处理及时，就能大大提高商标的注册成功率。

2 商标注册成功后这些事一定要注意

商标从开始申请到完成注册是一个较为漫长的过程，期间的复杂过程很可能因为小小的疏忽而面临被驳回的危险。当商标在苦苦等待完成注册后，拿到商标注册证绝对是一件让人开心的事。而商标注册成功并不意味着就万事大吉、高枕无忧了。如何正确和规范地使用商标、实现商标的价值最大化，还有很多需要注意的事项。

我们应该明白，商标申请人获得商标注册证书意味着对商标具有所有权，并享有诸多权利，这包括使用权、许可使用权、独占权、投资权、转让权、禁止权等权利。商标注册人对其注册商标享有排他性的独占权利，所以其他任何人未经许可不得在相同或类似商品或服务上擅自使用与注册商标相同或近似的商标。同时，商标所有人自身还应该规范使用商标，了解注意事项，主要包括以下内容。

合理使用与及时变更

商标的合理使用指的是商标实际使用人和商标注册人应当保持一致，同时商标标识与商标注册证上的标识保持一致，使用范围不能超过被核准的商品或者服务范围。如果企业的名称或者地址发生变更时，一定要及时对其商标信息进行变更。商标注册人在使用注册商标的过程中，自行改变注册商标、注册人名义、地址或者其他注册事项的，将由地方工商行政管理部门责令限期改正，不改正的将面临被撤销的危险。

警惕商标的擦边行为

商标作为企业的无形资产，其价值也在使用的过程中不断升值。作为商标的持有人，应该提高商标的保护意识，注意其他人在与自己商品或服务相关的产品或服务上申请容易造成混淆的商标，警惕商标的"擦边球"行为，防止对企业造成经济损失。要在"打擦边球"的商标公告期内提出异议申请。一旦错过了异议期，等别人取得了商标注册证书再提出争议，难度将会变大。

保留商标的使用证据

我国《商标法》第四十九条规定，注册商标成为其核定使用的商品的通用名称或者没有正当理由连续三年不使用的，任何单位或者个人可以向商标局申请撤销该注册商标。如果商标注册后三年之内没有使用，则可以被其他人申请撤销，从而使得他人获得该商标及其权利。因此，商标持有人在经营活动中一定要注意保留使用证据，以防意外的发生。

到期商标要及时续展

商标具有有效期，每次为十年的使用期限。我国《商标法》规定，注册商标有效期满，需要继续使用的，商标注册人应当在期满前十二个月内按照规定办理续展手续；在此期间未能办理的，可以给予六个月的宽展期。如果没有按时进行续展，商标也会面临被注销的危险。因此，商标的续展工作一定要及时。

总之，没有什么是一劳永逸的，商标注册也是如此。不规范使用商标不仅得不到法律的有效保护，还有可能面临被撤销的命运。如果涉嫌侵犯其他权利人的合法权益，还会面临诉讼的危险。只有合法规范地使用已经注册成功的商标，熟知商标使用的各种注意事项，才能发挥其最大的作用，为持有人创造更多的财富。

3 聚焦企业商标监控重要性

很多企业认为商标注册成功后就可以一劳永逸,但实际上,在商标的使用过程中,商标纠纷、被"撤三"、被侵权等问题层出不穷,导致企业商标无法正常使用,稍有不慎就会影响到企业的正常经营,从而造成企业整体收益下降。在这种情况下,对商标进行监控,及时获知商标动态,迅速做出应对措施变得尤其重要。

商标监控是指企业或个人依照商标文字或图形,对商标动态、商标使用情况、市场商标侵权情况,以及竞争对手或特定行业内的商标注册情况进行定期监测,令企业或个人可以及时、全面地了解商标使用情况。

商标监控是企业维护商标合法权利的重要途径之一,通过商标监控,不仅可以及时得知商标动态,令企业迅速做出反应,避免不必要的损失,还可以及时制止他人"傍名牌""搭便车"等侵权行为,以免企业品牌信誉度受到影响。

商标监控的目的与作用

1)及时掌握商标动态,第一时间得知商标续展时间、被异议、被"撤三"、被争议等商标异常情况,令企业可以迅速做出应对,保护企业商标权利;

2)可尽早发现他人申请的相同或近似商标,在初审公告期即可提出异议,及时"截杀"近似商标,提前消除相同或近似商标可能对商标权人造成的潜在危害;

3)全面了解市场动态,对擅自使用企业注册商标的侵权商家、假冒伪劣产品迅速采取必要措施,及时制止与打击商标侵权行为,保护企业合法权益;

4）充分了解竞争对手和企业所处行业的商标注册情况，及时了解竞争对手和行业的发展趋势，调整自己的经营策略。

商标监控方式

1）市场监控。企业可在重要市场定期进行暗访或做好商标监控布局，建立长效的监控机制，及时掌握假冒产品信息及商标侵权行为，并做好档案记录，快速采取行动，向相关执法机关投诉，严厉打击侵权行为，及时消除侵权产品和侵权行为对企业信誉产生的不良市场影响。

2）网络监控。随着网络侵权、网络售假问题的日益增多，企业对商标进行网络监控也变得越来越必要。

一方面，企业可通过商标局网站对企业商标进行定期检索，及时获知商标异常动态，并查看是否有他人注册近似商标或在其他类别注册相同商标的行为，以便企业可以快速采取应对措施。

另一方面，企业需要在各大电商平台和销售产品的专业网站进行重点监控，全面掌握网络售假信息，保存相关证据，及时向各大平台进行投诉，有效遏制网络侵权问题的发生。

一般来说，企业可通过市场监控与网络监控结合的方式进行立体化商标监控，以全方位、多角度、灵活地保护企业商标权利。

商标监控的目的是为了保护企业的合法权益，企业对监控到的"傍名牌""搭便车""打擦边球"等商标侵权行为，应采取必要的措施及时制止，通过向当地工商部门投诉或向法院提起诉讼的方式进行维权，切实保护企业合法权益，维持良好的市场秩序。

4 获得商标的三种方式，你都知道吗？

很多企业都抱怨商标注册过程烦琐、时间长、风险高，得到一枚注册商标简直要过五关斩六将，困难重重。殊不知，想要得到一枚注册商标根本不需要那么麻烦，除了申请注册之外，还有其他方法可以得到商标！如何花最少的钱、用最短的时间得到一枚注册商标？

申请商标注册

申请商标注册是最传统、最常见的得到注册商标的方法，企业或个人可以按照国家规定的注册条件、原则和程序，亲自或委托商标代理机构向商标局提出商标注册申请，经过商标局审核通过的商标便是注册商标，商标注册人可以享有商标专用权。

一般来说，申请商标注册要经过商标查询、准备材料、形式审查、实质审查、初审公告、注册公告等阶段，顺利的话，注册一枚商标大概需要一年半的时间。在商标注册过程中存在着商标被驳回、被异议等风险。企业若选择申请商标注册的方式获得商标，则必须谨慎对待，要充分了解《商标法》《商标审查标准》《类似商品和服务区分表》等相关法律条款，熟悉商标注册流程，才能最大限度地提高商标注册成功率。

优势：花费少

缺点：时间长、风险高，自己申请对专业知识要求较高

难度：★★★☆

适用情形：为品牌发展、产品上市做准备的企业，注册防御商标

商标许可

我国《商标法》第四十三条规定:"商标注册人可以通过签订商标使用许可合同,许可他人使用其注册商标。"也就是说,企业可以通过签订商标使用许可合同的方式,有偿使用他人的注册商标,也就是我们通常所说的授权使用。

企业可根据需要与商标持有人签订普通使用许可、独占使用许可或排他使用许可。除此之外,还可根据双方意愿选择完全使用许可或部分使用许可,一般来说,希望得到的许可权限越大,付出的报酬就越高。

企业与商标注册人签订商标使用许可合同之后,商标权人将商标使用许可报商标局备案,由商标局公告即可。

商标使用许可并不涉及商标权的转移,商标注册人仅仅是将商标的部分权利转让给他人。也就是说,商标注册人在使用许可合同到期后有权选择不续签,这就会造成两种后果;要么企业提高商标的使用许可费,希望商标注册人继续授权;要么放弃这枚商标,但这也意味着企业在商标使用期间进行的宣传推广全部付诸东流,为他人作嫁衣裳,商品积累下的知名度、信誉度仍随着商标重新回归商标注册人。无论哪一种,对于被许可使用的企业来说都是一种打击。"王老吉"与"加多宝"就是最典型的例子。

优势:选择范围广,时间短,费用较少

缺点:利益受损的可能性较大,需要续签,一旦不能续签,日后品牌发展将受到限制

难度:★★★

适用情形:品牌代理商、加盟商,或需要快速获得商标的企业及个人

商标转让

我国《商标法》第四十二条规定,注册商标所有人在法律允许的范围内,可以将其注册商标转让给他人所有。也就是说,企业可以通过有偿的方式购买他人的注册商标。交易双方自由协商,并签订转让协议,随后共同向商标局提出申请,经商标局核准后予以公告即可。

与商标许可不同,商标进行转让之后意味着企业已经获得该商标的所有

权。也就是说，这枚商标完全属于购买企业，一旦转让成功，无须再签订其他合同，也不再付出其他费用。

如果原商标持有人还拥有在同一种或类似商品上注册的相同或近似的商标，企业在购买商标时可要求原商标持有人将这些商标一并转让。

优势：选择范围广，时间短，手续简单，风险低

缺点：费用较高，寻找联系人比较困难，谈判过程需要技巧

难度：★★

适用情形：创立自主品牌，入驻天猫等电商平台、需要快速获得商标的企业及个人

总体来说，获得注册商标的方法比较多样，企业大可根据实际情况选择适合自己的方法。也可不拘泥于一种方式，将多种方法搭配起来使用，在进行商标交易或商标许可的同时注册自己的商标。无论选择哪一种方式获得注册商标，都要增强法律风险防范意识，提高风险评价与辨识能力，未雨绸缪。选择了商标许可、商标交易的企业及个人，在签订相关协议时也要尽可能地对今后可能出现的法律问题进行详尽而公平的约定，及时咨询知识产权代理机构，防止落入由商标引起的商业纠纷，对企业未来的发展造成不利影响。

5　哪些行为会"作死"自己的商标？

很多商标注册人以为商标注册成功、拿到商标注册证之后就可以高枕无忧了，实际上并非如此。在日常商业活动中，企业或个人若不能规范自己的行为，随意使用商标，轻者将受到行政执法部门的行政处罚，责令限期整改，重者还将被撤销商标，丧失商标专用权。

企业和个人要如何规范使用商标？什么样的行为会"作死"自己的商标？

自行改变注册信息屡教不改者——死亡率80%

随着企业经营规模的扩大，一些企业会出现变更地址或公司名称的情况。但是，对于已经注册了商标的企业来说，一旦商标注册人、注册地址等已注册事项发生改变，则必须向商标局申请变更相应的注册事项。

根据我国《商标法》第四十九条规定："商标注册人在使用注册商标的过程中，自行改变注册商标、注册人名称、地址或者其他注册事项的，由地方工商行政管理部门责令限期改正；期满不改正的，由商标局撤销其注册商标。"也就是说，不按规定随意变更注册信息并屡教不改的，将面临商标"被死亡"的危险！

一些企业认为，改变了注册地址、注册人信息也没什么关系，偷偷使用就可以了。但是，这样做可能会令企业陷入更大的危机中。

商标局在注册商标被提出"撤三""异议"或面临其他变动时，往往会按照商标注册证上登记的注册地址下发书面信息通知商标注册人，注册地址变更会令企业无法及时收到相关信息，从而错过挽救时机，最终导致企业商标"被死亡"，阻碍企业商标的正常使用。

另外，机制转换、体制改革、资产重组等问题往往会引起企业名称的改变，这种情况下就需要向商标局申请变更商标注册人信息。如果不申请变更，使用新名称的企业将无法合法拥有商标专用权，这就意味着商标面临侵权、纠纷时，企业将无法主张权利，只能任由他人"傍名牌"，将企业辛苦开拓的市场瓜分。

连续三年不使用——死亡率90%

我国《商标法》第四十九条规定，注册商标"没有正当理由连续三年不使用的"，任何单位或者个人可以向商标局申请撤销该注册商标。这就是通常所说的商标"撤三"。

理论上，因品牌发展等原因被企业搁置不再使用的商标、个人或企业恶意注册用作投资的商标、名企为保护品牌而注册的防御商标，以及企业疏于管理导致无人使用的商标等，都有可能被提出"撤三"。

商标被提"撤三"成功后，原商标持有人将失去对该商标的专有权，无法继续在商品或服务上使用该商标，前期对商标的广告宣传等投入也将付诸东流，将对原商标持有人造成严重的资源浪费和经济损失，因此不得不慎重对待。

不过，只有当注册商标满足了"没有正当理由"且"连续三年不使用"这两个条件，才会被"撤三"成功。如果企业被他人提出"撤三"申请，则需要在规定时间内向商标局提交有效的商标"使用"证据，或者向商标局说明商标不使用的"正当理由"，如不可抗力、政府政策性限制、破产清算等，否则将有很大可能被"撤三"成功，导致商标被撤销。

到期不续展——死亡率100%

我们需要明确一点，商标不是注册后就永久有效的，根据我国《商标法》第三十九条规定，注册商标的有效期为十年，自核准注册之日起计算。有效期届满后，企业如果希望继续使用注册商标、使注册商标继续受到法律保护，就需要按照法定程序进行商标续展。每一次续展的有效期为十年。如果希望可以无限期地使用并保护这枚商标，那么企业则需要在规定时间内一直进行续展注册。

十年的商标有效期满之后，如果企业没有在规定时间内办理续展手续，那么商标局将有权注销该商标。也就是说，注册商标不续展只有死路一条。

骗到手的商标——死亡率95%

众所周知，我国《商标法》第十条、第十一条、第十二条规定了不得作为商标使用、注册的标志，使用国家名称、带有民族歧视性的、无显著性等的商标都无法通过商标局审核，将不予注册。

但是，还是有一些人存有侥幸心理，通过欺骗等不正当手段获得了商标注册证。一旦出现这种情况，商标局或商标评审委员会则有权宣告该注册商标无效，同时，其他单位或者个人也可以请求商标评审委员会宣告该注册商标无效。并且，该商标专用权还将被视为从始至终不存在。

也就是说，通过欺骗等不正当手段得来的商标，一经发现，"死"无踪迹。

恶意抢注的商标——死亡率50%

我国商标注册虽然实行"申请在先原则"，但同时也规定了申请商标注册时不得损害他人现有的在先权利，也不得以不正当手段恶意抢注他人已使用并有一定影响力的商标。我国《商标法》第四十五条中明确了对摹仿驰名商标、恶意抢注商标等行为的处理规定，对违反相关规定的商标，自其注册之日五年内，在先权利人或者利害关系人均可以请求商标评审委员会宣告该注册商标无效。驰名商标所有人则不受五年的时间限制，可无限期追究相关责任，随时向商标评审委员会提出商标无效请求。

但是，鉴于注册商标是否侵犯了他人在先权利、是否属于恶意注册等行为的认定是个相当复杂的过程，在案件审理与答辩中被诉方还有反败为胜的可能，因此，涉及此条款的商标死亡率只有50%。

商标沦为通用名称——死亡率80%

企业商标知名度高本是件求之不得的事，但是，商标过火，却有可能"引火烧身"。

商标最主要的作用就是识别商品或服务来源，因此商标应具有识别性与显著性。但是，如果企业在商标名声大噪后不注重商标管理与保护，导致商标被过于频繁地用于描述某一类产品，那么，该商标就会失去显著性，沦为某类产品的通用名称。"优盘""拉链""热水瓶"等，都是由商标弱化为通用名称的典型。近几年出现的"微博""双十一"等商标也都有弱化为通用名称的危险。

对于这种情况，我国《商标法》第四十九条规定，注册商标成为其核定使用的商品的通用名称的，任何单位或个人均可向商标局申请撤销该注册商标。

不仅如此，根据我国《商标法》第五十条规定，注册商标被撤销、被宣告无效或者期满不再续展的，自撤销、宣告无效或者注销之日起一年内，商标局对与该商标相同或者近似的商标注册申请，不予核准。也就是说，一旦注册商标被"死亡"，那么，一年之内是不可能被"救活"的。想要亡羊补牢的企业，就此死心吧！

商标注册并非一劳永逸，企业及个人若不能按照规定规范合理地使用商标，就有可能陷入商标失效的危机中，使商标无法正常使用，进而影响到企业的日常经营与运转，造成企业整体效益的下降。一枚商标来之不易，建议拥有商标的企业和个人要提高知识产权意识，做好商标的日常管理、运用与保护工作，不要自乱阵脚，落入商标被"死亡"的危机，以免对企业的前程和未来造成不利影响。

第十四节 商标代理

1 三招教你选择好的商标注册代理机构

随着知识产权意识的不断增强,注册商标成为企业与个人保护合法权益的第一步。对注册程序、法律法规不了解,以及注册周期太长、事务繁多等情况,令很多人选择商标注册代理机构帮忙。但如今各行各业竞争激烈,代理机构也层出不穷,市场鱼龙混杂,价格不一,质量也良莠不齐。该如何选择一家既实惠又专业的高性价比商标注册代理机构呢?

只需三招,轻松选择好代理!

查资质,看环境

首先,看一家商标代理机构是否正规要看其是否有相关的商标代理资质。一般来说,正规的商标代理机构都需要在商标局进行备案,因此可以到商标局的网站上查找商标代理机构的备案记录,确认其是否完全符合条件。

另外,大部分商标代理机构是有自己的公司的,也就是说会有正式的营业执照。在与代理机构进行前期沟通时,可以要求商标代理机构发送营业执照扫描件,然后到工商局进行查询。

除了这些文件资质证明以外,还可以对商标注册代理机构的办公场所进行察看。一个正规的公司,无论办公地点在市区还是郊区,一定会有专门的办公场所。对办公环境、工作人员工作状态等方面进行察看,也是判断商标注册代理机构是否正规的一个较重要的方面。

比价格,听宣传

虽然绝大部分人都会为买到物美价廉的高性价比商品而高兴,但一味看重低价可能会面临货物质量残次的问题。"一分价钱一分货",在服务行业也是一样的道理。

很多人觉得动辄2000元左右的代理费价格太高,但这其中除却商标局规定的注册费,商标注册代理机构的人力成本、物质成本外利润很少,更不用说商标注册最少也要一年半的注册周期,这又增加了代理公司的时间成本。

因此,如果商标代理机构的代理费特别低的话,就要小心选择了。在选择商标代理机构的时候,一定不要为了节省几百元的代理费而盲目选择一些宣传跳楼价、超低价而没有实力的"小作坊"代理公司。

当然,这里并不是鼓励大家选择代理费用最高的商标注册代理机构,贵的不一定就是最好的。在其他条件相当的情况下,选择价格实惠的那个才是明智的选择。

另外,看一家公司的宣传也很容易辨别其好坏。如果一些代理机构以100%注册成功、几个月成功拿到注册证为宣传点吸引客户,可以很负责任地告诉你,这是不可能的!

根据《中国商标战略年度发展报告》显示,截至2013年12月,商标累计注册申请量为1324.13万件,而注册成功的商标为865.24万件,注册通过率约为65%。那些声称可以100%注册成功的代理公司无疑是虚假宣传,不靠谱!

另外,商标的注册审查周期平均为10个月,除此之外还有初审公告期、注册公告期等,短短几个月就能拿到注册证的宣传也必然是假的。大家面对价格、宣传诱惑的时候一定要把持住,切莫因轻信而受骗。

拼服务,看后期

商标注册有着复杂的流程和较长的注册周期,绝不是向商标局提交完申请材料就可以了事的工作。因此,除了熟知商标注册流程以外,一家好的商标注册代理机构还要懂得市场分析、数据分析、Logo 设计、专业法律知识支持等，可以最大限度地提高商标注册的成功率。

没有最好，只有更好。一家可以为客户提供一站式整合服务、增值服务的商标注册代理机构才是上上之选。

专业的商标代理机构不仅可以为客户做好商标起名、商标查询等前期工作，后期有能力进行 Logo 设计、异议答辩、驳回复审、国际商标注册、领土延伸，甚至提供闲置商标转让。这样可以提供后续综合服务的机构才能帮助大家更好更全面地实现商标的价值。

友情提示

选择一家专业的商标注册代理机构很有必要，选择一家有资质、价格实惠、服务全面的代理机构尤为重要。相信大家已经知道如何在鱼龙混杂的代理市场中进行选择了吧！

另外，如果面对两家资质、价格、服务都相差无几的代理机构无法抉择的话，小伙伴们可以从"经验"出发，选择一家办所时间较早、年申请注册量较多的代理机构。经验丰富的代理机构深谙行业运作规则，不仅可以较好地保障小伙伴的合法权益，还可以大大提高注册率哦。

2 三分钟让你学会选择靠谱的商标注册代理公司

虚假宣传、诈取钱财、伪造商标注册证，还会没节操地抢注客户商标，商标注册"黑代理"手段多多，让人防不胜防。世界那么大，怎么才能选择一家真正靠谱的商标注册代理公司呢？这就来教你几招，让你三分钟学会选择靠谱的商标注册代理公司，分分钟pass"坑爹"的"黑代理"！

查备案

一般来说，正规的商标代理公司需要向商标局进行备案，已经备案的正规商标代理公司可以在商标局网站（中国商标网）的商标代理栏目中查询到。这是验证商标代理公司的重要途径，也是辨别黑代理公司的第一步！

察"言"

正规的商标代理公司就是靠谱的吗？那可说不定！想要确定商标代理公司靠不靠谱，还要学会察"言"观"色"。

察"言"，就是听宣传。一些代理公司以免费、100%注册成功、几个月成功拿到注册证为宣传点吸引客户。只想对这些代理机构说，你们这么牛，商标局知道吗？

第一，无论是企业、个人，还是商标代理公司，在进行商标注册时都需要交纳一定的商标注册费，这是商标局规定的官方费用，对任何人或组织都一视同仁。一些商标代理公司往往只是以"免费"为噱头，实际上对于这部分官方费用是照收不误的。免费注册商标？不靠谱！

第二，个人或商标代理公司递交的各类商标申请文件，在商标局接收之后需要人工输入到计算机数据库，这个人工输入需要耗费的时间就是通常所说的盲期。在盲期内任何人无法通过计算机查询到正在录入的商标申请文件的信息，也就是说，任何人申请的商标都有可能与盲期内的在先申请商标相同或近似，从而导致商标注册失败。盲期风险是客观存在无法避免的，因此那些宣传100%注册成功的商标代理公司妥妥是不靠谱的！

观"色"

除了察"言"之外，小伙伴们还要学会观"色"，也就是观察代理公司的办公场所。一些商标代理公司对外宣传自己是正规商标代理公司，服务态度好，流程简单，效率快，而实际上他们却有可能是"路边黑作坊"，根本没有能力为客户办理商标注册业务。无照经营、转委托代理、伪造法律文件、人间蒸发，简直是他们的拿手好戏！因此，小伙伴们在寻找代理公司时可以要求上门拜访，实地考察，让不靠谱的商标代理"黑作坊"无所遁形！

友情提示

坑爹的"黑代理"只会坑钱诈骗瞎忽悠，让你没了商标又赔钱，得不偿失！而选择一家靠谱的商标注册代理公司却可以使商标注册工作事半功倍，提高商标注册成功率。快来学习如何选择靠谱的商标注册代理公司吧！过不了多久你就可以拿到商标注册证，当上总经理，出任CEO，迎娶"白富美"，从此走向人生巅峰。

3 火眼金睛，教你识破商标代理机构骗局

开公司需要注册商标，研发产品需要注册商标，开展服务也需要注册商标。但苦于商标的注册程序复杂难懂，所需要的专业法律和商标知识太过繁杂深奥，以及商标注册周期太长、事务繁多等原因，很多想要注册商标的企业和个人都会选择委托商标代理机构进行商标注册。但商标代理市场鱼龙混杂，欺诈钱财、人间蒸发等问题屡见不鲜，一不小心，企业就会陷入不良代理公司的骗局中。

商标代理市场存在着哪些乱象？不良商标代理公司常使用哪些骗局？选择商标代理机构时如何避免上当受骗？听我一一道来！

骗术一：虚假宣传

常用手段：宣传100%注册成功，3个月拿到商标注册证。

揭秘：虚假宣传不靠谱。

企业在注册商标过程中最担心的莫过于商标不能注册成功的问题。一些不良代理公司掌握了企业的这部分心理，以100%注册成功、3个月成功拿到商标注册证为宣传点吸引客户，而实际上，这是不可能的。

正规负责任的商标代理公司会在注册申请提出前对商标进行近似查询，以降低商标注册失败风险。但商标查询存在着盲期，加之商标审查员对近似判断的主观性等原因，商标即使经过了近似查询，也是有着注册失败的风险的。因此100%注册成功是不靠谱的。

另外，商标的注册审查周期平均为10个月，除此之外还有初审公告期、注册公告期等环节，短短几个月就能拿到注册证的宣传也必然是假的。

骗术二：打破底价

常用手段：要代理费，超低价格。

揭秘：只收钱不办事、售后增项太多，名曰打破低价，实则缺乏诚信。

很多人觉得动辄 2000 元左右的代理费价格太高，但这其中除却商标局规定的注册费，商标注册代理公司的人力成本、物质成本外利润很少。更不用说商标注册最少也要一年的注册周期，这就又增加了代理公司的时间成本。

骗术三：傍名牌

常用手段：号称商标局指定代理机构，有内部关系好办事。

揭秘：攀亲戚、傍名牌、有关系，过分夸大是伪造。

一些商标代理公司在为客户办理商标注册业务时，号称是商标局指定代理机构，有内部关系，以增加客户的信任度。但事实上，2003 年国务院下发了《关于取消第二批行政审批项目和改变一批行政审批项目管理方式的决定》，取消了对商标代理机构和商标代理人资格核准的行政审批，自此，商标局与商标代理机构之间已无指定关系。此后，以"商标局指定代理机构"的名义进行广告宣传的均涉嫌不正当竞争，属违法行为。

骗术四：恐吓

常用手段：宣称商标有危险，以商标局官方名义收取滞纳金或增加项目及费用。

揭秘：伪造事端、恐吓客户原是一场虚惊，巧立名目、诸多增项只为诈取钱财。

很多企业并不了解商标注册的流程和法律法规，因此选择将商标申请委托给代理公司。但有些不良代理公司恰恰利用了企业的不熟悉、不了解设计了一些骗局。他们或是宣称商标有过期、异议、"撤三"等危险，伪造事端欺骗客户，趁机诈取钱财；或是利用企业对宽展费、续展费等收费标准的不了解，以商标局名义虚构项目，增加收费标准。

实际上，在商标注册过程中，商标局只收取受理商标注册费，也就是平时所说的官方受理费用，商标申请人无须再交纳其他费用。而我国注册商标的有效期为 10 年，商标注册人只需在期满前 12 个月内交纳官方规定的"受理商标续展注册费"，也就是续展费，按照规定办理续展手续即可。即使在此期间没有办理续展，还有 6 个月的宽展期，商标注册人只需在此期间再交纳一份"受理续展注册迟延费"即可，无须惊慌。

另外，如果商标面临驳回、异议、"撤三"等危险，商标局均会出具书面文件通知商标注册人，由商标注册人选择是否走救济程序，而不会直接强制收取异议、撤销等费用。

骗术五：无节操无底线

常用手段：隐瞒可能存在的注册风险、抢注客户商标。

揭秘：坑蒙诈骗太无耻，无底线公司防不胜防。

自 2003 年商标局放低门槛，不再要求商标代理机构的注册资本和资格认定之后，商标代理公司如雨后春笋，层出不穷，商标代理市场竞争日趋激烈。一些商标代理公司为了追求客源与利益最大化不择手段，不经过近似查询，谎称商标名称 100% 可以注册，隐瞒可能存在的注册风险，盲目鼓励客户注册不可能注册成功的商标。更有甚者，毫无职业操守，将客户苦思冥想出来的商标名称抢先注册，待价而沽，通过加价转让牟取高额费用。

骗术六：人前称公司，人后小作坊

常用手段：上门服务；流程简单，办事效率过快；从不主动联系客户；无后续服务。

揭秘：无照经营、转委托代理、伪造法律文件、人间蒸发，简直是他们的拿手好戏。

我国目前对商标代理机构的注册资本没有要求，一些不法商人便利用这一点成立了无规模、无经验、无专业知识的"三无"商标代理小作坊。这些商标代理小作坊对外宣传自己是正规商标代理公司，而实际上大多无照经营、没有能力为客户办理商标注册业务，将业务转给正规商标代理公司从中赚取差价、只收钱不办事、伪造法律文件，甚至一夜之间人间蒸发时有发生。这样的一锤子买卖，毫无后续服务可言。

一般来说，正规的商标代理公司都需要在商标局进行备案，因此可以到商标局的网站上查找商标代理公司的备案记录。而除了营业执照等文件资质证明以外，在与代理公司的前期沟通时还可以到商标注册代理公司的办公场所进行察看，仔细辨别。

另外，虽然商标的注册周期很长，但在近两年的时间里，商标申请要经历形式审查、受理、实质审查、初审公告等一系列过程，专业负责的商标代理公司会不定时与委托人联系，通知商标注册进程。如果委托的商标代理公司从不主动联系委托人，委托人就要警惕了。

2003年以前，要成立商标代理机构，商标代理人必须有3名以上，注册资本要达到100万元。2003年4月国家降低门槛，取消商标代理行业前置审批，商标代理人资格考试、注册资本等限制条件全部取消，商标代理机构快速扩张，数量已达10年前的20倍之多。导致商标代理公司供大于求，市场竞争日趋激烈，从业人员素质参差不齐，恶性竞争、欺诈钱财等问题频出。

如何避免陷入无良商标代理公司的骗局？除了消费者要提高警惕仔细辨别之外，新《商标法》中也有针对性地对商标代理公司的行为作了规范。

新《商标法》第十九条明确规定了商标代理机构应当遵循诚实信用原则，对委托人应尽到保密和告知义务；第六十八条则列出了商标代理机构被严格禁止的行为及应担负的法律责任，违反规定的机构除了警告、罚款等处罚外，还将被记入诚信档案，构成犯罪的将被依法追究刑事责任。因此，各商标代理机构也要规范自己的行为。

在此，号召业内知识产权代理机构行动起来，规范自身行为，提示客户风险的存在，不能为了盈利而向客户隐瞒情况，共同维护良好的市场秩序。

4 高、快、好、省，商标代理就是这么给力

对企业而言，商标就是自己的脸面和形象，因而注册商标对企业来说是一件重要的事。但是商标不是说谁用就是谁的，而是必须在国家的法定部门进行登记注册，才能在法律上得到保护和认可。

当前国内注册商标可以自己自行办理，也可以委托在商标局备案的专业商标代理机构。大多数情况下，为什么大家会更愿意委托给商标代理机构注册呢？下面就来为大家讲讲商标代理的各种好处。

成功率高

专业的事要由专业的人来做。就像做发型需要到理发店一样，商标注册也是要到专业的代理机构。众所周知，商标代理组织熟知商标法规，熟悉商标注册流程。从形式到实质内容能从法律的角度严格把关，而且还可以为申请人提供在先商标的检索，帮助申请人判断商标注册前的查询结果，以保证较高注册核准率。同时还能根据企业具体情况制定完善的商标保护策略，有效规避注册中的风险，提高商标注册的成功率。

速度较快

商标注册申请的专业性较强。如果个人申请的话，申请人往往需要花费很多的时间了解商标注册流程及注意事项，一定程度上影响商标注册的效率。而商标代理机构具有较为丰富的经验及专业的服务团队，在具体的操作流程和注意事项上往往得心应手，能够最大限度地规避一些注册风险，从整体上提高商标注册流程的速度，有效减少时间。

节省成本

虽然个人直接到商标局注册大厅注册只需要官费，成本低。但是，往来奔波所需要的各种费用叠加起来依然不菲，而且还需要花费大量的时间去处理注册的各个环节。尤其是商标的成功率还不能保证，很可能因为微小的错误导致商标申请被驳回。因此，商标代理虽然会花费一部分代理费，但是商标注册的各项环节有了保证，综合起来是一种较为经济的方式。

服务保证

一般而言，专业的商标代理机构都有一套成熟的服务流程，提供全周期的专业咨询与服务。商标注册是一个周期较长的复杂流程，在整个注册申请期间，商标代理机构会及时通知申请人商标注册进展。同时，如果申请人的商标初审公告后遭到异议，代理组织还会帮助申请人搜集证据，进行有力的答辩。商标注册完成后，代理组织还可以为企业长期担任法律顾问，保护既得利益。

由此可见，商标代理机构可以为企业在商标注册上提供诸多的便利，最大限度地降低风险，最大程度地提高成功率。省事省心省力，帮助企业和个人提供优质的知识产权服务，为企业的品牌发展与形象树立奠定坚实的基础。

第四章 创富之道——商标的保护

知识产权是一种创富的工具，商标自然也不例外。

对于商标的保护老生常谈，却经久不息。

国家知识产权局在2019年2月下发了《关于规范商标申请注册行为的若干规定（征求意见稿）》，旨在打击"恶意注册""囤积注册"等行为。"恶意注册"就是常说的"抢注"，是指注册别人已经在先使用的商标，或者注册知名品牌在其他领域的商标。而"囤积注册"的目的也很明显，就是注册多个商标但并不实际使用，只用于"买卖"，或者"投资"。

这两种行为都可以看做是知识产权"创富"属性的延伸。就因为商标具有创富属性，所以才会有人进行"抢注"和"囤积"。

而商标的保护恰恰可以防止别人"抢注"。运用正常的手段，比如"撤三"，既可以撤销别人"抢注"自己的商标，打响知识产权的"守卫战"，又能够"进攻"对手，将竞争对手暂时没有使用的商标撤销掉。

保护商标就是保护财富。这一章将会有很多保护商标知识点的解读。

第一节 商标抢注

1 以抢注方式倒逼企业重视商标

知识产权可以成为保护企业利益的手段，也可以成为伤害企业的理由。恶意抢注他人商标就是这样的一种行为。之所以称之为"抢注"，是因为由原企业使用多年，或由于没意识到商标的重要性而没有注册的商标，被别人给抢先注册了。更有甚者，抢注之后反咬一口，起诉原企业侵犯了他的商标权。面对这样的事情，原企业往往要花费很大的财力和精力。

被抢注商标的不乏著名企业。五粮液的商标就曾在韩国遭抢注，抢注者是一个韩国本地人，他不仅抢注了五粮液的商标，并且抢注了红星二锅头、三鞭等很多我国著名的白酒商标。庆幸的是五粮液最终抢回了自己的商标。不过可悲的是，很多品牌并不知道自己的商标已经被人在国外抢注了。

不光是国外，国内也有人专门以注册商标过活。"商标注册第一人"王建强创办了"商标超市"，用7年的时间注册了70多枚商标，其中很多商标都被高价标注，如"老鼠爱大米"标价3000万元。这些注册的商标让他获得了非常可观的利润。例如他注册的"我能"商标，与河南大河村实业有限公司合作，以商标入股成立了股份公司，"我能"商标作价300万元。之后又以别的商标和外观专利作价500万元再次入股投资的公司。虽然，人们并不认同他这种通过注册商标获利的方法，但王建强自己认为他是将商标这种稀缺商品发扬光大，以此来提高企业的品牌意识。

最让人气愤的是被前员工抢注商标,抢注之后还反过来起诉原来的老板。有一个叫"尚·丹尼造型"的理发店,其商标被前员工的妻子抢注后起诉理发店侵犯了自己的商标权。不过结果还算让人满意,法院查明了事情真相,得知原告前员工妻子的身份,并且没有实际使用该商标,所以驳回了原告的诉讼。

商标被抢注的原因,是市场环境和企业的商标意识不强,一方面由于长期积累使得消费者比较崇尚国外的品牌,另一方面因为产品周期等原因,国内品牌生长空间有限,就使得商标买卖市场的呼声高而行动却少。外国的企业不会有哪一家产品在上市时还没有注册商标的,而这种现象在中国却十分普遍。

很多抢注的商标需要购买才能使用,很多企业不愿意花这份钱。其实,只有不断适应市场的发展需求,企业才能不断发展。与时俱进的不应该只有市场环境,还需要清醒的经营思维。

2 商标海外防"抢"之心不可无！

大家都知道中华老字号"狗不理"享誉国内、名扬海外，鲜为人知的是"狗不理"商标也曾经飘落异乡。

20世纪80年代，为了拓展海外市场，天津狗不理集团与日本某株式会社合作在日本增设狗不理分店。90年代，该株式会社在日本将"狗不理"申请为商标，核定使用在餐饮服务上，从而将"狗不理"商标据为己有。此后，狗不理集团便一直与其谈判协商，然而未果。直到2005年，狗不理集团利用"狗不理"商标在日本10年专用权有效期届满的机会，重新展开谈判，并利用相关法律为依据，在付出巨大的代价后，最终迫使其放弃续展。

同样是在日本，同样是中国商标遭抢注，"英雄"钢笔的命运却没那么幸运。众所周知，由上海出品的"英雄"钢笔在国内享有较高的知名度，受到广泛欢迎。在日本，"英雄"钢笔的品质也是得到了认可，流行且畅销。然而，当"英雄"钢笔的日本代理商看到其销路后，便恶意将"英雄"钢笔的商标抢注，并以此为胁迫向"英雄"钢笔厂索要在日本销售额的5%作为佣金。最终，"英雄"钢笔在日本的代销商因无利可图而停止代销，使得我国企业遭受巨大经济损失。

近年随着我国企业走出去步伐加快，国内的老字号、驰名商标等在海外遭遇抢注的现象也频繁发生：青岛啤酒在美国被抢注，竹叶青酒在韩国被抢注，桂发祥十八街麻花在加拿大被抢注……据不完全统计，国内有近15%的知名商标在国外被抢注，其中超过80枚商标在印度尼西亚被抢注，近100枚商标在日本被抢注，近200枚商标在澳大利亚被抢注，每年商标国外抢注案件超过100起，间接导致的经济损失更是不可估量。

不仅是老字号遭遇了抢注风潮，事实上，几乎每一家准备进军海外市场的知名企业都面临着潜在的风险。2017年8月，由商标局发布的120多家玩具厂的商标抢注预警信息，再一次让海外商标抢注进入人们的视野，成为热议话题。

海外商标被抢注的原因无外乎三种情况：首先是职业的商标抢注人，妄图通过批量抢注知名商标来牟取暴利；其次是当地的企业通过抢注对手商标来构筑市场壁垒，阻止中国的对手进入市场；最后是中国企业的代理商将企业的商标抢注，以此获得独家代理权，达到垄断目的。

商标海外被抢注是一件棘手的事情，也是世界性的难题。企业应该如何应对海外遭抢注呢？

企业一定要积极对海外商标抢注进行监控、防范和应对，避免给企业带来持续性的损失。企业应该建立起重视商标的保护意识，对即将进入海外市场的产品要提前注册商标，做到未雨绸缪、防患于未然。在与海外代理商建立合作关系时也要明确商标权的归属，代理商不得擅自申请代理企业的商标。企业也要加强对海外市场的监测，建立预警机制，当发现自己的商标被抢注时，积极运用法律武器进行维权。

3 140余件商标被抢注，遇到这事儿360是如何做的？

360公司自2005年创立至今不过十余年，但已经从一家小的杀毒软件公司发展为拥有国内知名免费安全平台的著名互联网企业，旗下产品无论是PC端还是移动端都汇聚了数亿用户量，产品的用户渗透率已近96.1%。

尽管360也曾被称为流氓软件，但作为互联网"免费安全"的首创者，360自成立以来一直秉承"用户利益至上"的原则，以颠覆式创新的模式，通过产品技术创新、用户体验创新和商业模式创新，赢得了客户，改变了市场格局，并建构出全球互联网前所未有的"360模式"。

知识产权领军企业

创新和开放是360的DNA。360作为国内著名的互联网安全公司，拥有高水平的安全技术创新团队。依靠他们，360建成了目前为止规模、用户数、使用量均处于领先地位的云安全系统，研发出了诸多全球首创的核心技术，覆盖了终端安全、搜索引擎、浏览器等产品。

360很早就认识到知识产权是保护企业自主创新成果最有力的武器。360高度重视知识产权工作，每年投入上千万元资金发展知识产权，将知识产权战略作为企业凝聚核心竞争优势、从激烈的互联网市场竞争中脱颖而出的重要依托。360在短短几年时间内，迅速积累了数以千计的专利、商标及著作权等无形资产。

"数量"和"质量"并举的知识产权发展战略

《知识产权资产管理》在确定入选机构过程中，所用标准并不单一，并不只是以企业持有的知识产权资产数量为标准,而是侧重企业如何有效利用知识产权资产,以及如何将其纳入企业商业运作和战略计划。

在这一点上,360 的入选当之无愧。360 公司目前已申请专利 4000 余件,商标 2000 件,软件著作权 500 余件,积累了可观的知识产权数量。而且 360 并不只是关注知识产权数量的增长,而是"数量"和"质量"并举,在持续加大商标、专利和著作权申请数量的同时,采取多种措施不断提升知识产权的质量、增加授权率,在核心业务领域具备与竞争对手的抗衡力。

对侵权行为"零容忍"

360 的知识产权战略不只注重知识产权的积累,更注重知识产权的保护。

随着 360 知名度的提升,针对 360 的侵权行为不断涌现,严重损害了 360 公司的合法权益,在公众中造成了恶劣的影响。公司在 PC 端和移动端发现大量含有"360"的假冒软件,公众将其误认为由 360 公司开发或与 360 公司有所关联而下载使用。某些网站或是名称、域名、网页内容中含有 360,误导用户,或在网站上虚假标注 360 安全认证信息,欺骗用户。用户在完全不知情的情况下误认为该网站由 360 创建或与 360 有所关联而点击。针对这种情况,公司利用商标和品牌通过法律维权,进行针对性的处理,消除了网络上的不良影响。

2014 年,一家名为"香港奇虎投资有限公司"的主体抢注 140 余件中国互联网公司商标,其中因包含了"奇虎"商号,在业内引起轩然大波。360 知悉后,第一时间进行澄清,并向该公司侵犯"奇虎"知名商号的行为发起了法律诉讼。最后获得香港法院的支持,该公司被迫改名。360 公司为企业品牌维权塑造了成功案例。

培育一个好品牌非一日之功,毁掉一个好品牌却可以在一夕之间。无数经验教训表明,只有对品牌投入百分之百的爱护和关注、对任何侵权行为"零容忍",才能够确保品牌之树长青。

第二节 商标侵权

1 商标被侵权怎么办？史上最实用诉讼攻略

从准备各种材料，到经过重重筛查，再到顺利通过审核和初审通告，动辄在担忧与希望中等待两三年，一枚商标终于注册下来，无异于孕育一个小生命，其难度和珍贵程度不言而喻。

但当你发现你辛苦"养大"的商标竟然被其他人随便拿来使用，该怎么办？

首先，我们要明白，不是所有使用"同名同姓"或相貌相仿的商标的行为都是商标侵权行为。那么，什么才是商标侵权？

我国《商标法》第五十七条规定，有下列行为之一的，均属侵犯注册商标专用权：

（一）未经商标注册人的许可，在同一种商品上使用与其注册商标相同的商标的；

（二）未经商标注册人的许可，在同一种商品上使用与其注册商标近似的商标，或者在类似商品上使用与其注册商标相同或者近似的商标，容易导致混淆的；

（三）销售侵犯注册商标专用权的商品的；

（四）伪造、擅自制造他人注册商标标识或者销售伪造、擅自制造的注册商标标识的；

（五）未经商标注册人同意，更换其注册商标并将该更换商标的商品又投入市场的；

（六）故意为侵犯他人商标专用权行为提供便利条件，帮助他人实施侵犯商标专用权行为的；

（七）给他人的注册商标专用权造成其他损害的。

也就是说，在相同或类似商品上冒用他人商标的山寨、高仿产品，销售这些产品的，以及为这些产品提供伪造商标的，都是侵犯商标权的行为。

如何判断一个行为是否已经属于商标侵权行为呢？第一步，判断是否客观存在损害事实；第二步，判断该行为的违法性；第三步，判断存在的损害事实是否是由违法行为造成的；第四步，判断该行为是否是故意的。

如果经过仔细辨别发现确实出现了商标被侵权的情况，那么，你有三种途径可以解决这件事：第一，与侵权方自行协商解决；第二，请求工商行政管理部门处理；第三，向人民法院起诉。

一般来说，协商解决，或者请求工商行政管理部门处理，都有协商不成、未达成协议的可能。这种情况下，就不得不选择向人民法院起诉的途径。

下面，着重讲讲提出商标侵权诉讼时应注意的几点内容。

收集证据

证据是决定案件结果的重要因素，权利人对侵权证据收集的是否全面、准确、充分，直接关系到法院最终的事实认定和裁判结果，也是计算损失赔偿的主要依据，起到切实维护商标权利人合法权益的作用。因此，收集证据是提出商标诉讼前非常重要的一步。

首先，应提供证明商标权归属的权属证据。

其次，诉讼所需要的证据，除了被告的促销宣传材料、产品样品或照片、产品销售合同、销售发票、工商立案材料、处罚材料等侵权证据外，作为提出诉讼主张赔偿的原告，还要提交损害赔偿证据及有关赔偿数额的计算方法，这将决定最后的赔偿金额。而为了确定侵权人和诉讼的管辖机关，原告还要提供侵权人确切的名称、地址、企业性质、注册资金、人员数、经营范围等有关侵权人情况的证据。

权属证据、侵权证据、损害赔偿证据、有关侵权人情况的证据，都是提出诉讼的基本证据，因此这些方面的证据要注意收集。

另外，在收集证据时，要注意收集的证据内容及取证手段应合法，不能采取暴力、威胁、欺骗、引诱、收买等非法方法收集证据，也不能提供虚假的、伪造的、无证明力的材料作为证据使用。而为了确保证据的证明力，还要注意证据之间的关联性和一致性，各个证据之间要有某种客观联系，相互印证，而不能相互孤立、相互矛盾，这样才能最大限度地发挥证据的作用。

由于商标诉讼案件的专业性较强，非专业人士对证据方向和范围的把握往往会出现偏差，致使出现败诉的可能。一般来说，专业的代理机构具有丰富的商标法律知识和诉讼经验，取证范围更加广泛、精准，取得的证据在司法实践中往往具有较高的可信度。因此，若出现商标被侵权的情况，选择一家专业靠谱的商标代理机构进行代理是一个很好的选择。

制作起诉书

起诉书同证据一样，是影响案件进程的直接因素，因此也不可忽视。

起诉书作为一种法律文书，其格式与内容都有严格的要求，案件性质、文书种类、请求事项、事实和理由等都要一一填写清楚。在内容上，要以事实为根据，以具体法律条款为准绳，体现有法可依、有据可查的精神，诉讼请求要写得明确、具体、详尽、言简意赅。

另外，起诉书制作时还要注意将事实和语气有效地结合在一起，这样有利于案件的顺利进行。

如果对法律条款不熟悉，则建议委托专业人士来完成。具有法律知识和丰富经验的专业人士制作的起诉书更加标准、精确，可以大大提高胜诉的可能。

诉前保护措施

在开始正式诉讼前，为了最大限度地保障自身利益，根据《商标法》第六十五条和第六十六条规定，权利人可以在起诉前向人民法院提出诉前证据保全和诉前临时措施，避免证据灭失，或因商标被侵权而造成难以弥补的损害，切实保障权利人的合法权益。

值得注意的是，如果想要申请诉前临时措施，申请人必须向人民法院提供证据，证明他人正在实施或即将实施侵犯其商标专用权的行为，并且该行为如果不能及时制止，申请人的合法权益将受到难以弥补的损害。如果无法提供证据或证据不足，那么将无法申请诉前临时措施。

商标侵权诉讼根据不同情况在实际司法实践中还有可能会涉及诉讼时效、侵权责任的认定、刑事责任、商标使用等多方面的问题。如果你的商标被侵权了，那么，先咨询一下专业代理机构，专业人士会对案件进行初步分析，并会对细节问题提供专业建议。专业靠谱的代理机构中肯的意见会让你对案件的难易程度有初步的判断，而对于是否需要委托专业律师代理也会有很好的把握。

2 商标侵权，教你三招应对

以前讲过怎么样获得你想要的商标，并且还讲过怎样起名字能让你的商标既远离通用名的危险，又有显著性能够让人容易记住。今天说一说别人侵犯你的商标权时你应该怎么办。

在初审公告期提异议

商标局之所以设置初审公告这一环节，就是为了方便其他人提异议的。因为审查员也不能保证百分之百检索出近似商标。所以，为了公平起见，会有三个月的初审公告期。如果看见初审公告栏里出现了和你们公司一样或类似的商标，那么你就可以行使你的权利了。

注册下来的商标有三招

当然，你可能错过这三个月的初审公告期，导致侵权商标已经注册下来。但这个商标的确和你的商标相似或容易造成混淆，所以你必须要采取措施了。教你三招来应对他人的侵权行为。

第一种方法是直接找到当事人，也就是侵权公司来协商。下面就是一个有关专利侵权的故事，虽然是讲专利，但对商标侵权也具有指导意见。

20世纪80年代初的时候，Sun Microsystems 还只是一个创业性的科技公司。某一天，几位 IBM 员工突然出现在了 Sun 总部大楼内，声称 Sun 侵犯了 IBM 的 7 件专利并要求支付赔偿。Sun 的员工在认真查阅了涉案的 7 件专利后发现其中 6 件很可能是无效的，而且 Sun 很明显也没有侵犯 IBM 所提到的第 7

件专利。在 Sun 阐明这一结果后，场面突然非常尴尬。不过很快领头的 IBM 员工发话了："好吧，也许你们真没有侵犯我们刚刚提到的那 7 件专利，但是我们在美国有 1 万件专利，你难道真想让我们空手回去再查查看你们是不是侵犯了我们的其他专利吗？还是你们表示一下，花个 2000 万美元私了了此事？"

　　这个故事可以当笑话看。但是侵权就要有所付出的，或放弃商标，或付给人家许可费。在现在这个知识产权意识还比较淡薄的时代，企业一般是不会乖乖就范的。所以如果协商不成的话还有两种办法，一种是请求工商行政管理部门进行处理，另一种是向法院起诉。一般来说，行政保护程序较为简单，执法效率高，能够较迅速恢复权利人的权利状态。当然这两种方法怎么选都可以，只要能够维护企业合法的权利就好。

第三节 商标"撤三"

1 防止商标"撤三":我也曾使用过,只是你们看不见

"撤三"目前的趋势是商标局倾向于"撤三",以避免大量的闲置资源!

为什么要"撤三"?别人惦记你的商标很久了,因为你的商标好听又好记。现在注册一枚商标比登天还难,用"撤三"来"拿到"一枚商标就容易许多了。"撤三"用在什么地方比较容易成功呢?用在那些"防御"商标上,比如"阿里爸爸"。对于这枚商标的使用证据,相信阿里巴巴一定拿不出来。不过大家还是别想了,因为有好多人在其他类别已经注册成功了。

下面讲讲,别人对你的商标提出"撤三"时,你该怎么办?

让"撤三"答辩通知书顺利寄出

注册商标时都要提供一个注册地址,这个大家应该都知道。在这里不建议大家用假的地址,因为这个地址有很大用处,比如有人向你的商标提出"撤三"时,"'撤三'答辩通知书"是直接寄给商标权利人的。如果你没有收到法律文书的话,就会错过答辩期,商标最后变成别人的可怎么办?

证据用时方恨少

使用证据决定了权利人接下来是否会继续拥有被提出"撤三"的商标。权利人既要正确使用商标,也要注意保留使用证据。

我国现行《商标法》第四十八条规定:"本法所称商标的使用,是指将商标用于商品、商品包装或者容器以及商品交易文书上,或者将商标用于广告宣传、展览以及其他商业活动中,用于识别商品来源的行为。""使用"是"撤三"条款的核心所在。"使用"的具体证据和材料包括以下几种。

一是包含完整商标、能够与具体商品联系的广告宣传资料。比如能确认时间的报纸、杂志、电视、广播的广告实样;与广告公司或电台、电视台等媒体签订的标明商标的广告合同或其开具的发票;能确认时间的店堂、灯箱、户外广告的照片;与商标印制企业签订的标明商标的合同或者开具的发票等。

二是经商标局备案的商标使用许可合同。

三是包含完整商标和使用时间的服务场所、服务招牌、服务工具、服务用品、商业交易文书。

另外,提醒大家,在收集证据时要注意证据中体现的商标与注册商标的一致性,以及证据的形成时间等问题,确保"使用"证据的有效性,才能最大限度地保证商标不被"撤三"。

什么商标容易遭"撤三"

"防御性商标""储备商标"和"过期商标"都是容易被"撤三"的对象。

前两个都比较容易理解。"防御性商标"就像上文说过的"阿里爸爸""阿里妈妈"等商标,是为了防止别人"傍自己"的名牌。"储备商标"是指开发市场之前选几个好的商标进行储备,有时可能只用了一个品牌,有时可能一个都没有使用。

这里的"过期商标"指很多品牌升级后不再使用的商标,并不是指该商标已经过期。

那么当这些商标出现的时候,该怎样才能不被别人"撤三"呢?商标转让!这样既可以创造价值,也不给别人"撤三"的机会。

三年不使用商标的正当理由

1）不可抗力。不可抗力是不能预见、不能避免的客观情况,一般指地震、台风等自然灾害情况。

2）政府政策限制。由于政策的限定,某些特定的商品生产销售无法进行,或无法获得审批,商标不使用也属于正当理由。

3）破产清算。企业进入破产清算程序后不能再进行生产经营,因此商标无法正常使用。

2 浅谈商标"撤三"

商标"撤三",是指已经注册的商标没有正当理由连续三年不使用而被他人依法提出撤销商标申请,是一种注册商标撤销处理程序。商标被提"撤三"成功后,原商标持有人将失去对该商标的专有权,无法继续在商品或服务上使用该商标,前期对商标的广告宣传等投入也将付诸东流,将对原商标持有人造成严重的资源浪费和经济损失,因此不得不慎重对待。

我国《商标法》规定,注册商标没有正当理由连续三年不使用的,任何单位或个人均可向商标局申请撤销该商标。一般来说,满足了"没有正当理由"且"连续三年不使用"这两个条件的商标,均可被提出"撤三"申请,因此企业出于保护(非使用)目的而注册的防御商标,以及被核准注册达三年以上又从未实际使用过的闲置商标,都面临着被他人提出"撤三"申请的风险。

虽然《商标法》允许任何单位或个人向商标局提出"撤三"申请,但同时《商标法实施条例》第六十六条规定,单位及个人在提出商标"撤三"申请时应向商标局说明该商标的有关情况。商标局受理"撤三"申请之后便会向商标持有人下发《提供注册商标使用证据通知书》,商标持有人须在收到通知之日起两个月内提交该商标在撤销申请提出前使用的证据材料或者说明不使用的正当理由,未在期限内提供证据材料或证据材料无效的,商标局将会撤销该注册商标。

那么,什么才是有效的"使用"证据呢?我国《商标法》规定了商标"使用"的定义,即"将商标用于商品、商品包装或者容器以及商品交易文书上,或者将商标用于广告宣传、展览以及其他商业活动中,用于识别商品来源的行为。"因此,符合上述标准的商标使用行为,如白酒厂商在酒瓶上印制商标、汽车制造企业将商标制作成实物并镶嵌于车头等部位、企业在广告宣传片中反复展现自己的商标等，均可作为商标的使用证据提交。

另外，在收集证据时要注意证据中所体现的商标与注册商标的一致性，以及证据的形成时间等问题，确保"使用"证据的有效性，才能最大限度地保证商标不被"撤三"。

值得注意的是，在有关"撤三"的法律条款中，还规定了可以连续三年不使用注册商标的特殊情况，也就是《商标法》中所讲的"有正当理由"不使用注册商标的情况。

根据《商标法实施条例》规定，由不可抗力、政府政策性限制、破产清算等原因导致的注册商标连续三年不使用，属于"有正当理由"，不予撤销该商标。如因药品上市审批等原因导致某药品注册商标连续三年没有使用，则属于"有正当理由"，不会因为"撤三"条款而被撤销。

众所周知，注册商标具有独占性、唯一性和排他性，其他企业和个人未经许可或授权均不可私自使用。而注册商标没有正当理由连续三年不使用，不但令该注册商标无法发挥价值，还会影响到想要注册、使用该商标的企业及个人，造成商标资源的极大浪费。归根结底，《商标法》中"撤三"条款存在的目的只是清理闲置商标，减少商标资源的浪费。同时，不要为了商业竞争或抢夺商标资源而盲目提出"撤三"申请，浪费国家公共资源。

3　有了这些理由，商标三年不用，也不用担心被撤销

很多人都说，花点钱对自己的品牌进行商标防御可以保护三年，实在是太值了。的确，45类商标的全类别注册会让一些小企业吃不消，因为可能需要的商标还不止一个，但是对商标的战略保护却是必需的。而对于那些防御商标，其实大多数企业并没有真正使用，所以三年之后就可能会被撤销掉。很多商标就是因为没有使用而被撤销的。

然而，想要撤销商标的人大多数是别的企业，或想借着原有商标的名头，或觉得自己才能把该商标用到极致。不管目的是什么，只要有人想要撤销你的商标，教你几招克敌法宝，告诉他你不使用商标是有正当理由的，用不着别人管！

中国的很多老字号经历过不可抗力

不使用商标的正当理由之一就是不可抗力。不可抗力是不能预见、不能避免并不能克服的客观情况，一般指地震、台风等自然灾害和战争等情况。如果这些因素发生，导致生产经营无法进行，进而导致商标无法使用的，构成正当理由。

可以说，在中国百年以上的老字号基本都经历过不可抗力的时日，因为中华人民共和国成立也才几十年，并且个别省市近些年还发生过地震等灾难。相信在经历战争或者灾害时很多企业都中断了经营，自然也停止使用了商标。

遇到不可抗力不可怕，挺过来并且发展得很好才是难能可贵的。这里赞一下那些经历过百年蹉跎至今仍影响深远的品牌们，他们中有老凤祥、张裕、全聚德、同仁堂、茅台、张小泉等。

政府不让使用或即将破产

还有一个商标停止使用的正当理由,就是政府不让使用,可以算做是外力的因素。

正当表述应该是这样的——政府政策限制,是指由于政府政策的存在,特定的商品的生产销售无法进行,导致商标无法使用。政府政策限制一般包括政府禁止特定种类的商品销售禁令、进出口限制、生产经营前置性审批或许可等。在"GNC"商标撤销案中,商标权人就主张,鱼油类产品属于保健食品,应当经过卫生部审批才能进行生产销售,由于无法获得审批,所以无法使用商标。

除此以外,还有一个企业内部的原因,就是破产清算。企业进入破产清算程序后不能再进行生产经营,因此自然无法正常使用商标。其实,当苹果和唯冠在争夺 iPad 商标时,唯冠就已经在进行破产清算了,所以即使唯冠已经连续三年没有用 iPad 商标,苹果也不能用撤销的方法得到商标。

其实,还有一个好办法,就是为什么要等三年那么久?如果是不经常用的商标,一年用一次或者两年用一次,把证据保留一下不就好了吗?这些证据其实很好收集,比如宣传品、广告、视频、宣传片等。总之,企业应根据自身的情况看看有没有必要为这个商标花费心力。

4 长期闲置可被撤，闲置商标再回收

自 2008 年我国颁布《国家知识产权战略纲要》以来，企业品牌保护的意识日益增强，知识产权意识不断提高，各企业逐渐建立了适合企业发展的商标战略。但在企业知识产权意识日益提高的可喜情形下，我们不得不面对一个事实——我国注册商标实际使用率不到注册量的一半。

根据 2013 年权威数据，我国大陆范围内有 53% 的闲置商标。虽然目前我国的商标注册数量依然保持着持续增长的趋势，但是作为不可再生资源，商标资源是会逐渐枯竭的，"有名无实"的闲置商标会造成巨大的资源浪费。

闲置商标是指取得商标专用权后从未使用或长期不使用的注册商标。出现这种注册商标被闲置的原因，主要有以下几方面：

1）企业因经营范围变更、改制、破产、商标注册人死亡或终止等情况下，忽略对商标的处理，导致无人管理的商标；

2）因品牌发展、产品滞销等原因被企业搁置不再使用的商标；

3）个人或企业恶意注册用作投资的商标；

4）名企为保护品牌而注册的防御商标。

商标属于企业的无形资产，应该是具有非常大的价值的。但长期不使用，使注册商标处于"有名无实"的闲置状态，不但无法使该注册商标产生价值、发挥其应有的功能和作用，而且还会影响到他人申请注册和使用与其相同或者近似的商标。闲置商标该如何处置，成为业内亟待解决的一大问题。

商标闲置别发愁，重新利用再回收

我国《商标法》第四十九条规定，注册商标没有正当理由连续三年不使用的,任何单位或者个人可以向商标局申请撤销该注册商标。这就意味着闲置商标虽然属于商标注册人,但连续三年不使用将面临被撤销的危险。

这条规定对闲置商标造成的资源浪费现象起到了一定的遏制作用,使注册后不用的商标资源重回公有领域,可以被有需要的企业使用。但商标注册人不作为,任由注册商标被撤销,从成本上考虑,还是造成了一定程度的浪费。

闲置商标并非完全没有价值,建议在处理闲置商标时应理性思考、科学分析,才能最大限度地发挥闲置商标的价值,减少浪费。

那么,该如何挽救有价值的闲置商标,闲置商标又有哪些处理办法呢?

1. 注销

商标注销包括经申请注销和商标局主动注销两种情况。商标注册人不想再使用自己的注册商标时,可以向商标局提出注销申请。商标局主动注销的情况则主要有以下几种。

对于商标已过有效期,企业也未办理续展注册手续的商标,我国《商标法》第四十条规定:"注册商标有效期满,需要继续使用的,应当在期满前十二个月内申请续展注册;在此期间未能提出申请的,可以给予六个月的宽展期。宽展期满仍未提出申请的,注销其注册商标。"

另外,我国《商标法》第四十九条规定"商标注册人在使用注册商标的过程中,自行改变注册商标、注册人名义、地址或者其他注册事项的,由地方工商行政管理部门责令限期改正;期满不改正的,由商标局撤销其注册商标。"

以上两种在商标注册人不作为的情况下产生的闲置商标,商标局有权撤销。

2. 续展或变更

企业因特殊情况忽略对商标的处理而导致的商标闲置情况,在商标有效期内的,如果想继续保留该商标,根据《商标法》第四十条及第四十一条规定,商标注册人可将该商标续展和变更,避免造成因无人管理而被商标局主动注销的情况。

3. 转让

我国《商标法》第四十二条规定,注册商标所有人在法律允许的范围内,可以将其注册商标转让给他人所有。转让的商标本身就是商标局已经批准的注册商标,不存在驳回商标的可能,风险小。对需要商标的企业来说,商标转让的好处不言自喻。

商标转让实际上是对闲置商标的最大利用,交易双方各取所需,闲置商标被回收再利用,最大限度地发挥了闲置商标的价值。

闲置不用被撤销，防御商标也危险

在对闲置商标的处置中，还有一种特殊情况，就是企业的防御商标。在企业已打响品牌又未成为驰名商标时，面对可能出现的商标被裁定为通用商标的情况，可采用注册防御商标的方法。

企业注册防御商标的目的是限制不法商家在某些其他相关类别的商品或服务上使用或注册与主商标相同或相近似的商标，从而起到一定的防御保护作用，同时又能为未来企业发展预留"伏笔"，而并非是要立即使用这些商标。若其防御商标"不使用"的时间达到《商标法》规定的三年，则面临成为闲置商标被撤销的危险。

这种防御商标本就是企业为了保护商标而进行的保护措施，因而不会用于进行转让或交易。

虽然这种因"未使用"原因而被商标局撤销的先例很少，但企业注册防御商标时必须考虑如何按照《商标法》的规定去"使用"商标，否则就失去其存在的意义了。因此拥有防御商标的企业要提前准备好应对措施。

第四节　商标续展

手机停机要缴费，商标到期要续展

商标注册成功并非就是万事大吉，后期的商标使用、管理和保护等都需要谨慎，其中就包括商标的续展。就像手机欠费停机需要续费一样，商标到期也需要进行续展，不然，注册商标就会被注销。

我国《商标法》规定，注册商标的有效期为 10 年，自核准注册之日起计算。期满未办理续展手续的，商标局将注销其注册商标，商标权归于无效。举个例子，如果届满之日起是 2017 年 3 月 29 日，那么核准续展之后的有效期限就到 2027 年 3 月 28 日。

数据显示，很多企业的注册商标到了续展时间并未及时续展。其中的原因有很多，比如企业经营不善导致破产倒闭，或是时间太长忘记了等。不管是哪种原因，商标及时续展的意义及不续展的危害是显而易见的。

到期续展好处多

1. 手续方便无风险

很多人认为续展费用多不如重新注册便宜，其实这种观念是极为错误的。商标续展的优势之一就是便捷无风险，注册证书申请续展后不用进行实质审查，就可以延长商标专用权 10 年，如果觉得自己办理麻烦，找个专业的代理机构半年时间就可以办下来。而商标重新申请则需要近一年半的时间，除了进行形式要件审查外，还要进行实质审查。中间的烦琐过程和漫长等待，都在不同程度加大商标顺利注册的风险。

2. 让企业品牌增值

商标作为企业的无形资产，是品牌的核心体现，在一定程度上比有形资产具有更大、更核心的竞争力。因而，注册时间越久、使用时间越长的商标的知名度越高，对品牌的影响力越大，为企业创造的价值及经济效益就越多。商标续展，恰恰能使得多年用心经营的商誉得以延续。而且，具有良好口碑积淀的商标越容易成为著名商标或驰名商标，通过续展实现为品牌保值增值。

到期不续展危害多

1. 商标被注销

按照《商标法》的规定，商标超过注册的宽展期就被注销。被注销以后的商标不能按"注册商标"使用，也不能打®标识。最重要的是商标所彰显的品牌影响力，以及多年以来积累的信誉与美誉度等也将付之东流，商标所代表的无形价值也将消失，给企业的长期发展与经营带来无形伤害。

2. 商标被抢注

经营十年之久的商标，往往在业内具有一定的知名度。在当前商标注册比较难的情况下，商标一标难求。在很多情况下，部分商标权利人不重视商标的专用期限，未能及时办理商标续展申请以至于商标过期而被注销，给他人抢注制造了机会，从而将自己使用多年的商标权利拱手相让，造成无法挽回的损失。

因此，商标续展关乎企业品牌命脉，商标续展不及时，"有时候一转身真就是一辈子"，看似无足轻重的小事却能有大影响。企业要时刻关注商标的状态，及时续展才能避免不必要的损失。

第五节 优先权

1 什么是商标申请的优先权原则？

我国对商标注册实行"申请在先原则"，大部分情况下，申请注册在同一或类似商品/服务中的相同或近似的商标，商标局会根据收到申请文件的日期公告申请在先的商标。但是，很多人会发现，明明是自己的申请时间在先，为什么对方却注册成功了呢？这是因为在商标注册中还存在着一种特殊的情况，那就是商标申请的优先权问题。

优先权原则源于1883年签订的《保护工业产权巴黎公约》（以下简称《巴黎公约》），其目的是便于缔约国国民在本国提出专利或者商标申请后向其他缔约国提出申请。《巴黎公约》第四条规定，已经在本联盟的一个国家正式提出商标注册申请的任何人或其权利继承人，自第一次申请的申请日起6个月内，在其他国家就同一商标在相同商品上提出的商标注册申请享有优先权。

我国于1984年11月14日加入《巴黎公约》，此后在《商标法》中也体现了优先权这一概念。在2014年5月1日开始实施的新《商标法》中规定了有关"优先权"的内容。根据规定，商标注册申请人自其商标在外国第一次提出商标注册申请之日起6个月内，又在中国就相同商品以同一商标提出商标注册申请的，依照该外国同中国签订的协议或者共同参加的国际条约，或者按照相互承认优先权的原则，可以享有优先权。申请人在国外第一次提出商标注册申请的日期则称为优先权日。

受优先权保护的申请人,其商标注册申请日期不受在我国提出商标注册申请的日期约束,而是以其优先权日期,也就是该商标在外国第一次提出注册申请的日期为准。因此必然会出现申请日期在先却败给申请日期在后的情况。

除此之外,在《商标法》中还规定了另一种享有优先权的情况。商标在中国政府主办的或者承认的国际展览会展出的商品上首次使用的,自该商品展出之日起6个月内,该商标的注册申请人可以享有优先权。这是对商标在国际展览会中的临时保护措施。

值得注意的是,商标的优先权不是自动产生的,而是需要商标注册申请人去主张的。要求优先权的申请人,必须在提出商标注册申请时提出书面声明,并在3个月之内提交相关证明文件。符合《商标法》第二十五条内容的优先权申请人,需要提交第一次提出的商标注册申请文件的副本;符合《商标法》在国际展览会中首次使用的商标的优先权申请人,则需要提交展出其商品的展览会名称、在展出商品上使用该商标的证据、展出日期等证明文件。不按照规定提出书面声明或逾期未提交证明文件的,则视为未要求优先权,不能享受优先权日期的保护。

如果没有优先权原则,申请人就必须同时在若干国家提出商标注册申请,稍不注意,某一国家的商标就会被他人抢注,从而无法在该国进行正常的商业活动。优先权的存在,有效降低了跨国商标抢注的现象,对于拥有国际视野的公司及个人,具有非常重要的实际意义。

2 商标注册能插队？有"权"就能行

注册过商标的小伙伴们可能都知道，我们国家的商标注册遵循"申请在先原则"。也就是说，先到先得，差不多的几枚商标，想要注册在差不多的类别里，必须要拼速度，看谁先提交到商标局，谁就能得到这枚商标（符合法律规范的情况下）。

但是，有火眼金睛的小伙伴发现，有时候明明是自己的申请时间在先，为什么却被申请时间晚的人"截了胡"，"手慢"反而注册成功了呢？这是因为《商标法》里有两条特殊的明文规定，那就是优先权可以"插队"原则。

商标注册的申请人，在商标第一次在外国提出注册申请之后的6个月内，又在中国提出了相同的商标注册申请的，就可以享有优先权。受优先权保护的申请人，他的商标注册申请日期不以在我国提出申请的日期为准，而是以优先权日期，也就是这枚商标在外国第一次被提出注册申请的日期为准。这就难免会出现申请日期在先却败给申请日期在后的"不公平"情况。

以商标抢注界的香饽饽"IPHONE"商标为例，同样是这6个英文字母、同样注册在第38类中，刘某2007年1月29日向商标局提出了注册申请，苹果公司2007年7月6日才提出注册申请，足足比刘某晚了5个月零8天。但是最后的赢家却是慢了几拍的苹果，这就是因为苹果用优先权"插了个队"。

从下图中可以看到，苹果的优先权日期是2007年1月8日，比刘某的1月29日早了21天，成功守住了自己的商标。

那么，这么神奇的特权，怎样才能获得呢？

说来很简单，要么你已经在外国申请注册了商标，要么印着你商标的产品在国际性的展览会上展出过。

当然，想要插队也没那么简单，这两种方式都是有条件的。

第四章
创富之道——商标的保护

注册/申请号	6151296	国际分类号	38	申请日期	2007年07月06日
申请人名称(中文)	苹果公司				
申请人名称(英文)	APPLE INC.				5014, USA
商标图像	IPHONE	商品/服务列表	无线电广播和传送：电视广播和传送；网络广播；通过计算机和其他通信网络播放及订阅讲话、音乐、音乐会及无线电节目、有关音乐和娱乐、电视节目、动画片、新闻、体育、游戏、文化节目和娱乐有关的已录制影像广播；播放影像内容；通信连接服务：提供计算机数据库及互联网的电信连接服务；以用户配对方式藉由通讯网络转移音乐、录影和声音录制之通信服务；提供数据库接入服务；电子公告牌服务(通信服务)。查看详细信息	类似群	3801 3802
初审公告期号	1195			注册公告期号	1207
初审公告日期	2009年12月13日			注册公告日期	2010年03月14日
专用期限	2010年03月14日 2020年03月13日 10年 **注册成功**				
后期指定日期				国际注册日期	
优先权日期	2007年01月08日 **优先权日期：2007年1月8日**				
颜色组合				商标类型	一般
是否共有商标	否				

申请日期：2007年7月6日

注册/申请号	5876014	国际分类号	38	申请日期	2007年01月29日
申请人名称(中文)	刘▇				
申请人名称(英文)					
商标图像	iphone	商品/服务列表	电视播放；电子信件；信息传送；电话通信；电信信息；电信设备出租；计算机辅助信息和图像传输；移动电话通信；电子邮件；寻呼(无线电、电话或其他通信工具)。查看详细信息	类似群	3801 3802
初审公告期号				注册公告期号	
初审公告日期				注册公告日期	
专用期限					
后期指定日期				国际注册日期	
优先权日期				代理人名称	
颜色组合	6			商标类型	一般
是否共有商标	否				
商标状态	商标无效 **注册失败**				

申请日期：2007年1月29日

一是要求"第一次"。申请优先权的商标，必须是在外国**第一次**提出商标注册申请，或者是在国际展览会展出的商品上**第一次**使用。多次申请或多次使用之后才参加的展出，当然就不行了。

二是优先权是有6个月"保质期"的。也就是你第一次在外国提出商标注册申请之后的6个月内，或印着你商标的产品第一次在国际性展览会上展出之后的6个月内。过了6个月之后就不能再要求享有"插队"特权了。

三是要求商标不能"整容"。想要申请优先权的商标，必须跟你在外国申请注册的商标，或国际展览会上展出过的商标一模一样。这里的"一模一样"既是指商标文字、图样等外观上的，也指商标注册的类别上。

四是国家与展会性质有限制。这是指你第一次提出商标注册申请的外国，要么跟我国签订了涉及优先权的协议，要么和我国参加了有优先权条款的国际条约，要么直接跟我国相互承认优先权，比如跟我国一样都是《巴黎公约》成员国的德国、希腊、危地马拉等。所谓的国际展览会也必须是我国政府主办或承认的，比如世博会（世界博览会）、广交会（中国进出口商品交易会）等。

当然，关于这一点个人就无法改变了，所以要求"插队"之前还是得仔细研究一下你申请注册的国家或展出商品的展会是不是符合条件。

五是非常重要的一点，那就是要主动争取。优先权不自动产生！优先权不自动产生！优先权不自动产生！重要的事情说三遍都不够！

想要以"优先权"名义"插队"的申请人，必须在提出商标注册申请的同时提出书面声明，并且在3个月之内提交各种证明文件，像第一次提出的商标注册申请文件的副本、展出商品的展览会名称、在展出商品上使用商标的证据，等等。总而言之一句话，想要合法插队也不是那么容易的，一切要按规矩来！

虽然用优先权来插队会让一些人觉得不公平，但是这种插队还是很有必要的。如果没有优先权原则，申请人就必须同时在若干个国家提出商标注册申请，花费巨大不说，稍不注意，某一国家的商标还会出现被别人抢注的恶劣事件，导致你没办法在这个国家进行正常的商业活动，得不偿失啊！

俗话说得好，不想走出国门的商标不是好品牌。有了优先权这张特权卡，无论是外国品牌来华还是国货品牌走向世界，都多了一层保护。

第六节 在先权利

哪些在先权利阻碍了你的商标之路？

在申请注册商标时，会遇到很多不能注册商标的情况，其中有一种"在先权利"不能侵犯。这种情况不是完全不能申请注册商标，而是可能会在注册过程中或以后发生问题，所以不建议企业注册。

1）在先企业名称、字号权。他人在先登记、使用并具有一定知名度的企业名称是受到法律保护的。如果将与他人企业名称相同或者基本相同的文字申请注册为商标，可能导致相关公众混淆，致使在先企业名称权人的利益受到损害，属于对他人企业名称权的侵犯。著名的"红蜻蜓"之争就属于这种情况，两个"红蜻蜓"，一个是企业名号，另一个是商标名称，而且二者同时存在，上法院也闹过N次，拥有商标的"红蜻蜓"企业还因另一家公司的起诉上市受阻。

2）在先著作权。未经著作权人的许可，将他人享有著作权的作品作为商标使用，属于对他人在先著作权的侵犯。

3）在先外观设计专利权。他人对自己合法取得的外观设计享有专利权，受法律保护。未经外观设计专利权人许可或授权，在相同或者类似商品上将他人外观设计作为商标使用，属于对他人在先外观设计专利权的侵犯。

4）姓名权。自然人的姓名，未经许可，也不能作为商标或者商标组成部分。这方面的案例有乔丹和乔丹体育，但乔丹是外国公民，我国法律并不保护外国人的姓名权,所以乔丹没有在起诉中获胜。中国体育明星,如刘翔、宁泽涛都遭遇过这样的事情。

5)肖像权。自然人的肖像未经许可,不可以申请注册商标。不过,如果是自己的公司则不同,例如老干妈的商标就是陶碧华本人的肖像及姓名。

6)特殊标志权。根据国务院《特殊标志管理条例》规定,特殊标志是指国务院批准举办的全国性和国际性的文化、体育、科学研究及其他社会公益活动所使用的,由文字、图形组成的名字及缩写、会徽、吉祥物等标志。凡在商标局核准登记的特殊标志,受法律保护。

7)知名商品特有的名称、包装、装潢权。知名商品特有的名称、包装、装潢权也具有区别商品来源的功能,因此,《反不正当竞争法》对其给予保护,属于在先权利的一种。王老吉和加多宝主要就是在装潢权上起争执,后来迫于压力加多宝就把包装换成了金色。

第七节 通用名称

1 如何让你的商标不变成通用名称？

注册商标是一门学问，而且这门学问里的门道可多了，可以说没有系统学习过或没有一定经验的，根本就掌握不了。不用说注册时相同相似的判断需要功底，中间各个流程的把握考验人心，即使注册成功了还要为太出名了成为通用名称从而失去商标而烦恼。这当中的门道可不是一朝一夕就能把握好的。

全国范围

通用名称受地域范围和时间范围的限制。

根据《审理商标授权确权行政案件若干问题的意见》，约定俗成的通用名称一般以全国范围内相关公众的通常认知为判断标准。对于由于历史传统、风土人情、地理环境等因素形成的相关市场较为固定的商品，在该相关市场内通用的称谓，可以认定为通用名称。

这里要说明的是必须在全国范围，而不是某一地区。但是并不见得是在所有领域，只要是在全国范围的某一领域通用就能判定。例如只在全国的生活用品领域中通用，就可以认定为通用。

产区范围

通用名称除了受地域范围限制还受产区范围限制。

《审理商标授权确权行政案件若干问题的意见》所确定的地域标准，实际上是商品的"产区"。也就是说，对于因为历史传统、风土人情、地理环境等因素导致某一商品只出现在某一地区时，以特定产区为其地域范围。如果某一商品在全国各地都有出产，那么其地域范围就是全国。

以申请时状态为准

《审理商标授权确权行政案件若干问题的意见》第八条规定："通用名称，一般以提出商标注册申请时的事实状态为准。如果申请时不属于通用名称，但在核准注册时诉争商标已经成为通用名称的，仍应认定其属于本商品的通用名称；虽在申请时属于本商品的通用名称，但在核准注册时已经不是通用名称的，则不妨碍其取得商标。"

这一规定实际上否定了以时间界限的问题，直接规定根据商标异议或者商标争议发生时商标的事实状态来判定。如果提出异议时商标是通用名称，则认定其为通用名称；如果争议发生时商标不是通用名称，则认定其不为通用名称。

以上说的是通用名称受哪些因素的限制，至于如何让你的商标不变成通用名称，首先要具有显著性，不要用产品的原料、材质等能证明产品特征的描述性词语来命名。比如"大果粒"就是直接描述的词语，显著性不太好。其次，尽量用动词或名词前加个动词的形式命名，比如"任天堂"。

2 商标的知名度越高越好，但有一件事不得不防

绝大多数企业都希望自己的商标具有较高的知名度与美誉度，这样不仅可以建立自己的品牌招揽更多的客户，在提升竞争力的同时更能为企业带来良好的经济效益。

商标的知名度真是越高越好吗？

当然是！但还有一件事我们不得不防。

我们知道，商标申请的限制性条件有很多，其中一条就是商品的通用名称不能作为商标使用。现实商标纠纷中，商标与通用名称的纠葛好似从未中断，备受社会关注。

那么，什么是通用名称？

一般而言，通用名称是指某类商品或服务的名称，包括行业内的规范名称和商业实践中约定俗成的别称、简称、俗称等。

通用名称属于"共用名称"，仅能标示商品或服务的种类，无法起到商标指示商品或服务来源的作用。

简单来说，就是"铁观音""普洱"等，肯定不能注册为某种茶的商标；"手机"这俩字也不能像"苹果""三星"一样注册为手机的品牌。现在的网络热词大量涌现，"白富美""高富帅"等也很可能构成通用名称。

哪些知名度很高的商标已"沦为"通用名称？

在我们的生活中，有很多我们现在所熟知的商标，注册时符合法律规定，

但是在注册之后的使用过程中，由于保护不力而丧失了注册商标应有的显著性，逐渐成为通用名称。

最典型的案例就是"优盘"。"优盘"本来是朗科科技在20世纪注册的移动存储产品的商标名称，后来由于公众认知中将其看作闪存盘的通用名称而最终被商标评审委员裁定撤销。

相机中的"微单"商标是由索尼公司申请的，但现在很多人将其看成是同种类相机的通用名称。除此以外，蒙牛公司的"酸酸乳"、红酒中的"解百纳"等，都曾因商标的通用名称问题而成为舆论的焦点，引发关注。

通用名称与商标之间两种情况需要格外注意：

首先，法律禁止将通用名称注册为商标。这是因为将某商品的通用名称作为商标注册，一方面不能实现商标用来区别商品来源的核心功能，另一方面会垄断行业公共资源，妨碍同行业经营者的使用，不利于正常的市场竞争秩序的良性发展。

其次，企业要防止注册商标成为通用名称。商标名称逐渐演变为特定商品的通用名称，说明商标的知名度已经很高。成为通用名称不仅会使商标失去区别于其他商品的意义，致使显著性特征消失，丧失法律的保护，还会使苦心经营的品牌价值化为灰烬，前功尽弃。

企业在注册和使用商标时一定要符合法律的规定，注意保护和合理使用，防止商标成为通用名称。首先建立完备的商标战略，注册显著性较强的商标。其次要提高商标的保护意识，防止被"通用"。对于市场上的侵权行为，一定要坚决及时维权。同时还要加强商标的品牌概念打造，进行多方位的宣传推广，增加商标的知名度等。总之，要通过各种手段避免商标被同行业竞相效仿而淡化为通用名称，以防造成不可弥补的损失。

3　品牌过火，谨防乐极生悲

每个品牌创立者都有一颗将自家产品塑造成世界一流品牌的雄心，很多经营者为此兢兢业业数十载，公司从一个乡间小工厂逐渐成为在业内呼风唤雨的大企业，品牌也从默默无闻变得家喻户晓。但是品牌火了，麻烦也随之而来，企业不得不面对知名度高带来的各种问题。

首当其冲的便是商标被冒用的问题，这也是知名品牌常遇到的问题。一些知名度高的品牌的商标往往成为不法商家利用的目标，他们或采用与知名品牌的商标相同或近似的商标，或把其商标用在相对近似的产品上，其目的都是令消费者混淆，把李鬼当李逵，达到获取利益的目的。

如此一来，知名品牌的产品销售势必会受到影响，而仿冒者参差不齐的产品质量也会给知名品牌带来非常恶劣的社会影响，从而造成声誉与经济上的巨大损失。

品牌过火，除了可能被不法商人冒用商标之外，还有一个令企业欲哭无泪的隐患。谁也想不到，企业会有抱怨自己品牌太火的一天。

乐极生悲，品牌太火有风险

商标，作为区别企业品牌、服务、产品与众不同的标记，对企业来说是一笔无形的资产，商标注册人享有商标的专用权和独占实施权，受法律保护，拥有商标的企业可以通过警告、诉讼等方式来制止其他商家对其商标的侵权行为，保护企业的无形资产。如果是驰名商标，还将会获得跨类别的商标专用权法律保护。

一般情况下，企业品牌的知名度越高，其商标隐含的商业价值则越高。

旗下品牌因知名度高而被大众熟知成为流行词，是绝大部分企业梦寐以求的目标。然而，那些拥有知名商标的企业做梦也想不到，品牌太火会"引火烧身"。

美联社记者梅·安德森认为，企业最大的恐惧之一，是旗下知名品牌被过于频繁地用于描述某一类产品，致使法官在商标诉讼案中裁定这一品牌为通用名称。

众所周知，通用名称是不可作为商标注册的。如"苹果"可用于电脑品牌被注册为商标，但因其属于"可描述特定对象、产品或服务的通用词汇"，是对一种商品的描述，是绝对不可以作为苹果的商标被注册的。

而企业的知名品牌一旦被认定为通用名称，就表示消费者将该品牌等同于包括它在内的某一类产品，这个品牌就失去了区别于其他品牌的商标意义。这就意味着该知名品牌的商标不再受法律保护，可以任由竞争对手使用。企业辛苦数十载建立的商标价值将消失殆尽。

前车之鉴，名牌商标沦通用

1. 吗啡

"吗啡"（heroin）原本是德国制药巨头拜耳股份公司20世纪初在美国注册并使用的商标，但因其名声太大几乎成为麻醉品的代名词而在1919年由美国法院宣布为通用名称，丧失商标权。同样的情况在几年之后再次上演，1921年该公司的商标"阿司匹林"（aspirin）被认为是镇痛药的代名词成为通用名称，丧失商标权。

2. 拉链

20世纪20年代，"拉链"（zipper）商标曾为美国固特立公司持有，经社会长期普遍使用后被裁定为通用名称，不再是注册商标。

3. 雪花粉

内蒙古金穗公司原是"雪花"注册商标所有人。但在近十年时间中，大量面粉生产企业生产销售"雪花粉"，而金穗公司的不作为使"雪花粉"客观上已转变为面粉的通用名称，因此丧失了商标的专有权。

4. 热水瓶

"热水瓶"（Thermos）原为美国瑟毛斯产品公司的驰名商标，1956~1962年该公司虽向法院起诉，但法院仍认定"热水瓶"已成为家喻户晓的商品通用名称，瑟毛斯产品公司不再享有"热水瓶"的商标专用权。

积极应对，亡羊补牢犹未晚

面对这种因品牌知名度过高而造成的商标危机，企业应如何应对呢？

1. 提高对危害性的认识，未雨绸缪

国内外商标沦为商品通用名称的案例不在少数，企业应充分认识到其中的危害，从而防患于未然，早做应对。

2. 注意宣传用语，时刻保持商标属性

对商品进行广告宣传时，应避免用商标代替产品进行宣传。以美国强生公司为例，旗下"邦迪"商标因创可贴产品被消费者广泛接受而几乎成为创可贴的代名词。意识到问题后，强生把经典广告词"我爱上了'邦迪'"改成了"我爱上了'邦迪'商标"，以提醒大众"邦迪"的商标属性。

3. 使用商标时，增加描述词汇

在使用商标时，可在商标之后加上产品名称，如将"桑塔纳"称为"桑塔纳轿车"，"Walkman"称为"Walkman音乐播放器"。"任天堂"（Nintendo）在推广产品时加入了"游戏机"（game console）一词，从而成功地避免了自己的商标"任天堂"沦为通用商标。

4. 关注市场，及时维权

企业除了规范自己的行为之外，也要密切关注市场，对于市场上侵犯自己注册商标的行为要及时进行维权，禁止他人未经许可擅自使用自己的注册商标，避免注册商标成为商品通用名称的危险。上述"雪花粉"商标纠纷中，就是因为商标注册人怠于维权，没有主张保护自己的商标，导致"雪花粉"被许多同行业企业滥用并最终成为面粉的通用名称，给企业造成了不可挽回的损失。

5. 注册防御商标，降低风险

企业在品牌形成影响力后，应在同类或不同类产品上注册防御商标，以降低商标沦为商品通用名称的风险。这对于广告宣传投入量大、力求创立驰名品牌形象的企业来说，具有实质性的战略意义。在企业未成为驰名商标、不能受到跨类别保护的时候，注册防御商标就成了一项很实用的商标保护措施。

6. 广而告之，媒体预警

在察觉到商标有成为通用名称的危险时，企业应通过广告或媒体向公众声明该商标的所有权,提醒他人不当使用属于侵权行为。美国施乐公司1959年发明了美国首台自动复印机,产品的成功让人们开始以"施乐"(Xerox)指代任何一款复印机。随后,施乐公司耗费巨额资金打广告,令律师、媒体记者等有影响能力的群体熟知"施乐"商标与通用名称的区别。时至今日,"施乐"商标仍然属于施乐公司。

商标与通用名称的纠纷案不仅关系到涉案企业的利益,而且影响着相关行业内每一家企业的发展,因此备受媒体及社会各界关注。

第八节 国际商标

1 企业品牌走向世界的第一步——商标国际注册

2018年，马德里商标国际注册申请量为6594件。截止2018年底，我国申请人马德里商标国际注册有效量为3.1万件，同比增长23.5%。中国自1989年加入马德里体系以来，国内企业的品牌国际化取得长足进步。

随着国家走出去战略的深入实施，越来越多的民族企业开始布局海外，积极推进品牌的国际化发展。作为冲出亚洲走向世界的第一步，商标的国际注册成为企业走出国门的头等大事。

目前申请国外商标有两种方法：一种是分别向各国商标主管机关申请注册；另一种是马德里商标国际注册，即我们通常所说的商标国际注册。相对于向各国逐一进行注册的高额费用及复杂烦琐的流程，马德里商标国际注册只要在成员国之一成功注册，在协约的成员国都能得到保护。

作为全球化背景下国际交流与合作的重要平台，马德里商标国际注册体系不断发展壮大，在推进全球知识创新和品牌经济发展上发挥了重要作用。

既然很多企业已经在国内注册了商标，为什么还要注册国际商标？换言之，注册国际商标对企业而言，都有哪些好处呢？

打造国际品牌

市场中没有永远的第一,只有永远的品牌。商标是企业重要的无形资产,及时申请商标国际注册取得商标使用权,能长期稳定占领国际市场,在扩大销售量的同时保持良好信誉,成为名牌商标,为打造国际品牌打下基础,对树立企业的品牌形象,提升企业的品牌价值以及塑造国际品牌都有积极意义。

拓展海外市场

众所周知,世界各国的商标法内容虽然不尽相同,但都规定对注册商标专用权进行法律保护。对企业而言,注册国际商标就像是企业产品出口的通行证。为了将企业的市场进行有力开拓,首先应该得到产品的通行证。有志于将产品推向国际市场,获得更大的壮大机遇,就应当及时在产品出口国进行商标注册。

避免恶意抢注

近年来,随着我国企业向世界市场进军,知名商标遭国外恶意抢注的事件时有发生。很多企业不得不以高价将商标赎回,甚至被逐渐挤出原已打开的市场,损失惨重。这既反映出我国企业商标保护意识有待提高,也反映了外国消费者对我国商标的认知度在不断提高。只有及早到国外注册商标,企业才能有效保护自身权益,避免销售市场不被他人抢占。

避免侵害他人

目前,世界上的大多数国家都实行商标的申请在先原则,保护在先申请注册的商标。如果企业出口前没有考虑商标注册及查询等问题,很有可能都不知道自己已经侵犯他人在该国的商标权。一旦已有他人在先注册,很可能会有被动侵权及面临跨国诉讼和巨额赔偿的风险。因此,提前进行商标的申请与查询,可避免不必要的纠纷风险,有利于出口保护和市场战略的实施。

因此,企业布局海外,开拓世界市场一定要及时进行商标国际注册。商标国际注册是实施国际品牌战略的重要步骤。积极地推动中国商标向中国品牌转变，才能有效增强商标品牌的经济价值，助力企业在全球化发展中的竞争力与影响力。

2 商标国际注册，这些内容必须知道

俗话说"人往高处走"，对企业而言也是如此。企业产品做得好、得到市场的青睐，就会从地方逐步推广到全国；在国内风生水起，就需要打开国门，进军海外走向世界。当然，企业将自己的产品与服务推向国际市场，没有自己的商标是不行的。可以说，商标国际注册是企业开辟海外市场走向世界的第一步。

那么问题来了，商标国际注册都需要申请人提供哪些材料？申请的步骤又是什么？

我们通常所说的商标国际注册指的就是马德里商标。国际商标注册可以在各个国家进行逐一申请。不过每个国家的标准不一，逐一注册过程烦琐而复杂。而马德里国际商标注册则是一种极为方便且便宜的途径，它最大的特点就是只需要提交一份申请就可以要求在多个缔约国进行注册，申请手续较为便捷，不用准备很多资料。马德里商标注册所需材料为：

1）马德里商标国际注册申请书。
2）外文申请书（MM 表格）。
3）申请人资格证明一份，如营业执照复印件、身份证复印件等。
4）国内《商标注册证》复印件，或《受理通知书》复印件。
5）如基础注册或申请的商标在国内进行过变更、转让或续展等后续业务，一并提交核准证明复印件。
6）申请人使用英文名称的，必须提供使用该英文名称的证明文件。
7）委托商标代理机构办理的，还应提交商标代理委托书。
8）指定美国的，一并提交 MM18 表格。

外文申请书的选择：

1）仅指定纯协定缔约方，选用 MM1 表格；

2）指定的缔约方如不包含纯协定缔约方，选用 MM2 表格；

3）指定的缔约方如包含纯协定缔约方，选用 MM3 表格。

与此同时，马德里商标国际注册申请人向商标局提出申请，由商标局向世界知识产权组织国际局统一办理注册。在申请流程上，马德里商标注册申请时间较短，能够较为快速地审核下来，并且收取统一费用，不需要到成员国内每个指定保护的国家分别缴纳费用，申请费用比较经济实惠。其主要申请的流程如下。

1）提交申请至官方：可委托商标代理机构或直接向商标局国际处提交申请。

2）国际处形式审查：在国际处进行形式审查，看是否符合申请要求。

3）国际处颁发受理通知：形式审查通过的，国际处下发受理通知。

4）国际局形式审查：国际处形式审查通过后，提交申请至国际局进行形式审查。

5）国际局颁发商标国际注册证明：国际局形式审查通过，颁发商标国际注册证明书。

6）各指定保护国商标主管机关审查：国际局将申请转交至指定保护的国家，各国商标主管机关依本国法律进行审查。

7）各指定国核准保护或驳回：商标国际注册申请时指定的各保护国根据各自的国家法律决定是否予以保护。部分国家不发核准通知，在期限内未收到驳回通知视为注册成功。

3 我的产品国内销售，为什么要注册海外商标？

很多企业非常好奇，我明明只是一个中小企业，并且我的产品也没有出口国外的打算，为什么要申请国外的商标注册？

近年来，中国企业国际竞争力不断增强，在国际市场上，中国企业和商标日益绽放出耀眼的光芒。然而，中国商标在海外被抢注的事件随之频繁发生。从相关媒体报道和抢注的趋势来看，国外抢注发生的案例逐渐从国内知名企业转向各行各业。

案例：汕头120多家玩具厂商在智利被抢注

2017年8月31日，商标局发布海外商标抢注预警信息，国内120多家玩具厂名和商标在智利被人抢注，提醒相关企业积极通过当地法律和行政程序依法主张自身权利。

信息来源于商标局网站，具体材料如下：

近日我局收到相关函件，称有一名外籍商人将120多个中国玩具企业的厂名及商标以个人名义在智利工业产权局（INAPI）申请注册，主要涉及第28类玩具相关产品（相关案件信息见附件）。据了解，目前其大部分商标注册申请已经进入公告程序，如无异议将可能在近日内获得批准。

鉴于该抢注行为一旦成功，可能阻碍我国相关厂商的产品进入智利及南美周边国家市场，直接影响相关企业利益。现提醒相关企业积极通过当地法律和行政程序依法主张自身权利。

中国品牌为何容易在国外抢注

从上面的案例可以看出，中国的企业家整体的知识产权保护意识还是相对欠缺的，一般都是"后知后觉"。他们不知道，在企业还没有踏出国际这一步时就有可能出现被他人抢注商标的情况。

最典型的案例是2000年后我国加入WTO组织之后，外国出现了一系列的抢注现象，包括"五粮液""少林寺""天津麻花"等国内知名品牌。

抢注者往往熟知知识产权保护规则，并相信能够从中获得利益，才开始的抢注行为。而在现实案例中，要证明抢注者是"故意"抢注，是一个难点。

海外注册商标不想太多花费

1. 政策补贴

大家都知道，我国现在非常重视企业的知识产权发展，所以也相继出台了一系列的政策补贴等。

2. 商标转让、许可或质押

商标注册需要花钱，但它真正的作用是"帮你赚钱"。注册商标可以进行转让、许可、质押融资贷款等，都是实现知识产权从无形变成有形的有效手段。可能你因为花了少部分的钱注册了海外商标，但是却因为这个商标获得了大量贷款或者许可资金，这时，就成功变现了。

几条中肯的意见

1. 并不是每个海外国家都要注册

进行海外知识产权布局时，一定要根据自己产品的实际情况而定，例如，如果是相对高端的产品，专利、商标等各方面权利都比较齐全，最好在一些发达国家申请商标或者专利等的知识产权保护。如果企业的产品一般、没有突出的特色，可以去一些发展中国家或者一些相对落后的国家做好知识产权的保护。

2. 综合权衡，选择最佳途径

面对海外抢注，通过法律手段维护自己的权益是正面而积极的途径，并且具有非常好的社会效应和榜样作用。

然而，这并不是倡导盲目诉讼。实践中通过诉讼途径解决往往是成本最高的维权手段。从市场规则的角度来看，是否有必要通过诉讼进行海外维权，是否有必要将官司打到底，都应当从企业经营的角度加以考量。

例如，在美国电商平台销售产品的客户，通过律师发律师函就基本可以解决维权纠纷了，根本不需要走到诉讼这一步。但是，迈出维权这一步就相对艰难。

从市场经济的角度来说，知识产权是一种工具，企业获得和维护知识产权的终极目的是为了获得更大的经济利益。由此出发，企业作为一个理性的市场主体，在海外维权中要权衡利弊、综合考量，能以尽量小的损失换来最大的利益总是最优选择。

4 "少林寺"商标全世界都在用

对于申请国际商标的意义，相信商标没被抢注的企业不会有深刻的体会。很多让中国人引以为傲的文化瑰宝，一度经历了世界范围内的疯狂抢注，其中"少林寺"就是一个典型的例子。

"少林寺"商标被世界人民抢注

2002年4月，日本商标事务所的一名负责人向少林寺释永信方丈递上一份意外的礼物：一份日本国内注册"少林""少林寺""少林寺拳法""世界少林寺拳法联盟"等272件相关商标的报告，以及在全球发展28个加盟会员国的查询结果报告。这名负责人善意地提醒道：你们再不行动，这个世界都快搞不明白正宗少林寺、少林拳是中国的还是日本的了。

而中国商标专利事务所的查询结果更令人心惊：对五大洲11个国家和地区的抽样查询显示：许多国家和地区都在抢注"少林"或"少林寺"商标，共发现117件，平均每个国家和地区10多件。仅在中国国内，有百余家企业、54个"少林"商标产品正在使用，行业涉及汽车、家具、五金、食品、酒业、医药等。

亡羊补牢维护自身权益

根据我国修改前的《商标法》第二十七条："已经注册的商标……或者是以欺骗手段或者其他不正当手段取得注册的，由商标局撤销该注册；其他单位或个人可以请求商标评审委员会裁定撤销该注册商标"和《商标法实施细则》

第二十五条："下列行为属于《商标法》第二十七条第一款所指的以欺骗手段或者其他不正当手段取得注册的行为：……（4）侵犯他人合法在先权利进行注册的"，少林寺可以依此规定主张自己的合法权利。早在1998年7月，少林寺就投资成立河南少林寺实业发展有限公司，以期对少林（少林寺）无形资产进行系统保护和管理，并立即着手在商标局进行"亡羊补牢"式的"少林""少林寺"商标注册。

对于国外发现的117项"少林"或"少林寺"商标，少林寺也一直在寻求解决方案。在德国，商人埃逸那·戴勒曾在欧盟15国注册了11个类别的"少林"商标，其范围涉及武术教学、武术表演以及服装、文化体育用品。通过谈判，戴勒无偿转让在德国的"少林"商标权，而少林寺授权戴勒家族在德国成立少林文化中心，并派两名少林寺武僧长期留守执教。这是目前少林寺在国外授权成立的唯一一家少林文化中心，也是一次以"和平"方式成功夺回"少林"商标的案例。

注册国际商标的意义

商标作为企业最重要的无形资产之一，在国际经济中发挥着举足轻重的作用。随着我国企业向国际市场的推进，而国内企业商标保护意识薄弱，在开辟国际市场时没有认识到及时申请商标注册、取得当地法律保护的重要性，以致自己的商标屡屡被他人抢注，为这些企业以后进军国际市场带来了严重障碍，部分甚至被逐渐挤出原已打开的市场。近年来我国商标在国外被抢注的现象也不断地增加。

注册国际商标能避免在国外无意或被动侵犯他人商标权利，导致支付巨额赔偿。目前大多数国家都实行申请在先原则，保护在先申请注册的商标。如果企业出口前没有考虑商标注册及查询等问题，很有可能都不知道自己已经侵犯他人在该国的商标权。一旦已有人在先注册，很可能会有被动侵权及面临跨国诉讼和巨额赔偿的风险。

5 马德里国际商标注册的优势

每一个品牌都有一颗冲出亚洲走向世界的雄心，很多公司也为此早早开始申请国际商标注册，将其作为"走出去"战略的第一步。但是，每个国家的商标注册流程、规定、费用各不相同，加之在各国逐一注册费用不菲、风险高，令很多公司对国际商标注册望而却步。实际上，国际商标注册的方式不止这一种，除了向各国逐一申请之外，我们还可以选择马德里国际商标注册。那么，马德里国际商标注册有什么优势呢？什么样的公司适合马德里国际商标注册呢？

多

马德里国际商标注册体系始建于1891年，涉及马德里国际商标注册的条约包括《商标国际注册马德里协定》与《国际商标注册马德里议定书》。目前，加入这两个条约的国家和地区已达90多个，中国、俄罗斯、英国、美国、日本、澳大利亚等国家均为其成员国。

根据约定，商标权利人可直接向所属国商标局递交一份国际商标注册申请书，通过这一份商标注册申请书，则可指定在多个国家内获得商标保护。

相对于逐一国家申请来说，马德里国际商标注册无须根据不同国家的规定一一填写不同的商标注册申请书，也无须按照不同国家的程序和要求一一走流程。"一书"多国注册，国际商标注册手续更简便。

快

在手续齐全、费用缴纳完毕的情况下，申请人向商标局提交国际商标注册申请书后 3~6 个月就能拿到世界知识产权组织（WIPO）国际局颁发的国际商标注册证明，证明上会明确标注商标的国际注册号与国际注册日。根据上述协定与议定书的规定，被指定保护国需要在商标国际注册日起 12 个月或 18 个月内（依照协定为 12 个月，依照议定书为 18 个月）做出是否驳回的决定。也就是说，商标注册申请人在 12 或 18 个月就能得知自己的商标是否能够在有关国家得到保护。

而进行逐一国家申请时则要严格遵守各国的不同审查流程，面对一些审查期限非常长的国家时也只能慢慢等待，在印度、巴西等国注册商标甚至要等待三四年的时间。相比较而言，马德里国际商标注册大大节省了申请国际商标注册的时间。

好

有人认为，通过"第三方"注册国际商标在成功率与保护力度上可能会大打折扣。其实大可不必担心，这些在上述协定与议定书中都进行了明确的约束。根据规定，通过马德里体系注册的国际商标在驳回理由、保护范围、保护效力、优先权等方面都应该享受与被指定保护国国内公民平等的待遇。

例如，在《商标国际注册马德里协定》第四条第一款中对马德里国际商标注册的效力做出了明确规定，要求"商标在每个有关缔约国的保护，应如同该商标直接在该国提出注册的一样""不得在决定商标保护范围方面约束缔约国"，而第五条第一款关于各国注册当局的批驳中甚至使用了"即使是部分拒绝也不行"这样严厉的措辞，力保商标申请人可以在各同盟国享受到平等权利。

省

马德里国际商标注册的费用包含国际规费（基本注册费）、指定保护国收取的规费以及本国商标主管机关的规费三个部分，但申请人可以在一份申请中就同一个商标指定多个国家或地区要求对其申请的商标进行保护。也就是说，一份费用可在多个国家进行商标注册。

而逐一国家申请虽然无须缴纳国际规费与本国商标主管机关规费，但一方面，在进行逐一国家申请时一份费用只能在一个国家注册，另一方面，一些国家除了规费之外还要收取高额的公证费、认证费，整体费用计算下来，逐一国家注册的费用还是十分高昂的。

同时，在商标到期即将续展的时候，马德里国际商标注册也只需缴纳一份续展费用，而逐一国家注册则需按照各国的收费标准一一进行缴费。总的来说，马德里国际商标注册要比逐一国家申请划算很多。

虽然马德里国际商标注册好处多多，但并不适合所有人。一方面，通过马德里体系进行国际商标注册的商标是以国内申请或注册为基础条件的，也就是说，申请马德里国际商标注册的必须是已经在原属国成功注册或已提出申请的商标；另一方面，受《商标国际注册马德里协定》与《国际商标注册马德里议定书》约束的只是马德里联盟中的成员国，也就是说，如果你想要注册商标的国家不在马德里联盟中，则无法通过马德里体系向该国家申请商标注册。

6 外国人如何在中国申请商标注册

众所周知，我国公民、企业申请商标注册时可以亲自办理，也可以委托其他人代为办理，还可以委托依法成立的商标代理机构进行办理，但是，外国人和外国企业在中国应该如何申请商标注册呢？

委托商标代理机构

我国《商标法》第十八条明确规定，外国人或外国企业在中国申请商标注册，应当委托依法设立的商标代理机构办理。这是强制性规定，一般来说，不在我国境内的外国人或外国企业在中国申请商标注册的，均需要按照此项规定委托代理机构代为办理。

同时，《商标法》中也规定了外国人或外国企业在中国申请商标注册时应遵循的原则。主要有以下三种情况。

1. 按其所属国和中国共同参加的国际条约办理

目前来说，涉及外国人及外国企业申请商标注册的国际条约主要有《保护工业产权巴黎公约》及《与贸易有关的知识产权协定》，按照这两个国际条约的规定，这两个公约的成员国国民可以按照国民待遇原则，在我国申请商标注册时享有与我国国民同等的权利，注册条件、申请手续、注册步骤等方面享有与我国国民一样的待遇。同理，我国国民到其他成员国申请商标注册也享有与其他成员国国民同等的待遇。

2. 按其所属国与中国签订的协议办理

外国人或外国企业所属国不属于以上两个国际条约的成员国的，若其所属国与我国签订了商标保护双边协议，则可按照协议办理商标注册。

3. 按照对等原则办理

既不是《保护工业产权巴黎公约》和《与贸易有关的知识产权协定》这两个国际条约的成员国的，也没有与我国签订商标保护协议的国家，该国公民或企业应当按照对等原则办理商标注册。也就是说，该国用什么方式、程序、条件要求中国公民及企业的商标注册申请，中国也将以同样的条件对待该国的公民及企业。

另外，需要委托商标代理机构办理商标注册的外国人或外国企业，在商标申请书、代理委托书等文件材料的填写方面与我国公民与企业也有一些不同。如外国人或者外国企业提交的商标注册代理委托书中应当载明委托人的国籍，商标注册申请书中应指定中国境内接收人负责接收商标局、商标评审委员会下发的法律文件等。

通过马德里协定要求领土延伸

《商标国际注册马德里协定》，简称《马德里协定》，是世界知识产权组织管理的多边国际条约，我国在1989年10月4日成为该协定缔约方。按照该协定第一条第二款规定，缔约国的国民，可以通过原属国的注册当局，向成立世界知识产权组织公约中的知识产权国际局提出国际商标注册申请，并要求领土延伸，在其他缔约国取得该商标的专用权与保护权。

其中，想要通过《马德里协定》要求领土延伸获得商标权的外国人或外国企业，需要注意以下几点：一是要求领土延伸的外国人或外国企业所属国须是商标国际注册特别同盟国中的一员；二是我国规定，通过国际注册取得的保护，只有经商标所有人专门申请时才能扩大到中国；三是要求领土延伸的商标注册申请的商品或服务类别，应与已注册的国际商标商品或服务类别一致；四是《马德里协定》仅适用于自中国加入生效之日起所注册的商标，也就是自1989年10月4日之后所注册的国际商标，才可以按照规定要求领土延伸保护。

自行办理商标注册

根据我国《商标法实施条例》第五条，必须委托商标代理机构代为办理商标注册事宜的外国人或外国企业，是指在中国没有经常居所或者营业所的外国人或者外国企业。也就是说，在中国有经常居所或者营业所的外国人或外国企业，可以自行办理商标注册事宜，如在中国境内居住的外国人、外国驻我国的各种机构及中外合资企业、外商独资企业等。

第九节 知识产权保护

1 商标的全类别保护，对企业到底有多重要？

商标注册的专业性与复杂性不仅体现在商标的注册流程上，商标的类别选择也是商标申请的一个重要环节。可能有人会说，商标类别选择不就是生产什么产品、提供哪种服务就注册哪一类的商标？

事实上，真的是这样简单吗？

百度作为互联网的大牌企业，其知名度可谓家喻户晓，然而在商标保护上就差点着了类别选择的道儿。众所周知，商标注册一共有45个大类别，早年就有一家生产避孕套的公司在第10类"医疗器械"上成功注册"百度"商标，并用在其产品上，给百度公司造成了极大的负面影响。虽然百度公司几经诉讼最终取胜，但却给百度品牌造成了严重的损失。

全类保护，为品牌保驾护航

上文关于百度被"傍名牌"的现象就涉及商标申请的多类全类保护。

试想一下，如果"蒙牛""娃哈哈"只在一个类别上进行商标注册，而有人为了"傍名牌"将其注册在农药类别上，消费者会怎么想？假设"海尔"只在家电、洗衣机的类别上进行了注册，现在我们是不是还会看到"海尔"水泥、"海尔"饲料、"海尔"皮鞋等各种产品。

可见，对于已经建立起知名度与美誉度的品牌来说，进行多类全类的保护是十分必要的。很多知名企业就有着较高的品牌保护意识，不仅对商标进行全类别注册，而且还申请很多防御性商标来防止被侵权。如娃哈哈集团还注册了"哈哈娃""娃哈娃"等商标。

对于刚刚建立品牌的企业而言，更需要提前进行商标的分类布局。因为随着企业的发展，生产经营的范围也许会扩展到以前没有规划的行业或者商品，这样可以更好地为未来的经营范围拓展做好准备。

预防侵权，分类选择需布局

我国《商标法》规定："注册商标的专用权，以核准注册的商标和核定使用的商品为限"，这说明注册商标的保护是有限的。如果只在对应的类别进行注册，在其他的类别中就不会受到保护（驰名商标除外）。只有进行全类别的注册才能在各个领域使商标具有独占权。

全类注册的商标在保护上是最完整的。申请人在办理商标注册时指定所有类别的商品及服务，使其商标在全部类别受到保护。当他人在其他类别注册相同或近似的商标时，商标局就会直接依据在先申请原则将这类注册申请予以驳回，有效避免出现"百度"牌套套这样尴尬事件的发生。

2 互联网创业公司应如何保护知识产权？

网络信息资源丰富、传播速度快、范围广等优势令互联网公司享受着高于传统企业的高曝光率和知名度，但这也给模仿、泄密、抄袭提供了土壤。从"陌陌""滴滴打车"等互联网公司的发展中不难看出，一些互联网创业公司知识产权保护意识薄弱，缺乏知识产权战略布局观念，面对竞争对手的知识产权侵权行为往往束手无策，最终导致自己的合法权益受到了难以弥补的损失。

那么，互联网创业公司怎样才能防患于未然，最大限度地保护自己的创新成果？在面对他人的侵权行为时应如何应对？

商标

商标是企业知识产权保护中最基本的一项工作，也是很重要的一项保护措施。

我国《商标法》实行"申请在先原则"。一般来说，为了防止被抢注，互联网创业公司与其他行业一样，需要提前将公司名称、品牌名、Logo、APP icon、产品等重要信息注册为商标。除此之外，域名作为互联网公司在网络上的重要标识，起着识别、引导、搜索及广告宣传的重要作用，因此也是互联网创业公司必须要注册的商标种类。

此外，"傍名牌"现象也是互联网创业公司不得不提前防范的问题。互联网公司相对于传统公司来说需要面对更大范围的公众用户，广告投入宣传量大、曝光量高、知名度广，"傍名牌"现象也十分严重。为了防患于未然，有条件的互联网公司往往选择全类别注册的方式来保护自己的商标。

对于绝大多数互联网创业公司来说，创业早期资金短缺，无法将商标——

进行全类别注册，因此一些互联网创业公司往往只注册涉及核心业务的商标类别，但这是远远不够的。

除了第9类、第35类、第38类、第41类、第42类等核心业务类别之外，互联网创业公司还应考虑到业务延伸，对有可能拓展的业务进行注册。另外，对于涉及公司品牌形象的重要信息，如公司名称、主打产品等，互联网创业公司则应选择注册防御商标的方式保护自己的合法权益，这对于不法商家"傍名牌"、抢注商标的行为将起到很好的防范作用。

专利

对于大部分互联网公司来说，专利都不是其主要竞争力，但考虑到公司的长远发展，以及越来越严峻的专利战形势，互联网创业公司建立一定的专利防护壁垒还是很有必要的。早在Google公司上市前，Yahoo公司就曾起诉Google公司侵犯其搜索技术专利，最终Google公司不得不同意向Yahoo公司提供270万股、价值3亿多美元的公司股票才了结此事。专利对于互联网公司的影响可见一斑。

我国专利申请与商标注册一样，实行"先申请原则"，即两个以上的申请人分别就同样的发明创造申请专利的，专利权授予最先申请的人。因此如果互联网创业公司产品符合专利申请条件的，应当尽早进行专利权申请。同时，"先申请原则"也决定了互联网创业公司在研发新技术之前必须要进行专利检索，了解现有专利中相关技术的发展情况，避免日后出现专利相似而申请失败，造成不必要的损失。

在技术研发立项之后，互联网创业公司应实行严格的保密制度。在未递交专利申请之前，切不可早早公开产品信息或相关资料，以免被有心之人抢先登记。

另外，专利申请有着严谨的申请制度与流程，专利撰写、权利要求书以及专利分类等均需要很高的专业知识及经验，而创业公司规模小、专利数量少以及资金短缺等客观条件，决定了其无法设立专人专岗负责专利事务。为保证专利申请效率，建议互联网创业公司委托专业的知识产权代理机构进行代理，寻求契合的专利代理人的专业建议与帮助。

除了自己研发专利技术之外，互联网初创公司也可以通过联合其他小企业共同购买专利，或与其他企业合作达成专利联盟，实现联盟内专利的交叉许可，形成共同专利防御体系。

著作权

著作权，亦称版权，是指作者对自己依法创作的文学、艺术和自然科学、社会科学、工程技术等作品享有的权利。

著作权自作品创作完成之日起就自动产生，不必依靠登记来取得。但作品著作权登记的意义在于被侵权时能举证证明公司对该件作品享有著作权，从而获得《著作权法》的保护。对于涉及软件开发、文学创作、艺术等相关业务，或拥有移动APP的互联网创业公司来说，提前进行著作权登记是很有必要的。

实际上，知识产权保护除了常见的商标、专利、版权之外，还会涉及商业秘密、反不正当竞争等诸多方面，互联网创业公司在提高知识产权保护意识、制定公司知识产权保护规章制度之余，还可利用《著作权法》《商标法》《专利法》《反不正当竞争法》等对公司实施知识产权立体交叉防护，建立360°无死角知识产权保护网，关注市场、及时维权，从而最大限度地保障自己的合法权益。

3 聚焦企业商标保护策略

商标,是用于识别和区分不同商品或服务来源的标志,代表了企业的产品质量和服务保证。可以说,商标承载了一个企业的信誉,是企业参与市场竞争的重要工具,对于企业及其产品的重要性不言而喻。那么,企业如何才能更好地保护商标呢?

仔细查询,尽早注册

商标相同或近似是商标注册过程中最常见的失败原因。因此在商标注册之前,仔细查询商标近似情况很有必要。通过查询商标局商标登记注册情况,了解准备申请注册的商标与他人已注册或正在注册的商标是否相同或近似,将会大大降低商标注册风险,提高商标注册成功率,避免造成时间与金钱的双重损失。

在经过商标查询之后,若没有商标相同或近似风险,企业则需要尽快注册商标。我国商标注册实行"申请在先原则",即两个或者两个以上的商标注册申请人,在同一种商品或者类似商品上,以相同或者近似的商标申请注册的,申请在先的商标,其申请人可获得商标专用权,申请时间在后的商标注册申请则予以驳回。

通俗来讲,"申请在先原则"就是先到先得。如果企业没有及时注册商标,商标一旦被他人抢注,企业则会陷入要么花费大量金钱赎回商标,要么被迫放弃已有一定知名度的原商标的两难境地。因此,尽早申请商标是很有必要的。

深谋远虑，重视防御

企业在进行商标战略布局时，还需结合企业的商业发展前景，深谋远虑。一方面，企业需要根据业务、产品或服务来选择商标注册内容与类别；另一方面，企业还需采取国内申请与国际申请相结合的策略进行商标保护布局，消除将来可能出现的国际商标隐患。

随着互联网的崛起与普及，企业曝光率迅速增加，但这也令企业信息获取更加容易。为了有效防范不法商家"傍名牌""搭便车"等抢注商标的行为，企业可以采取注册防御商标的形式对企业商标进行全方位保护。这对于广告宣传投入量大、力求创立驰名品牌形象的企业来说，尤其具有实质性的战略意义。

正确使用，把控动态

在商标注册成功后，企业需要按照法律规定，正确使用商标，自行改变注册商标、冒充注册商标等行为均属于违法行为，不仅会被商标局撤销商标，还有可能会对他人的注册商标造成侵权，要承担相应的侵权责任。

从商标标识上看，使用注册商标，可以在商品、包装等附着物上标明注册商标标记，标注"注"或者"®"，但不可自行改变商标的文字、图形、颜色等构成要素。

从商标的类别上看，注册商标使用的范围仅限于核定使用的商品或服务类别，需要在其他类别使用商标时，需要另外提出商标注册申请。

从时效上看，注册商标的有效期为十年，期满想要继续使用的，需要办理续展手续，未办理续展手续的，商标局可注销该注册商标。

另外，注册商标没有正当理由连续三年不使用的，则可被撤销商标使用权。建议企业可提前做好布局，通过商标使用许可等方式"使用"商标，防范可能出现的"撤三"风险。

在确保正确使用注册商标之余，企业还需时刻把控注册商标的动态。商标被异议、被"撤三"、即将到期时，商标局都会通过公告的方式通知企业，以便企业在规定的时间内提交证据、办理续展等，如果企业未在规定时间内做出反应，商标局则会根据相关条款裁定撤销商标。因此，为了确保商标安全，企业需要随时关注商标动态，及时做出反应。

加强管理，建立制度

随着业务的发展，企业申请的注册商标数量也会逐年递增，但这些涉及多个产品线、多种商标类型、申请时间、申请进度、产品市场都不同，非常有可能导致企业商标管理混乱，大部分商标无法得到有效的监管，从而导致商标"撤三"、错过续展时间等问题。这在信息战中无疑是致命的短板，极大地阻碍了企业的发展。

因此，加强商标管理成为企业商标保护策略中很重要的一环。建议企业应成立专门的商标管理保护部门，建立健全商标管理制度，建立科学的商标分类保护体系，加强商标评估量化。如有需要，可寻找一家专业的商标代理机构进行咨询。

关注市场，及时维权

企业除了规范自己的行为之外，也要密切关注市场，对于市场上侵犯自己注册商标的行为，要及时进行维权，禁止他人未经许可擅自使用自己的注册商标。一方面，这是对企业商标的保护，可以维护企业的企业合法权益；另一方面，及时维权也可避免注册商标成为商品通用名称的危险。

作为企业，提前做好商标战略布局和管理，完善企业商标保护规章制度，全方位、多角度、灵活地保护企业商标，未雨绸缪，才能在以知识经济为主导的"互联网＋"时代中立于不败之地。

4 啤酒饮料类商品的知识产权保护

影视剧中的植入广告是一种比较好的宣传品牌的方式。《步步惊情》里就见过 RIO 鸡尾酒的身影,此前的《来自星星的你》也捧红了爱茉莉旗下的一款面膜。看来商品的品牌之路不光要把定位和内涵挖掘出来,还要找一种方式把品牌引爆。

品牌火了不是目的,目的是火了之后让那些想"傍名牌"者纷纷远离,知识产权的保护无疑是重中之重。最难能可贵的是,知识产权不仅能够很好地保护商品,更能够为企业和商品创造更多的价值。

商标的申请必须以发展战略为依据

商标不只是起一个名字那样简单。并不是说起名字不重要,而是要注意起名之后的品牌战略问题。

你所知道的那些酒类商标,茅台、五粮液、剑南春都是以汉字命名的。而啤酒大多以地名命名,如哈尔滨啤酒、燕京啤酒、青岛啤酒等,当然也有不是按地名命名的三星啤酒、雪花啤酒。饮料的名字大多以饮料的类型命名,比如冰红茶、绿茶的茶饮料,果粒橙、鲜橙多的果汁饮料。这些名称有时可能是商标,有时也可能不是商标。比如冰红茶算是通用名,并不具备显著性,真正的商标是"康师傅"或"统一"。这些看似五花八门的名字,其实都蕴含巨大的奥妙,显著性是其中之一。

在确定了商品的名称之后,还要看商品的战略定位。商标分为商品商标、服务商标、集体商标和证明商标。如果有那种类似阿迪达斯、耐克相关的门店还要申请服务商标。

另外,要在商标的类别上做好相关保护。啤酒饮料是第 32 类商标。需要注意的是，里面包含啤酒矿泉水和汽水以及其他不含酒精的饮料、水果饮料和果汁以及其他饮用的制剂，但本类不包括医用饮料（第 5 类）、奶饮料（第 29 类）及以咖啡、可可或巧克力为主的饮料（第 30 类），所以想要做相关商品，这些类别的商标建议一并申请。

在商标布局战略中，除了相关类和保护类，国际商标的申请也很重要。考虑到逐国申请费时费钱，所以按照《马德里协定》申请国际注册，在多个国家都有效。如果开始没有考虑，但为防止发展壮大之后被别国抢注，可以选择注册后许可他人使用的方式，既能充分利用海外商标，必要时也能收为己用。

其他形式的知识产权保护要独具特色

除了商标外，专利也是很好的保护武器。对于啤酒饮料的新配方都能够申请发明专利或商业秘密。重要的是，其他形式的知识产权保护要独具特色。著名的可口可乐配方就申请了商业秘密，据说至今无人知晓其配方成分。

你所熟悉的市面上那些啤酒饮料，就拿康师傅举例，冰红茶、绿茶、冰糖雪梨、蜂蜜柚子茶等，不时会有新口味推出，这些口味就是由不同配方形成。如果此前并无此饮法，即可申请发明专利。而产品的外包装、瓶身设计等除了可以申请立体商标外，还可以申请外观专利。

商家在商标和外观专利上维权情况较多：著名的红罐之争先是商标之争，随后是商品的装潢纠纷；华润雪花啤酒诉烟台啤酒信义饮料有限公司"雪花"商标侵权；济源市王屋山黑加仑饮料有限公司与河南维雪啤酒集团有限公司也有侵犯外观设计专利权纠纷。据查，2005 年 4 月 4 日河南维雪啤酒有限公司向国家知识产权局申请过"啤酒瓶"的外观设计专利，也因为此专利维雪啤酒维权成功。从中可以看出外观专利的重要性。

此外，不断地推陈出新也是各大饮料公司的撒手锏，如果你不想尾随其后的话，那么勇敢杀出一条血路也值得一试。"红牛"已经是功能性饮料中的主打品牌了，但其以罐装为主，目前市场上出现了瓶装的功能性饮料也非常受欢迎，可以说有借鉴的影子，又没有抄袭。"脉动"属于运动维生素饮料，也是近些年才走进大众的视线。但细心的观察者一定发现，它的价格高于康师傅的系列饮料，就是为了彰显它的与众不同，果然，效果很好。

最后，改编一句著名的广告用语"你的特色超乎你想象"，送给那些想要做啤酒饮料类商品的商家们。

5 商战之外的较量：阿里京东网站商标保护解析

作为国内电商平台的两大巨头，阿里巴巴和京东之间从没有停止过战争，从"双十一"期间的促销大战，到365天全线布局O2O，"猫狗大战"逐渐进入白热化阶段，价格、广告、商户资源、物流配送、售后服务、知识产权等方面，无一不能成为阿里巴巴和京东之间比拼的目标。那么，以电商网站起家的阿里巴巴和京东，在其大本营——网站知识产权保护这方面，谁更胜一筹呢？

全类注册重视防御，谁能更胜一筹？

商标注册是企业发展的第一步，对于线上的电商网站来说也是如此。2014年著名的"双十一"商标事件更是让大家明白了，原来商标不仅可以作为保护的盾，谋略得当，还可以成为一支利剑，于无形之中打击竞争对手，出其不意攻其不备，一招制敌。

在商标保护方面，阿里巴巴和京东不谋而合，都采用了严防死守的商标注册策略，在全类别注册的同时，还对重要类别加以特殊保护，对防御商标、拓展商标也都一一进行了注册，力图最大限度地保护自己的商标。

通过检索发现，京东仅旗下北京京东叁佰陆拾度电子商务有限公司名下就有3463枚商标。其中，京东不仅对品牌名"京东"进行了全类别注册保护，还在第9类、第38类、第39类、第41类、第42类等与网站、电子商务相关的重要类别中注册了多枚"京东"商标。除此之外，围绕着"京东"这个关键字，京东还申请注册了"京东JD""京东JDCOM""京东商城""京东狗"，以及京东的谐音"京咚"商标，对品牌关键词进行了充分拓展保护，京东对商标的重视程度可见一斑。

作为劲敌的阿里巴巴，在网站商标保护上也毫不逊色。仅以阿里巴巴集团控股有限公司的名义申请注册的商标就高达9669枚，加上淘宝控股有限公司、浙江淘宝网络有限公司等子公司注册的商标，阿里巴巴集团目前申请注册的商标已达上万枚。同京东一样，阿里巴巴将主品牌"淘宝"进行了全类别注册，并围绕着关键字"淘宝"申请注册了"淘""TAOBAO""淘宝TAOBAO""淘宝网""手机淘宝""淘宝商城"等若干枚与"淘宝"相关的商标。而对于旗下另一个知名购物网站"天猫商城"，阿里巴巴集团几乎也采用了全类别注册的保护方法，对不法商家"傍名牌"、抢注商标的行为做了充分的预防工作。

没有"土豪"撑腰，网站如何注册商标？

诚然，背后有阿里巴巴、京东这样"土豪"企业撑腰，淘宝网、京东商城尽可以"财大气粗"地选择全类别注册来保护网站商标。但是，当条件不允许的时候，网站应该注册哪些类别的商标，才能最大限度地保护自己的合法权益呢？

首先，以网站平台为核心，主要应该考虑到网站的搭建与主要功能。网站平台的搭建，离不开与计算机硬件与软件开发相关的第9类和第42类。如第9类中的"0901电子计算机及其外部设备"、第42类中的"4220计算机编程及相关服务"等，囊括了计算机编程、计算机系统设计、计算机软件维护等一系列与平台搭建有关的小项，因此成为网站运营企业首选的商标注册类别。

除此之外，网站平台的一个重要功能就是展示、广告及交流功能，这就离不开第35类"广告；商业经营；商业管理"及第38类中"3802通信服务"类别。这两大类中的"广告350039""替他人推销350071""为零售目的在通信媒体上展示商品350092""提供互联网聊天室380043""提供在线论坛380050"等小项，对企业的品牌宣传、业务开展都有很大的影响，尤其是对那些提供广告位的网站或电商平台，具有非常重要的意义。

同时，在为网站注册商标时还应充分考虑到网站的性质，也就是网站运营方的核心业务。绝大部分网站并不是以互联网为主营业务的，如果网站是做餐饮行业的，在进行商标注册时，还要把与餐饮相关的类别进行保护。像是目前非常受欢迎的视频类、音乐类和文学类网站，则需要对第41类多加注意，第41类中的"提供在线电子出版物（非下载）410099""提供在线音乐（非下载）410200""提供在线录像（非下载）410201"等都可以有效保护这些网站的在线服务，也是不容忽视的商标类别。

此外，如果网站处在快速发展、拓展业务的阶段，在有能力的情况下，还应该扩大范围，对可能开展的业务做好商标准备。如电商网站，在发展过程中就要考虑金融、支付服务以及物流配送服务，这就需要重点关注与金融相关的第 36 类和与物流相关的第 39 类。以阿里巴巴和京东为例，这两家电商网站都为旗下的第三方支付平台"支付宝""京东白条"申请注册了第 36 类商标，对要拓展的业务做了充分的准备。

最后，"出来混，防人之心不可无"，注册防御商标和联合商标，做好充分的防范工作很有必要。

互联网传播速度快、范围广、监管难，相较于线下实体，以互联网为依托的网站则更容易受到侵权伤害。在同一类别或近似类别上广泛注册相同的防御商标，或在同一类别的商品上注册几个相同或近似的联合商标，对网站来说具有实质性的战略意义，不仅可以防范不法商家"傍名牌"、抢注商标的行为，还可在企业未成为驰名商标、不能受到跨类别保护的时候，成为很实用的一项商标保护措施。

如阿里巴巴集团早期除了将"阿里巴巴"注册为商标之外，还注册了"阿里妈妈""阿里爸爸""阿里爷爷""阿里奶奶"等联合商标进行防御。上文所说的京东将谐音"京咚"申请注册为商标，也是一种防御手段。"自己山寨自己"，可以有效地避免不法商家"傍名牌"、抢注商标的行为。

虽然在商战中阿里巴巴和京东势如水火，但两者的网站商标保护策略却惊人地相似。阿里巴巴和京东都把企业大佬的名字注册成了商标，范围涵盖计算机、杂志、物流配送等，京东更是把"刘强东"进行了全类别保护。当企业大佬知名度不断上升，乃至成为网站代名词的时候，将其姓名注册为商标，也不失为一种很好的网站保护策略。

选择商标类别是注册商标时不得不迈过的第一道门槛，这也是个技术活儿。网站运营方若不想进行全类别注册，那么，只有准确、专业、全面地选择商标类别，才能最大限度地保护网站的合法权益不受他人侵害。如果网站运营方或站长们对将要申请的商标商品类别没有把握，应该找一个正规、专业、靠谱的商标代理公司进行咨询或代理，切莫因省一点注册费而因小失大，后悔莫及。

第五章 创富历程——商标的运用

知识产权是一个生态闭环系统——创造、运用、管理、保护，运用是其中非常重要的一环。能够很好地运用知识产权，就能够创造出无穷的财富。

对于商标的运用，除了正确使用在商品中，还有转让、许可、质押融资等多种方式。

商标是法律属性，而商标的背后其实是品牌价值的具体体现。当一枚商标，也就是一个品牌拥有的市场价值越高时，它能够创造的价值也就越高。

企业可能有自己的生命周期，但商标如果运用得当，却可以达到"永生"的效果。尤其是那些曾经辉煌一时的商标，例如"诺基亚"，即使企业已经不存在，即使产品已经不风靡，但是其品牌和知识产权还在发挥着"创富"的价值。

还有"隆力奇"等品牌，也曾运用"质押"的方式进行贷款，帮助企业度过危机。

第一节　商标转让

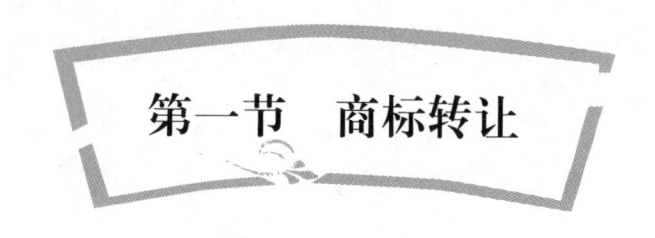

1　你喜欢的名字都不能注册？商标转让最直接

"凡是想注册商标的都喜欢简单大气的名字；凡是想注册商标的都喜欢字少的，最好两个字！"这"两个凡是"方针是最广大注册人民的普遍需求。当然，用脚趾头也能想得出，为什么会提出这两点要求，那就是简单易懂、寓意好有面子。没错，商标名称绝对有这潜力，即使现在还不能让全世界都知道，但好名字就已经成功一半了。你看"小米"和"苹果"，多么简单、多么易懂、多么具有显著性。

那么问题来了，想要的那些简单又大气的名字都已经不能注册了。告诉您原因，接着告诉您困局怎么破！

中国汉字那么多，可你只认识2000多

中国的汉字有多少，我们不是专家。然而，即使是博学专家，估计也认不全。最常用的汉字其实只有3000多个，如果想让90%的用户都熟知，那样的常用字也不过2000多个。

就文字商标来说，越简单越好，这是不争的事实。但是中国常用的汉字就那么多，2000个字如果是排列组合，组成两个字的商标，不用算就知道，早就让别人给注册了。

所以，最简单、最直接的方法就是转让。

商标转让：获得商标最直接的办法

你可以说，我看上"三星"和"苹果"的商标了，人家不卖、我也买不起。对，那样的大牌或许买不起，但是有很多商标在交易平台里就直接出售。

好听的名字、简单的名字、两个字的名字、大气的名字，商标交易平台里应有尽有。例如，建筑行业有"神匠""云庭""国栋""巨鼎"这样人气超强的商标，化妆品行业有"所美""美妆集""卜优"这样简单、贴合性强的商标。

还有"鸟叔"这个商标在很多类别都有注册。想必这样的名字不用宣传就很火，因为名字自带知名度啊。当然，"鸟叔"这个名字可能会涉嫌在先姓名权，但我国的《商标法》不保护外国人，就算"乔丹"来打官司不也没赢吗？

商标转让的好处一天一夜都说不完

商标转让的好处一天一夜都说不完。由于篇幅有限，只说重要的三点。

1. 时间短

商标转让只需要半年左右的时间，比商标注册花费的时间短很多（商标注册最短的也要一年以上）。

2. 一定能成功

商标转让不像注册那样还有驳回的风险。因为商标转让都是已经注册的商标，所以不会面临查询盲期等问题。

3. 一定是自己的

转让后的商标就变成自己的了。这主要是针对商标许可而言的。商标许可是使用别人的商标，做好了会为别人作嫁衣，加多宝就是例子。

所以，劝你去买商标，因为确实很多好名字别人提前注册过了。想要的话，买不是更直接？

2 快速解决商标转让中的无理纠纷

商标转让会产生纠纷？当然！涉及法律和利益的问题怎么可能没有纠纷呢？有人的地方就有纠纷。遇到商标纠纷问题的时候，也不用惊慌，本文教您四招快速解决商标转让中的无理纠纷。

企业内部矛盾问题诉讼解决

如果是商标转让中的企业内部自身问题造成的纠纷，这种一般都属于民事法律范畴。一般情况下，当事人会通过相关的司法诉讼来解决。商标局作为行政管理部门，没有特殊情况不会介入到诉讼中。

所谓的特殊情况就是该商标正在进行商标转让申请，或者在转让审查程序进行中，这时如果发生商标转让纠纷，商标局会给出一个具体的期限。当事人一定要在这个期限内通过诉讼程序来进行权利主张，如果超过时限，商标局就不会再等了，仍旧会根据相应的商标转让程序来进行。

等到商标转让申请被商标局核准并进行公告后，就证明此商标转让已经产生了法律效力，所以说啥都没有用了，已经转让成功了。这时如果再发生法律权限问题，当事人只能通过法院申请证据保全措施，暂时将商标转让后的权利进行冻结，然后再通过诉讼程序来解决商标转让的纠纷。

见到假冒、伪造商标的全部"枪毙"

真是胆儿肥了，还有不法分子想要冒充和伪造商标，这非法"转让"商标现实生活中还真地存在。当然，面对这种厚颜无耻的行为可以在心里将其枪毙无数遍，但是现实中只能通过当地的公安部门对伪造印章或者文书的行为进行非法侵权财产的刑事鉴定，最后通过司法程序来解决这个骗人不浅的行为。

可以告商标局

注册商标的时候，如果商标没有注册下来，也可以直接告商标局的，不是吗？商标转让也当然可以。如果商标局做出"不予核准"等指令，可以向商标局进行行政复议，或者直接起诉商标局也是可以的。

核准日期才算转让成功

申请商标转让的成功标准必须是核准公告之日起，之前即使办完转让手续或者支付转让费用也不算成功。所以，如果想要提前为该商标做宣传或者其他事情，都要在协议中一一说明，并且去公证处进行公证。这样才能够保证双方的权益。

3 创业失败不心酸，还有商标转让这条路

不想讲什么失败是成功之母的话，同样的坑摆放的位置不同也可能再次踏进去。没有商业敏感度不要紧，不能创造商业帝国也不要紧，重要的是，即使风光不再了你也可以潇洒地转弯，能够潇洒的原因其实就是还有商标转让这条路。

苹果能花高价买商标，你的商标为什么卖不出天价？

苹果当初花了大价钱把"iPad"商标买了回来，现在人家赚那么多钱，自然不会觉得这笔钱花得冤枉。说真的，你知道这个商标值 6000 万美元吗？要是这样，所有人都去申请商标，等着苹果公司去买好了。

如果是创业公司的话，还有一条路能够让估值瞬间连番提升。那就是不断进行商标注册，然后再进行转让。

即使之前的商标是因为注册不下来而买回来的，但经过创业的宣传和使用，已经使这个商标价值更高了。就算不能直接卖，也可以抵价多一些。

虽然专利也可抵押或转让，但是不如商标直接

当大多数创业者没有认识到专利的好处时，商标是最直接的。因为一个企业不可能没有商标，即使没有注册商标也肯定有企业名称和产品名称，所以商标是创业者最直接的需求。

如果说申请专利只是为了占领市场高度，那么商标占据的肯定是市场的广度。一个好的商标转让时不仅多了三分底气，并且也多了更多价值。

商标价值的大小完全用大公司和小公司来判断太武断了。现在这个互联网快速发展的时期，小品牌更容易获得成功。因为这再也不是一个企业自说自话的时代，有什么事大家网上一搜就全出来了，所以就造成了搜索引擎的兴起和排名。虽然那些搜索的垄断性很高，但是还有自媒体平台、第三方平台的兴起，让企业的监督更加全面，消费者也更加趋于理性。

所以，不是小企业的商标就卖不出好价钱，一切都只看商标的寓意和知名度。一般来说，大众更喜欢那些相对出名的品牌。比如大家都知道"美即"这个品牌，但是"草木即"却没人知道（因为还没注册）。如果转让这两个商标，肯定价格会差别很大。

万一有一天你创业失败了，但你拥有100个商标（其实不算多），就按一个商标价值5万元算（属于低价商标），那你同样是个百万级富人哦！

记住，创业失败不心酸，还有商标转让这条路。

4 商标转让价格高的原因

很多时候，我们可能并不了解商标转让价格高的原因，上百万元、上千万元、上亿元的天价商标不时涌现。有的商标可能在市场的活跃度很高，但很多商标可以说注册下来了并未在市场上有任何动作，就已然呈现出很高的转让态势。这其中的高价主要是什么原因造成的呢？

要回答这个问题得从两个方面去阐述：一方面是已经使用并且知名度非常高的商标，由于各种原因需要转让；另一方面就是商标本身并没有使用过，但是由于其之前可能和影视剧作品，或者和某个名人有关，一下走红了，所以知名度比较高，也存在价格偏高的现象。

从这两种现象其实不难看出，都归结到一个根源，那就是知名度。其实，不论这个商标是什么情况，能够卖出高价，都和知名度有着不可分割的关系。这也非常容易理解。就拿很多当红艺人举例，很多明星在成名前后身价往往天差地别，但他们都是同一个人，都还是那个有潜力的、有能力的或者某方面有天赋的艺人，身价的不同就是因为知名度不同（虽然有些以偏概全，但大体如此）。可是，又是什么原因能够影响商标的知名度问题呢？简单总结有以下三个原因。

显著的标记性

显著的标记性其实就是显著性。这一点不光适用于商标，同样适用于明星啊。虽然企业选择商标时大多都想要寓意好的、质量佳的、一看上去就特别舒心的。但是，如果每个品牌都是那样的话，还有什么品牌可言？品牌其实就是区别于其他商品的，同样的商品，蒙牛和伊利一定有不一样的地方。虽然很多产品分类及包装都很相似，但在消费者心里会认为他们是有区别的。所以，显著性就是要"远离"这个商品的品类。比如一个卖蜂蜜的，如果用"甜蜜蜜"这个名字，显著性就没有"吉野家"高。谁家的蜂蜜都可能是甜的，但"吉野家"的或许不一样。

显著性虽然不等同于个性，但可以这样理解。而那些比较知名的商标或者已经注册下来的商标一定是具有显著性的，所以价格才高。

巧妙的象征性

在商标代表品牌方面，怎样才能更好地传达出品牌的理念也是非常重要的。一个价格高的商标一定是具有很好的象征性，让人看到名字之后立马就能感受到品牌的力量。

商标的显著性注定了不能直接表示质量、主要原料和功能等特点，但是可以有很好的联想功能。大多数企业都喜欢那种有深刻寓意的商标名称。比如"回力"其实就是有回天之力的意思。很多动物都是象征性的宠儿，因为动物本身就有自己的特性。比如汽车一般都喜欢用"马"和"驰"作为商标名称。

象征性和寓意越好的商标，往往价格可能会越高。

宣传的便利性

商标再好也需要宣传。好商标和一般的商标都只有宣传后才具有更高的价值，而好商标的传播可能会更具便利性。有的商标可能自带宣传性，比如"鸟叔""出彩"等商标，本身就特别适于宣传，所以价格高一点也无可厚非。

以上原因不仅适用于商标转让价格高低的评判，也非常适合商标注册。如何取舍，就看自己的了。

5 准备好创业了吗？最重要的条件是商标转让

现在似乎是自主创业的最佳时机，政策鼓励、创投发达，好像一切条件都在等着有梦想的人去一展所长。毕竟，就算有能力和才华也不一定被别人欣赏，所以自己做自己的主才是最关键的。

对于创业来说需要准备的东西实在太多，但我们不能等到万事俱备了才着手创业，只要把前期的工作准备好足够走一段路程的就可以开始了。然而，大家可能并不知道，商标转让就是这其中最重要的一项。

为什么商标转让会是必备条件之一呢？

非常重要的一点原因是政策使然，规律在那摆着。现在已经不是那个你有想法、有创意、有产品就能走遍天下的时代了。即使物美价廉的产品，如果没有商标等知识产权保护的话也可能遇到大麻烦。

商标就是突出产品的独特性。同样是衣服，为什么你喜欢范思哲的，就不喜欢秋水伊人的呢？当然是两种风格不一样了。所以，商标就是起到区别产品的作用。想要让别人使用你的产品，就要用你的商标去打动别人。

如果你想问注册商标不也一样能够获得商标吗？当然，注册成功了固然好，但是如果没有注册成功就得不偿失了呢？钱只是一个方面，另一方面是时间。白白浪费了一年多的时间，所有宣传都做了，但是商标却没有注册成功，这风险不就更大了吗？但是转让就不一样了，转让是购买已经成功注册的商标，相当于"过户"，换了主人就行。这里的风险相对小，并且时间也很短。

政策指引让商标更值钱

现在之所以说是创业的最佳时机，还和政府的政策引导有关。我国已经把知识产权作为国家战略，并且制定了相关的鼓励政策。不论是商标、版权、专利、高新技术等，统统都有奖励。

有的省市给出的奖励非常具体，比如注册商标奖励 1000 元，省著名商标奖励 50 万元，中国驰名商标奖励 100 万元等。驰名商标的最高奖励还能达到 200 万元。除了奖励之外，商标还可以抵押，越是知名的商标抵押得越多，隆力奇商标曾经质押过 5 亿元资金。

用商标质押的前提是要有商标。先转让一个商标，然后将这个商标进行质押，质押后的资金用于创业，这么好的事都有了，你说商标转让重要不重要？

好了，既然这么重要，那么就去转让吧。

6 下一个时代的风口为什么是商标转让？

20世纪90年代"炒股"、2000年前后"买房"、2010年的"互联网+"，可谓每个时代都有经济风口。到了现在，时代的风口显然已经转弯到知识产权处。这是中国在改革开放进程中不可逾越的一步里程碑式的发展，有国家政策红利的支撑、更有全民创新创业的热潮。但如果此时的创业者还只停留在注册、申请知识产权的积累阶段，显然被那些已经在知识产权全面布局的同行远远甩在身后了，若要迎头赶上，只有转让和交易这条路更加顺畅和便捷。所以，下一个时代的风口是知识产权交易及金融。而商标就是知识产权最具代表性的原始积累，下一个十年，将是商标转让的最佳风口。

为什么商标转让成为下一个时代的风口？

数据显示，2016年我国受理商标注册申请369.1万件，连续15年居世界第一。商标作为企业一项重要的无形资产，越来越受到重视。

对于商标的重要性无须赘言，因为那是全世界消费者用于区别所有产品的标识。商标转让之所以被推到风口浪尖上，主要的原因有两点。

首先是商标的申请量和注册量越来越高，尤其是文字和字母（也可以理解为英文）商标是不可再生资源，中国的常用汉字就只有3000多个，不常用的加起来总共才8000多个，2个字的、3个字的商标屈指可数（字母的也一样），已经注册了的就等于事先拥有了主动权。

其次是商标转让相比其他方式更便捷、风险更小。没有成功注册商标的企业只能通过其他途径获得，其他途径中最靠谱的就是商标转让。例如，商标许可的劣势就是会为他人作嫁衣裳，最典型的例子就是加多宝和王老吉之争。

商标转让是实现"用知识产权创造财富"的最便捷途径

商标交易市场趋向火爆,一次次刷新着我们对商标交易的认知高度。雅虎"Yahoo!"商标保守估计卖了9.6亿美元,这还不是雅虎最鼎盛时期的交易价格。被卖掉的雅虎已经是日薄西山,但仅凭借着两个字的霸气名字和昔日的影响力,商标已卖出天价。苹果为获得中国境内"iPad"商标支付6000万美元,而这还只是2012年……

这些日趋走高的交易价格虽然并不是商标交易的全貌,但是却能够代表商标交易的高度。数据显示,目前18%的商标转让价格在1万元以下;68%的商标转让价格在2万~5万元;0.9%的商标成交价格在20万元以上。

这里需要说明的是,由于商标注册的周期较长(通常是1年半左右,特殊情况时间更长),所以只要商标注册成功了价格就要比注册时高10倍以上。如果是大众所熟知的历史文化名人等,价格可能更高。商标使用之后,转让价格还会随着知名度的提高越来越高。

所以说,商标转让是实现"用知识产权创造财富"的最便捷途径。可谓"一标在手,应有尽有"。

商标交易的几种方式为何平台交易最靠谱?

即便是商标交易也有好几种形式,大致分为撮合交易、平台交易及内部交易。那么哪种方式更可靠呢?

撮合交易是指卖方在交易市场委托销售定单/销售应单、买方在交易市场委托购买定单/购买应单,交易市场按照价格优先、时间优先原则确定双方成交价格并生成电子交易合同,并按交易定单指定的交割仓库进行实物交割的交易方式。

平台交易是指买卖双方在平台上直接进行交易,卖方和买房都可以通过平台看到得到对方想要获得的价值。

内部交易是指由母公司与其所有子公司组成的企业集团范围内,母公司与子公司、子公司相互之间发生的交易。

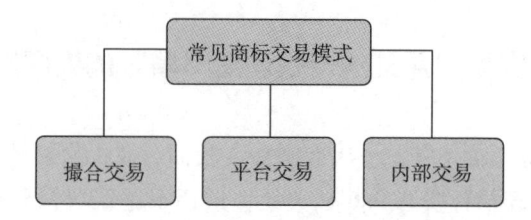

```
           常见商标交易模式
          ┌──────┼──────┐
        撮合交易  平台交易  内部交易
```

不管是通过撮合交易、平台交易还是内部交易模式购买商标，其实卖家的定价都是非常"任性"的，完全凭心情要价。可漫天要价导致的结果就是商标很难卖出去，这显然违背了卖家的初衷。想知道你的商标究竟值多少钱？这完全可以依靠专业的商标评估机构，专业的工作人员可以科学地评估商标价值。他们会根据商标特性、具体评估目的不同而选用成本途径、市场途径或者收益途径（方法）。通常收益途径（方法）无论是从理论上还是实践中都是公认的好方法。此方法主要着眼于商标可能未来带来的收益能力或对整体收益能力的贡献。

有专业的人员投入、专业的商标评估机构，就能够让买卖双方站在专业的评估基础上进行交易，从而实现共赢。

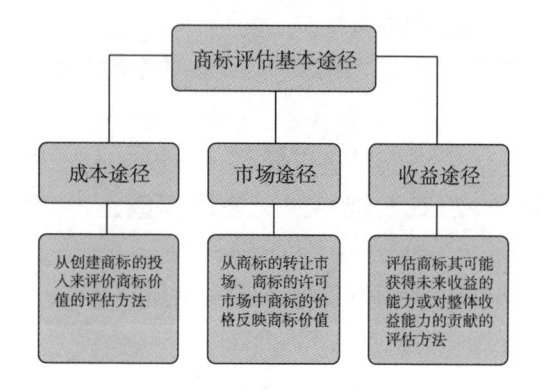

```
           商标评估基本途径
          ┌──────┼──────┐
        成本途径   市场途径    收益途径
          │         │          │
     从创建商标的  从商标的转让  评估商标其可能
     投入来评价商  市场、商标的  获得未来收益的
     标价值的评估  许可市场中商  能力或对整体收
     方法         标的价格反映  益能力的贡献的
                  商标价值      评估方法
```

影响商标价值的因素有哪些？

为何2017年的"世界品牌500强"排行榜，中国只有国家电网、中国工商银行、腾讯、中央电视台、海尔、中国移动、华为、联想挤进百强榜单？为何他们的品牌价值动辄上亿元，成千上万个个体户的商标价值不过万元？影响商标交易价格的因素有哪些？笔者认为主要有四点。

1. 热门商标 > 冷门商标

同样的商标转让，在第22类和第25类中的"命运"大不同。如果你是买家，你是会选只能生产"绳、网、纤维原料"的第22类，还是"服装、鞋、帽"全包括的第25类呢？明眼人都会选后者。

一般来说，第3类日化用品、第25类服装鞋帽、第29类食品、第30类方便食品、第33类酒类、第43类餐饮住宿、第35类广告销售商标都是"抢手货"。

不过，冷与热也只是相对，并不是绝对，很多现在比较热门的商标说不定将来就变成冷门，而现在相对冷门的商标，说不定过几年行业逐渐崛起之后就变成热门的了。

所以，冷门商标注册相对容易，现在要好好积累，以待时机成熟后再赚回金山银山。

2. 知名度高＞知名度低

郑州小伙花4000多元注册"芈月"商标，随后《芈月传》热播，广东一家食品企业愿意开价100万元购买此商标。

没错，这家公司就是看上了"芈月"商标的知名度。那没有经济头脑，抢注不了好标怎么办？那就瞅瞅商标交易网上和历史名人、成语名气"沾边"的好标吧，像"杨贵妃""大家闺秀"这种商标估值都很高。

3. 使用之后增加含金量＞未使用

商标和品牌其实不是同一概念，品牌的外在标志是商标，实质上更强调产品或服务在市场上的口碑。

除了拿出注册商标证书，你若还能亮出国家驰名商标、省著名商标的相关申报资料或认定证书，商标产品获奖证书、企业荣誉证书等充满含金量的小本本，你的商标肯定能卖个好价钱。

4. "完整"的商标＞"残标"

如果你的商标成了商标从业人员口中的"残标"，商标价值也是大打折扣的。

什么是"残标"？残标其实也是成功注册的商标，受《商标法》保护。但是它在申请之初，选择商标类别时商标适用的范围低于十个选项；或者被商标局驳回部分适用的范围，从而导致商标使用范围低于十个选项。买这种残标就不太划算了，因为这大大缩小了将来生产的产品商标适用范围。

5. 同理可证，注册类别多的商标＞单个类别注册的商标

主要是因为商标虽然分为45个类别，但是很多类别都是相互关联的，称为相关类别。如果一个品牌在几个相关类别都注册了商标，就意味着在这一领域未来的发展前景会没有知识产权的相关"阻碍",价格自然会相对单个类别的商标高一些。

2017年5月10日,是中国第一个"中国品牌日"。国务院同意设立这个节日,反映出国家层面对中国自主品牌的支持,有助于引领商标交易向规范化、规模化、平台化方向健康发展。这也更加证明,未来,在大家都重视商标注册的基础上,商标交易的需求无疑是下一个时代风口的缩影!

7 商标注册那么慢，我要走捷径

商标注册确实是一个较为漫长的过程，从申请之初到注册完成大概需要1~2年的时间，如果中间环节遇到驳回复审等情况，这个时间期限就要继续往后延伸。

然而商场如战场，市场竞争形势瞬息万变，时间等同于金钱、等同于机遇，很可能因商标注册未成而发展机遇遇阻。那么，有没有更加快捷的方法呢？商标注册那么慢，怎么抄近路走捷径？

那就是商标转让。所谓商标转让就是指商标注册人在有效期内，按照法定的程序将自己所拥有的商标专用权转让给另一方的一种方式。

大大节省时间

商标转让的过程与商标申请相比具有很多便利，最为明显的就是使得时间成本大大减少。商标的注册申请大概需要1~2年的时间，而转让商标所需时间大概为6个月。在时间就是金钱、就是商机的市场中，企业购买商标可以让产品尽快进入市场，取得先入为主的有利优势。

除了能够节省时间外，商标转让还有下面这些好处。

有效降低风险

根据权威数据显示，商标注册一次性成功的概率较低。而商标的转让可以有效地规避这一问题。这是因为转让的商标是已经注册成功的商标，在国家具有备案信息，不存在被驳回的可能。转让商标只需要转让双方通过代理机构到商标局进行备案，受让人就能得到商标的注册证，拥有商标的所有权。你情我愿成功率为百分之百，因此商标转可以将风险降到最低。

自带属性光环

汉字组合的商标名称是一种有限的资源，注册越来越难是不争的事实，想要注册一个好听又符合企业产品服务内容的更是难上加难。而同时由于种种原因有大量的商标被闲置，一些被转让的商标能直接或间接地表现或代表产品的特征和属性。有历史的商标意味着曾被部分消费者接触过，在记忆方面会比很多新商标要好。这样不仅符合企业自身需要，而且更容易进行推广，省时省力。

相信大家现在已经明白商标转让的诸多好处了，不仅大大提高了成功率，还有效降低了注册的风险，节省了时间成本，能获得优质的资源，对企业未来的发展起到至关重要的作用。

8　商标变现方式知多少

对于大部分人来说，商标就是那个印刷在产品上的名称、标记，是企业和厂家们用来卖产品、打广告的，一旦产品停产了、工厂倒闭了、老板跑路了，商标也就成了没用的"垃圾"。不过，在我们知识产权圈，可没有商标"垃圾"这么一说，有100种办法可以让你的闲置商标变废为宝，直接换成白花花的银子！

出租——商标许可

品牌太火想开连锁，但自己一个人忙不过来？商品停产、工厂要黄，商标闲着没用扔了可惜？别担心，商标使用许可来帮你！

商标使用许可，就是把商标权全部或一部分"租"给别人使用，也可以理解为授权、出租、加盟。双方只要谈妥条件，签好合同，向商标局备案就可以。

商标使用许可分为独占使用许可、排他使用许可和普通使用许可三种方式，每种方式略有不同：

独占使用许可——只允许对方使用，你虽然拥有商标但在合同期限内也不能使用。

排他使用许可——只授权给一方，对方和你都可以使用。

普通使用许可——除了对方，你还可授权给其他人使用。

除此之外，你还可根据双方意愿选择"完全使用许可"或"部分使用许可"。举个例子，你把×××商标注册在第1、3、5共三个类别上，"完全使用许可"的意思就是你允许对方在这三个类别上使用×××商标，"部分使用许可"就是你只允许对方在其中某个类别上使用你的商标。

这种"出租"商标的方式比较适合那些流动资金短缺、生产力不足、不想丧失商标权的企业和个人。商标权还在，你就可以不断地通过许可的方式出租商标获利，而且商标使用许可的租金全凭个人协商。一般来说，授权许可的权限越大，得到的报酬也就越高，商标能换多少银子，全看你的本事喽。

【商标使用许可】

交易方式：自由协商，签订许可合同，向商标局备案即可
变现难度：★★
适用情况：流动资金短缺、生产力不足、不想丧失商标权
举个例子：广药集团把"王老吉"商标租给加多宝，授权费每年收400万~500万元
优　　点：价格自己定，许可方式自己定，我的商标我做主，有"权"任性；不断授权，不断拿钱，"钱权双收"太开心
缺　　点：根据法律要监督对方的商品质量，心好累；租了好久的商标说不续约就不续约，好心塞

销售——商标转让

商标许可虽然可以源源不断地拿"租金"，但如果你想退出商战江湖、不再插手商标琐事，又或者你有那么几个闲着的商标并没有什么用处，那么建议你还是直接把商标卖了为好。

绝大部分情况下，我们国家是允许对注册商标进行有偿转让的，也就是我们说的商标买卖。商标转让跟商标许可差不多，都是双方自由协商，谈妥条件之后签协议。不过，跟商标许可不一样的是，买卖商标需要两个人共同向商标局提出申请，等商标局审核通过了才算交易成功，买家才能拿到商标权。如果商标局觉得你的商标容易导致别人混淆，或者有什么不良影响，就会"拒绝"你们的转让申请。

当然了，这种情况会比较少见，毕竟你的注册商标是商标局亲自审核过的，容易导致混淆或者有不良影响的，在注册商标那一关就给刷下来了，哪里还有买卖商标的机会嘛。

还有一点，如果你除了准备卖的这枚商标，还拥有在同一种或类似商品上

注册的相同或近似的商标，也应该一并转让给买家。举个例子，阿里巴巴集团除了"阿里巴巴"商标之外，还注册了"阿里爸爸""阿里妈妈""阿里爷爷""阿里奶奶""阿里哥哥""阿里妹妹"等跟"阿里巴巴"近似的商标。如果阿里巴巴集团想要卖掉"阿里巴巴"商标，那么就得连上面"阿里"这一大家子打包一起卖掉，只卖其中一个是不可以的。

最后总结一下，买卖商标，跟去超市买东西没什么太大差别，讲究的就是一次性付款，双方两清、互不相欠，连售后服务都省了。

至于商标的价格嘛，商标寓意越好、越朗朗上口的，越容易卖出个好价钱。不过，什么样的商标名称才算是好听的名称，那就仁者见仁了。当然了，如果你的口才足够好，能把普通的商标解释成百年难得一遇的好商标，而且买家还相信了，那么卖出高价也不是什么难事。

【商标转让】

交易方式：自由协商，签订转让协议，向商标局提出申请，核准后交易完成

变现难度：★★☆

适用情况：商标闲置不想再使用

举个例子：苹果公司 6000 万美元买下唯冠公司"iPad"商标

优　　点：价格自己定，一手交标一手交钱，两不相欠，省事省心

缺　　点：需要商标局审核，审核不通过就不能转让

套现——商标质押

商标虽然只是依附于商品或服务的一种标记，但是也可以作为动产进行抵押贷款。跟平时买房子、做生意的贷款没有什么不同，商标质押贷款也需要审查资质、出具相关资料报告、办理质押登记手续等。想要通过商标质押"套现"的小伙伴们，按照银行的要求走正常的贷款程序就可以。

和商标许可、商标转让这种赚钱的买卖不同，商标质押归根结底是属于贷款，是要还钱的！而且也不是你想贷多少就能贷多少，银行在收到你的贷款申请之后，会去评估机构对你的商标进行估值，最后你只能拿到估价 20%～30% 的钱。

商标质押不涉及商标权的变更，商标抵押之后，你还可以继续使用这枚商

标，但是就不能随便"出租"或"买卖"了。直到你还清贷款，商标才能真正回到你的怀抱。

【商标质押】

交易方式： 向银行申请贷款，进行商标估值，双方谈妥后签合同，到商标局办理质押登记，银行拿到质押登记证后发放贷款

变现难度： ★★★★

适用情况： 流动资金短缺、需要融资、品牌知名度高的企业

举个例子： 宁波某开发有限公司以"东钱湖"商标作为质押，从浙江某商业银行成功贷款2亿元

优　　点： 不分权，不放权，还能贷出钱，爽

缺　　点： 商标能换多少钱，主要看估值，口才再好也没用；审查严格、授信额度比较低，从银行拿钱不容易

注册的商标，最高换出了上亿元的现钱，谁都知道这是个划算的"买卖"，这也导致了职业"炒标人"的出现。他们以倒卖商标为生、以囤积商标为乐，他们不生产商品，他们只是商标的二道贩子，他们更是直接催生了抢注商标的恶劣风气。在这里严肃地提醒大家，商标变现是为了不浪费商标资源，疯狂抢注商标用于买卖，这不仅是道德问题，恶意抢注还会成为法律问题。小伙伴们可千万不要模仿哦。

9 注册商标和买商标哪个好？从三方面算账

商标问题愁啊愁！下到初创企业，上到上市集团，都会遇到由于商标问题带来的麻烦。王老吉和加多宝的红罐之争、乔丹体育和篮球飞人的商标之争，商标问题足以让一个企业从乞丐变成富翁、又从富翁打回原形。想要创立品牌，商标是重中之重，既然大家的认知如此一致，那么问题来了——在创立品牌时应该注册商标还是转让商标呢？

注册商标的好处：价格和独创性

1. 价格便宜

注册商标的好处是显而易见的，相对于商标转让来说价格便宜。注册商标的成本一般在1500元左右，买商标的成本一般在2万~3万元，当然不包括那些著名商标或者驰名商标。如果有企业使用过，影响越大价格越高。

2. 品牌独创

品牌意识特别强的企业可以选择注册商标，品牌要体现独特性，细分市场之后可以迅速起步。那些对品牌有自己见解的企业家尤其应该选择注册，如"饿了吗"等这样特别的名字，适合从零开始做起，不容易被抄袭。

3. 大企业开创新品牌

往往在市场中经得起风雨的大企业具有更好的品牌意识，所以一般有新开发的产品线大多都进行全类别注册，这样保护更加全面。

商标转让的好处：下证快、风险低

1. 下证快

俗话说，时间就是金钱。如果想要新品快速打开市场，时间早就能够更快引起关注，获得利益。

2. 成功率接近100%

商标转让几乎没有风险，因为转让的是已经注册的商标，所以可以直接使用。

3. 有紧急事情必须要商标注册证

有很多情况需要具备已注册商标，如入驻天猫专卖店、旗舰店、加盟，需要用到商标使用许可等。

买商标还是注册商标？

了解了商标注册和商标转让的优势，就可以视情况而定了。

1）如果转让时发现有好的商标名称，恰巧符合自己的品牌定位，先去转让一个。

2）在打响品牌之后，再对这个商标进行全方位的保护，可以采取多个类别注册或者全类别注册的方式。

3）在开展众多品牌线时，细分市场各个产品端确定后，先关注上市品牌的动向，与此同时注册新产品商标，低调进行，以防抢注。

4）根据自己的实际情况而定。

要提醒的是，如果选择注册商标的话，公司的专业度和知识产权顾问的专业度比较重要，因为注册先期的判断直接影响着注册结果。在资金充裕的情况下，买商标还是比较划算的。能用钱解决的问题，为什么要浪费时间？

第二节　商标许可

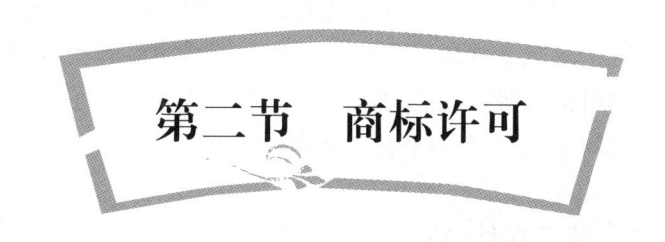

1　商标许可是品牌授权最快途径之一

获取使用商标的途径有很多，除了注册、转让还有许可。商标许可，具备转让所没有的优势，比如时间短。但鉴于加多宝和王老吉的案子，很多人都对商标许可望而却步。其实，只要一切都在掌握之中就不用担心后续问题。

事实上，如果加多宝前期没有使用王老吉的商标也不可能在短时间内如此火爆，二者的争议主要是因为广药集团以原领导受贿为由不承认后来签订的续约合同，而此后的官司都是在商品装潢上进行的纠缠，并不是商标许可本身的问题。所以，如果特别喜欢某一商标而暂时无法获得时，商标许可还是一条可行的办法。

商标许可的好处

对于被许可方而言，通过专业化的品牌授权途径，购买一个被消费者所认知的知名品牌，可以凭借该品牌的知名度和良好的品牌形象、经营理念，以较低的成本、较快的速度、较低的风险，使自身产品进入市场并被市场接受，从而可以使企业及产品快速地走向成功。

商标许可可以通过品牌使企业的产品即时获得消费者认知，同时提高企业的利润水平。

被许可方还可以从品牌许可者的巨型推广活动中直接得益，并获得零售商（销售渠道）。对于缺乏品牌的民营生产制造业，采用品牌授权的经营模式，获得高知名度的国际品牌授权，能够增强自身产品的竞争实力。运用知名品牌授权带动自创品牌的发展，是一条品牌运作的捷径。

商标许可需要注意什么？

第一，必须到商标局备案。许可他人使用商标，双方应当签订商标使用许可合同，该使用许可合同应报商标局备案。根据有关解释，商标使用许可合同报商标局备案，主要是为了方便商标局对使用许可情况进行管理，规范商标许可使用市场，及时发现和纠正问题，维护双方当事人的合法权益。另外，商标使用许可合同备案情况要通过商标公告向社会公布，便于公众了解商标许可使用真实情况，以选择消费商品。

第二，保证商标的商品质量。许可他人使用注册商标，许可人对被许可人的产品质量负有监督义务。在商标被许可他人使用的情况下，使用同一商标的商品会有不同的来源。为此，《商标法》要求商标注册人监督被许可人使用注册商标的商品质量，以防止被许可人商品质量低下，损害消费者利益。基于同样的原因，被许可人应当保证使用该注册商标的商品质量。

第三，必须标明名称和产地。经许可使用注册商标，必须在使用该注册商标的商品上标明被许可人的名称和商品产地。在商标被许可由他人使用的情况下，使用同一商标的商品会有不同的来源，对此，消费者应当有知情权和选择权。另外，即使不同提供者提供的商品有相同的质量，但商品来源确实不同，对于商标的区别功能有所损害。基于此，也要求被许可人标明其名称和产地。

2 夏普与海信的友谊巨轮说翻就翻

2017年6月,美洲大陆的一阵龙卷风暴激荡了整个电视圈。知名电视厂商夏普以海信销售低品质、低价产品,损害夏普信誉等为由将其告上美国加州法庭,要求收回北美电视品牌使用权,并且还要索赔1亿美元。

海信集团卖夏普电视,是否惊讶竟有这种操作?且听笔者慢慢道来。

2015年,日本的知名电视品牌商夏普由于经营困顿,美洲市场逐渐萎缩。为了寻求出路,夏普与海信达成协议,海信最后出资2370万美元收购了夏普的墨西哥工厂,而且还获得其电视在北美地区的品牌使用权。

海信接手后进行大刀阔斧的改革,几个月的时间就将夏普的墨西哥工厂生产效率翻了一番,还成了海信在海外的最大生产中枢。夏普的市场销量得到明显改善,海信成功将夏普品牌再次盘活,并且做得有声有色。

品牌之争缘何互不让步?

2016年,历经多年亏损的夏普不堪重负,与富士康在日本签订收购协议。富士康以3888亿日元收购了夏普公司66%的股份,成为其控股公司,从此夏普进入富士康时代。

作为"液晶之父"的夏普终归是全球影响力的品牌,具有很大的价值潜力。当年与海信的"一纸契约"将自己的"孩子"寄人篱下,也算是在经营困顿中的无奈之举,选择是错是对我们无法评定。

而今,背靠富士康的夏普有了新的渠道资源与实力,今非昔比。而想要卷土重来的夏普第一步就是要收回商标的使用权。如果不能收回掌握在海信手中的品牌使用权,夏普在北美的宏图伟业将无从谈起。

对海信而言，现在其夏普电视的经营已经走上了正轨，成为其开拓美洲市场的重要渠道。更重要的是协定中的 5 年授权期根本没有到期。而今，夏普以海信电视的质量问题提起诉讼，多少有些"出尔反尔"和"无中生有"的意味。

从两家相好到撕破脸，从中可以看出，品牌使用权争夺的背后其实是两大品牌利益的博弈，一个想要重振雄风，另一个不想就此放手。势头正劲的海信，怎么会轻易地将市场拱手相让？

品牌经营不易，商标授权且行且珍惜

从夏普与海信两大巨头之间的品牌之争可以看出，品牌争夺的根本是背后的利益之争，而品牌经营的成功与否则关乎着企业的生死存亡。作为企业的门户，长期用心地经营品牌，带给企业的不仅是更高的认知度，更能让企业获得无限的经济及价值潜力。

此次夏普以产品的质量为由对海信进行诉讼，更能说明好的品牌需要好的产品质量为支撑。无论是产品品牌还是企业品牌，缺失了质量的基础性保障，就无法让品牌成为品质的代表，更无法打造出真正的优质品牌。

同时，企业商标的合理利用与授权也需要谨慎对待。凭借具有知名度的注册商标的良好形象，商标被许可人能够以较低的成本、较快的速度使自身产品进入市场。但是品牌的使用权终究会到期，夏普也终究会将自己品牌的美洲使用权收回，王老吉的商标纠纷案不就是教训吗？

授权商标只是享有暂时的使用权，将被授权商标的品牌效益发挥到最大的同时，企业更应该注重自身的品牌建设，努力打造属于自己的优质品牌，这才是企业品牌长远发展的正确抉择。

3 加多宝之后,红牛商标舶来之殇

在饮品界有两个"红",一个是"红牛",另一个是"红罐"。红牛填补了中国功能性饮料的空白,王老吉是中国凉茶饮料的代表性产品。

同时,这两个"红"都面临相同的命运——商标都是被授权,都同样遭遇了商标许可到期、为他人作嫁衣的困扰。由于20年的商标授权在2016年底到期,目前中国红牛与泰国红牛的合并经营陷入僵局。今天,简要分析一下,以红牛为代表的饮品应该从哪方面入手,保护自己的知识产权不为他人作嫁衣。

"红"与"牛"逆天组合能够扭转商标授权之殇

"红牛"是泰国人许书标创造的。他1966年创办企业,"红牛"诞生。因为"红牛"在泰国大卖,许书标还一度成为泰国福布斯第2位富豪。

"红牛"的品牌有天然的优势。从名字上就可以看出,"红"与"牛"本身就充满力量和能量,符合消费者对能量的认知。并且,"红牛"的品牌故事与背景图代表的是泰拳,而泰拳本身是相对凶猛的拳种,代表无与伦比的能量。所以,其品牌名称及品牌定位都很突出,正好弥补了当时功能性饮料的空白,容易在营销上取得成功。

1984年,严彬在泰国创办了华彬集团,通过授权经营正式引进"红牛"。"红牛"于1995年正式入驻中国,在海南以日产30万罐的产量投产,市场供不应求。其后的红牛就在"你的能量超乎你想象"的劲头中一直开挂,直到2016年,传出华彬集团陷入了商标授权到期的僵局。

据了解,除了泰国"红牛",市面上还有奥地利"红牛"和中国"红牛",

就是我们通常见到的"金罐包装"。

有传闻称,泰国"红牛"希望奥地利"红牛"与中国"红牛"合并经营,而奥地利"红牛"要求占股40%,谈判由此陷入僵局,华彬集团也陷入裁员、停产的漩涡。

无论商标授权是否到期,只要泰国"红牛"愿意继续授权,一切就不是问题。

商标许可对被许可方而言,凭借商标的知名度,能够以较低的成本、较快的速度、较低的风险,使自身产品进入市场并被市场接受,从而可以使企业及产品快速走向成功。但是由于被许可方需要承担风险,从这点看,双方进行商标转让的风险要低一些。

第三节　商标质押

1　商标质押能换一亿元！知产金融助力企业开辟新思路

"大众创业、万众创新"的创业浪潮下，我国的登记注册企业快速增长，中小型企业更是遍地开花，呈现欣欣向荣的发展趋势。然而，贷款难与资金短缺依旧是制约其生存成长的普遍性问题。近年，随着知识产权的受重视程度日益高涨，以商标专用权做质押从银行获得贷款，正成为时下一些企业融资的新途径。

商标质押，真能换来一亿元？

商标质押贷款，其实简单来说就是企业的法人以其商标作为抵押，向银行贷款。当然，被抵押商标必须是注册商标，因为只有注册商标才有商标专用权。

例如，2017年3月，江苏华业化纤就通过质押"华亚中纺"商标进行贷款，成功获得江苏宜兴农村商业银行3年长期贷款1.2亿元，受到业界高度关注。江苏省江阴市一位经营养殖场的农户，将名下持有的四件"华伯"商标进行质押，成功换得江苏农行江阴分行的150万元贷款。6月，湖南利农五倍子产品公司用其"利农及图"商标所有权向麻阳农村商业银行质押，获得1200万元贷款。

企业品牌意识的逐步加强，其蕴含的隐性价值越来越受到推崇。商标这一无形资产日益成为企业发展的重要元素，并在企业融资方面发挥效力。2016年我国办理质权登记申请1410起，帮助企业融资649.9亿元。商标的专用权质押融资不仅为企业开辟了新途径，也为我国知识产权转化为生产力提供了新思路。

知产创富，未来发展的大势在哪里？

商标不仅能给企业带来知名度和美誉度，还能换来真金白银，解决企业的资金问题。可见，商标专用权质押业务对企业拓宽融资渠道、盘活无形资产有着重要的战略和现实意义。

同时，商标的质押融资代表的不仅是商标作为无形资产的价值，更折射出知识产权金融发展的潜力。随着知识产权作为国际竞争力的核心要素的重视和知识产权金融服务体系的不断完善，知识产权质押融资这种新型的融资方式越来越被社会各方认可和应用。作为金融服务的创新之举，相信未来会有巨大的运作空间和挖掘潜力。

2017年7月，国务院总理李克强主持召开国务院常务会议，通过《关于强化实施创新驱动发展战略 进一步推进大众创业万众创新深入发展的意见》，表示将简化专利等无形资产评估备案程序，并推广专利权质押等知识产权融资模式，并支持保险公司提供相应保险服务，进一步表明了国家对知识产权金融的鼓励与支持。

知识产权强国是创新驱动发展的必然选择，知识产权金融的发展也必将成为未来知识产权领域的重要内容。

2　资金链断裂？拿商标抵押

知识产权作为企业的无形资产和软实力，能够给企业带来不止财富上的收益。商标转让、许可、质押等都可以为企业带来收益。之前，已经有许多企业在这方面尝到了甜头。例如，知名品牌隆力奇，就用"隆力奇"这三个字的商标为质押从银行贷款5亿元。只用这一个商标就贷款5亿元，是不是很让企业激动？

自从2008年发生了全球性的金融危机以来，我国的很多企业也受到了影响，或在资金上遇到困难，或是融资难阻碍了企业的发展。在这样的大环境下，很多政府职能部门或相关单位都积极协调，希望在政策上帮助企业渡过难关。江苏隆力奇集团就是在有利的政策下向中国农业银行常熟支行用商标专用权质押了5亿元的贷款，在当时可谓商标质押贷款的最高纪录。

隆力奇之所以能得到这笔"天价"贷款跟当时的地方政策也有很大关系。针对金融危机遇到的资金问题，常熟工商局积极拓宽融资渠道，开展商标专用权质押工作。在隆力奇之前，已经有一个江苏梦兰集团率先用"梦兰"注册商标为抵押物获得了2亿元的贷款审批。而隆力奇商标之所以能够获得5亿元贷款，还有一个很重要的原因，就是其品牌价值要高于梦兰。

之所以说隆力奇的品牌价值高是因为其商标已经在全世界183个国家都注册了，同时拥有8家研发机构，并且在很多国家和地区都有销售分公司，产品覆盖50多个国家和地区。隆力奇正在打造世界品牌，所以其商标才能获得5亿元的天价贷款。

作为企业无形资产的一种，商标的价值也存在风险。一旦企业出现业绩或经营方针等问题，商标的价值就会发生巨大波动，甚至跌至谷底。当然，如果企业面临良好的发展态势，商标的价值也会有所上升。

企业的无形资产和企业的发展是相辅相成的，但一个大企业或是知名企业的知识产权一定会比相对不知名企业的知识产权价值要高。所以不管企业的知识产权能够给企业带来什么，发展永远是硬道理。

3　一个商标换来两亿元，商标质押有门道

2015年5月，宁波某开发有限公司以省著名商标"东钱湖"作为质押，与浙江某商业银行宁波分行签下了一笔2亿元的"天价"贷款，创下浙江省单笔贷款最高额度纪录。而在2014年末，经权威性评估机构评估，"东钱湖"商标的价值甚至达到了52.3亿元。

一枚商标注册的时候不过花费2000元，如今竟然疯狂增值2500倍！这是偶然还是必然？为什么一枚小小的商标竟然可以比企业资产、信用更值钱，成功换来天价贷款？

"商标质押贷款，是指由企业或商标权利人，将可以转让的商标专用权作为质押物，或债权的担保，从银行获得信贷资金的一种贷款方式。我国1995年颁布了《企业动产抵押物登记管理办法》，规定可以把商标专用权作为动产进行抵押贷款。"专家介绍道，"对于银行来说，商标质押率通常比有形资产质押率要低一些，一般在估值的20%~30%，坏账风险较小。并且商标是个看得见摸得着的东西，银行对商标价值也是认可的，与信用贷款相比，商标质押贷款比较有保障。因此越来越多的银行开始接受商标质押的贷款方式。"

同时，对于中小企业来说，由于资产轻，传统的信用贷款、房产贷款等方式并不奏效，在遇到资金周转等困难、需要金钱救急的时候，商标质押贷款作为新兴的融资方式，将大大解决中小企业融资难题。

另外，商标质押贷款几天即可办理成功，还可自由选择价值评估与双方协商两种方式认定商标价值与贷款数额，相较于传统信用贷款、资产抵押贷款，商标质押贷款具有效率高、成本低、难度小等优势，也越来越受大企业的青睐，成为近期国内备受欢迎、大小企业通吃的融资新方式。可以预见，未来商标质押将占据银行质押贷款的半壁江山，商标疯狂升值几百倍、几千倍将成为

"新常态"。

商标换钱的机会怎可放过！那么，商标质押贷款是怎么估值的呢？同样是商标，为什么有的能贷 500 万元，有的却能贷上亿元，差别怎么这么大呢？

一般来说，商标在质押贷款时要先进行价值评估，由专门的商标评估机构出具商标专用权价值评估报告，根据评估报告发放商标专用权价值 20%～30% 的流动资金贷款。影响商标评估价值的因素有很多，既包括商标的注册因素及法律状态、商标的使用情况、商标的成本和外观性特征、商标的附属权利情况、商标的市场认知度和信誉度、商标的保护情况等商标自身的因素，也包括使用该商标的商品生命周期及所处阶段、行业状况及前景、公司市场份额、市场潜力与盈利能力等，估算范围很大，估算公式也非常烦琐。

总的来说，目前市场上对于商标权这种无形资产的评估使用的是成本法、市场法和收益法三种。其中，我国的商标评估市场普遍采用的是收益法，即以特定商标在有效期内的预期收益作为商标权的评估值。简单来讲，收益法的操作方法是先计算出被评估商标的未来预期收益现值，再考虑商标价值的影响因素，对其收益现值进行调整，最后得出一个较为合理的商标评估价值。

换言之，企业的效益越好、知名度与信誉度越高、所处的行业前景越好，商标的评估价值就越高，从银行贷出来的钱就越多。

不过，商标作为一种无形资产，价值并非固定不变，而是随着生产经营者的信誉、管理能力和营销水平，以及市场等因素的变化而变化。商标价值具有不确定性和不稳定性，所以并不是一次评估定终身。因此估值高的大品牌不必得意，默默无名的小商标也不必神伤，重视并及时调整经营战略与商标策略，提高公司效益，增强公司知名度、信誉度，令公司在激烈市场竞争中不断发展壮大，才能为商标争得一个好价钱，在需要时发挥商标的无形资产作用。

那么，企业应该如何办理商标质押贷款呢？

首先，在借贷双方确定贷款意向后，要对商标价值进行评估，其中，商标价值评估既可以由法定评估机构进行，也可由双方达成一致意见后向商标局出具商标价值书面认可的文件；其次，在评估完成后，借贷双方签订书面合同；再次，合同签订之日起 20 日内到商标局办理质押登记；最后，领取到质权登记证后银行即可向质押人发放贷款。

同时，在商标质押贷款过程中有几点需要注意。

第一，被质押的商标应该是合法有效的、可以转让的注册商标；

第二，与质押商标相关联的商标要一并质押登记；

第三，商标抵押后，未经质权人同意，商标出质人不能将商标转让或许可他人使用。即使质权人同意商标出质人转让商标或许可他人使用，所得的转让费、许可费等也要优先偿还贷款。

目前，商标质押贷款作为一股融资新"热潮"正在全国各地发酵，但商标价值的多少并没有比较固定的判定标准，商标质押贷款在全国大范围开展还不太现实。不过，我们可以看到，政府主管部门也在不断完善相关法律法规，并陆续出台了一系列的优惠措施，知识产权机构、资产评估机构、银行、担保机构等在内的相关企业也在积极开展合作，努力推进商标质押融资工作。

第六章 创富番外——商标设计

既然商标如此重要,那么为商标打造独一无二辨识度就非常有必要了。商标设计就是打造商标辨识度的有效方式之一。

商标在申请的过程中,需要具备显著性特征。而商标,尤其是文字、数字等商标,属于不可再生资源。例如,已有产品注册了名称叫"999"的商标,那么同类产品要想再申请"999"商标就不可能了。但是,如果加入了特别设计,让两个商标看上去能够区分、不会混淆,就会大大地增加商标注册的成功率,也能保住企业心爱的品牌名称。

同时,商标设计具有能够直接体现品牌的调性和属性、增加品牌附加值等作用。

所以,一枚好商标,要拥有独特设计的Logo才更完美。

1 为什么黑色就是商标高大上的代名词？

商标设计中的颜色还涉及心理学？当然！

我们的大脑对颜色感知有固定的程序，这塑造了我们的思想和情感。有研究表明颜色能够改变人们的购买习惯。在网购、广告和市场营销的竞争中，颜色能改变约80%的购买动机。

虽然人们对颜色的认知带有主观意味，但有些颜色对人的影响已得到大家的共识。现在来看看这些占领市场的著名商标中的颜色运用。

黄色：具有矛盾的信息。明亮且非常醒目，常用于使商标得到关注，营造幸福和温暖的氛围。

一个梦想、一种生活就是幸福的模样

白色：和平与纯洁的通用色，常见于商标的反白或负空间。

千帆过后，蓦然回首，亭台依旧

红色：浓烈的色彩，能从鲜血与战争中引出爱与激情的强烈情感。在商标中常用于抓住观众的注意力，可提升血压和饥饿感。

强烈的情感认同，浓浓的京情京味

橙色：结合红色与黄色的特性，常用于引起注意。常见于创造顽皮、刺激情感或食欲的商标。

一种鬼马风格飘忽眼前

紫色：意味着贵族、神秘、崇高和复杂。作为红色与蓝色的结合，兼有冷暖属性。可见于教育相关或奢侈品的商标。

高贵亲切可以兼得

蓝色：使人平静的颜色，可唤起对权威、成功和安全的想象。是常用的商标颜色，在政府、医疗和《财富》500强公司的商标中广泛应用。

高贵专业瞬间突显

绿色：代表生命与新生，是安静并使人镇定的颜色，但也能代表嫉妒和缺乏经验。常见于表现生态友好的公司商标。

生命因绿色而新鲜

棕色：象征自然、木制和公共事业。由于其朴素和中性的特点，常用于建筑或法律相关的商标。

这一切来得刚刚好

灰色：中性并且冷静，可以与其他颜色很好搭配，常用于标识的类型。

高大上有情趣

黑色：象征威胁或邪恶，广泛用于权利的标识。由于其显著、简单和高雅的特性，可见于很多商标。

黑色就比其他颜色高雅吗？

色彩是设计者最有利的非语言表达形式之一。它为商标设计提供了一种传递含义和信息的手段。设计者需要选择适合的颜色并理解其背后的意义。在你欣赏商标设计的同时，不妨花点时间考虑一下这些颜色的含义，以及它们会如何影响你的购买决策。

2 大企业为何偏爱用动物做Logo？

Logo可用做商标，但与商标相比还有些细微的差别。它是用户接触企业的一扇窗，从中可以感受到企业的"洪荒之力"；它也是一扇门，从这里进去可以一窥企业的全貌。

企业在设计Logo这件事上，大家肯定发现了一个算不上秘密的秘密，那就是大企业都喜欢用动物来做Logo。无论是电商界的熊掌、猫、狗、企鹅，超级跑车界的马、豹子、狮子，还是食品界的鸭子、鸡、松鼠，各个行业都不约而同选择动物Logo。要知道，Logo不仅代表公司的脸面，还是公司带给消费者的第一印象，负责把不同的价值主张传递给用户。为什么企业都偏爱小动物们呢？

利用动物来提示消费者商品具有某种特性

以小企鹅为例。十多年前，OICQ刚上线时，其图标还是当时流行的寻呼机的样子。在OICQ升级为Beta3的时候，马化腾提议换个有趣的Logo，这时张志东建议使用有灵性的小动物。

对，这个灵性非常重要。当然我们也不知道为什么动物的灵性比较灵光。但是企鹅的外形简单，能够一眼识别出来，并且还具有特别可爱的特性，非常符合QQ这一平台的产品特性。

和企鹅同等级别的还有"天猫"。同样，天猫给人的感觉是挑剔、对生活品质要求高。所以，天猫平台要求品质这一理念就通过这只猫的特性传递给消费者。

更希望用户把产品当作宠物

对于互联网大鳄为什么喜欢用小动物,还有一种说法是他们更希望用户能将产品当作自己的宠物。一旦和宠物产生了感情,就不那么容易割舍了。

比如,提到迪士尼,大家脑海里就会浮现出米老鼠、唐老鸭等动物。动物也能表达绿色纯天然的感觉,比如"三只松鼠"就是为了向人们表达其销售的是大森林中小松鼠的食物,这是来自大自然的信息。

还有,那些汽车的Logo,像法拉利、保时捷的马,兰博基尼的牛,捷豹的豹子,以及标致的狮子,让你更容易对这台车产生"坐骑"的感觉。没错,他们就是你生活的一部分,处处都离不开。

Logo只是用户识别企业的第一步。这第一步就已经这么重要了,所以VI设计就更加重要了。

3 商标注册，要黑色还是要彩色？

我国商标注册要求申请人在提交"商标注册申请书"时还要提交一份商标图样。商标注册申请人既可以提供彩色的商标图样，也可以提供黑白的商标图样，那么，这二者之间有什么不同呢？商标注册申请人选择哪一种比较好呢？

一般来说，商标最基本的作用就是用来区分商品的来源与服务的提供者。同样以字母"M"为商标的主要构成部分，但因为字体、颜色的设计都有所不同，因此没有人会将"麦当劳"与"M豆"混为一谈。但如果商标注册人随意改变商标的图形、字母、颜色，无疑将会使消费者产生混淆，从而直接影响消费者对商品或服务的辨别与选择。

我国商标法对此做出了明确规定，商标注册人若随意改变注册商标，将由地方工商行政管理部门责令限期改正，期满不改正的，由商标局撤销其注册商标。也就是说，商标的使用必须与注册时完全一致，在商标的实际使用过程中，商标注册人不得擅自改变注册商标的文字、图形、颜色等要素。如果在申请商标注册时提交的是彩色商标图样并指定了颜色，那么，在实际使用注册商标时则必须采用与商标图样相同的颜色，不可使用其他颜色，否则就属于"随意改变注册商标"，面临商标被撤销的风险。

如果在申请商标注册时提交的是黑白商标图样，则视为不指定颜色，那么在实际使用过程中，商标注册人则可根据需要采用任意颜色，对注册商标进行一定程度地装饰与美化。

也就是说，相较于黑白图样，提交彩色商标图样、指定了颜色的商标，在后期使用时会有一定的局限性，商标受保护的范围也较小。因此，绝大部分商标注册申请人都会选择提交黑白商标。

第六章
创富番外——商标设计

尽管在提交商标图样时需要谨慎选择颜色,但是也不要过于忌讳彩色商标,并不是所有的商标申请都适合采取黑白图样。适当的颜色使用,不仅可以让商标更加出彩,有时还会起到意想不到的保护作用。

首先,以颜色组合申请商标的必须提交带颜色的着色商标图样。颜色组合商标,是指由两种或两种以上颜色,以一定的比例、按照一定的排列顺序组合而成的商标。对于颜色组合商标来说,固定的颜色与排列顺序是判断是否构成近似、侵权的唯一标准,因此只有通过指定颜色才能确定颜色商标专用权保护的内容和范围,最终达到保护商标注册人合法权益的目的。

值得注意的是,与指定颜色的商标不同,颜色组合商标不受具体形状的约束,商标注册人可以将这种按固定顺序排列的颜色搭配用于商标核定范围内的任意商品。例如,某企业在第9类"计算机键盘"上申请注册了某色号的"橘色+黑色"颜色组合商标,并在申请书中说明商标的使用方式是"橘色用于'W''A''S''D''←''↑''→''↓'8个按键,黑色用于其他按键及键盘外壳"。一旦该颜色组合商标申请成功,那么其他企业将无法使用这种颜色搭配的键盘。未经商标注册人许可擅自使用则属于侵权行为,需要承担一定的法律责任。

其次,对于一些知名度高、已经在公众心中形成一定影响的品牌来说,经过长期的使用与宣传,某些固定的颜色或颜色搭配已经成为品牌商标中不可缺少的部分,甚至已经成为公认的品牌代表色,如可口可乐大面积使用的红色标识,麦当劳经典的黄色大M商标等。这些固定的颜色会使消费者产生丰富的品牌联想,固定的颜色搭配甚至会延伸到品牌的周边产品。在这种情况下,品牌在进行商标注册时指定颜色或者申请颜色组合商标还是很有必要的,可以有效防范他人的侵权行为,最大限度地保护商标注册人的合法权益。

总体来说,无论从商标保护方面还是实际使用方面,申请黑白商标都是较优选择。在实际操作中,对于想要建立或已经形成品牌代表色的知名品牌来说,他人在同种或类似商品上使用这种颜色搭配会造成视觉上的近似,从而导致消费者的混淆,而在申请注册商标时就指定颜色则可以更明确地确定商标专用权的内容与范围,从而最大限度地保护商标注册人的合法权益。

4 你的品牌 Logo 需要注册商标还是申请版权？

Logo 不等于品牌，却是品牌不可缺少的重要组成部分。一个有 Logo 的品牌才有视觉之魂，如同商标一样，大家才会对品牌产生视觉认知。大家一直对商标版权化的意义有些疑问，今天就详细说明一下。

为什么申请商标的同时还要申请版权？

"商标版权化"是指商标纠纷中权利人在主张商标权的同时还主张商标标识构成版权意义上的作品，从而使自己的商标获得更为全面的保护。

申请商标的时候有必要申请版权吗？

有！

二者的保护重点不一样。商标保护企业生产和流通的产品。比如，"小龙坎"这个商标注册成功后，别人如果取一样的名字是不行的。要么不再生产同类产品，要么改名，与"小龙坎"这个名字区分开就好。

但版权保护的是 Logo 这张图。Logo 其实也可以说是一个美术作品，这个美术作品是可以申请版权保护的。

如果这个 Logo 有了商标，那么别人对这几个字母申请是不能通过的。如果这个 Logo 还申请了版权保护，那么别人的 Logo 设计不是这几个字母，但设计风格却极力"模仿"这个 Logo，属于故意让人混淆。这个时候也可以从原创的角度维权。

版权和商标同时申请的好处

俗话说，多一重保护会多一种安全。版权和商标二者同时申请会有好处吗？

那还用怀疑吗？

好处一：版权有在先权利。《商标法》中明确规定，著作权享受在先权利，未经著作权人的许可，将他人享有著作权的作品作为商标使用，属于对他人在先权利的侵犯。

从这点可以看出，拥有著作权的在先权利，相当于"全类别"保护，无论别人在哪个类别注册，即使注册成功了，也可以被无效。此前已有无数成功案例，在此不赘述。

好处二：非商标性使用也可以维权。比如有人把你的 Logo 或商标图形不用在商标上，而用在别的地方了，并且用以建立该标志与自己特定商品之间的联系的行为，就可以用著作权及不正当竞争维权。因为那种情况就不在《商标法》的管辖范围了。

好处三：在注册商标的同时申请版权保护，版权登记会快一些。如果在商标流程中被驳回了，可以将版权登记用作证据材料，让商标驳回复审成功。

好处四："商标版权化"会保护连续三年不使用的商标。"撤三"规定的本意是防止原商标持有人不合理地囤积或垄断本可被其他经营者有效利用的商标资源。但是，在"商标版权化"的保护模式下，商标权人的商标即使因为不使用而被撤销，也会基于其享有的著作权而禁止他人继续利用。

申请版权登记其实没有缺点，你相信吗？

首先，版权是天然诞生的，申请著作权登记只是原创的证明之一，并不是说申请著作权成功了就一定能证明版权是自己的。但是，只要是自己的原创作品，就可以保护。

其次，如果没有商标权只有版权的情况下，赔付会比较低。版权在不能确定侵权行为性质的最高赔偿额为 50 万元，商标是 300 万元。

在保护时间上，版权的保护期限是著作权人死后第 50 年的 12 月 31 日，而商标在完成十年续展后可以一直使用。

此外，如果是单纯的文字商标，没有经过设计的，是不能申请著作权保护的。只有经过设计过的汉字、图形或者Logo才可以申请版权保护。所以，并不是所有商标都能申请版权的。

综上，如果暂时不具备财力进行全类别注册，可以申请某几个类别的商标，同时申请版权保护。即使商标或者Logo做了全类别保护，也可以申请版权保护。所以，不论Logo是否注册为商标，都能申请版权保护。

第七章 创创富帝国——商标品牌战略

商标战略,也称为商标品牌战略,是企业在争夺市场的过程中重要的定位举措。相比于国外品牌,我国企业的品牌战略略显不足。即便是知名企业,在品牌战略过程中的表现也不尽如人意。而宝洁、联合利华、雅诗兰黛等国外企业则非常擅长运用品牌战略来拓展自己的市场。

单一品牌战略与多品牌战略有着完全不同的运营方式。就企业而言,选择单一品牌战略还是多品牌战略要根据自己的实际情况来判断。像宝洁公司这样的企业在进行多品牌战略的过程中,有意忽略公司的影响而注重品牌自身的独特性,从而满足不同的消费者市场。这些品牌并非彼此的竞争对手,而是锁定不同需求的人群。

那么,不论是单品牌战略还是多品牌战略,在企业由小到大、品牌由小到大的过程中,都需要对商标进行全面保护,从而保证知识产权的"创富价值"最大化。

1 品牌差异下的帝国商标战略

看惯了影视剧中金戈铁马、纵横沙场的场景，今朝，就算你有舍生取义的决心，也再难寻找一方战场让你挥洒热血。不过没关系，今天的商场也和昔日的战场没有区别。

针对市场划分，满足不同人群需求

用实力雄厚来形容宝洁公司似乎远远不够，1837年成立、拥有170多年的历程，即使称为商业帝国也一点都不为过。宝洁公司在80多个国家和地区都有工厂和分公司，据说员工有14万人，在160多个国家和地区都能见到其300多个品牌的身影。你所知道的那些日常生活用品，如帮宝适、汰渍、碧浪、护舒宝、飘柔、潘婷、佳洁士、玉兰油和伊卡璐等，其实只是宝洁公司全部产品的九牛一毛。

要知道，很多公司能够拥有一款非常驰名的商品已属不易，而宝洁公司那么多品牌几乎都是人尽皆知。这又是如何做到的呢？恐怕要了解一下它的品牌定位。

如果企业单用一种品牌或一种商品来满足所有人的需求，那简直是痴人说梦。但如果根据市场细分，分别满足每一种或每一类受众的需求，那么所有人的梦想似乎就可以实现了。

就拿洗发水来举例。每个人都可能是客户，而客户的需求可能是去屑止痒，也可能是滋养修复，等等。各种需求其实都能在宝洁公司找到相应的品牌对号入座。不论是在定位或是宣传上，每种产品都有相应的属性，像"海飞丝"专注去屑，而"飘柔"专攻柔顺等。

如果说多品牌是一种战略的话，那相信有人会问，宝洁公司拥有的那么多品牌是否会造成自相残杀的局面呢？可能会有这种局面，但这也正是宝洁的高明之处。试想，如果是两家公司的产品相互竞争的话，那么就会想方设法让对方出局。而宝洁公司推行这样的战略，一方面是因为每种品牌都相对独立，拥有相对固定的消费者群体，市场需求和定位不同，相互影响的可能性不是特别大；另一方面，即使两种品牌相互竞争，不论是哪一方获胜，都不存在宝洁公司竞争失败的问题，并且，这样还能够挤走其他竞争对手。这样，整个市场都落入宝洁公司之手也不是没有可能。

欧莱雅，纵向满足不同需求

如果说宝洁公司根据市场划分满足不同消费者的需求，那么欧莱雅则是从纵向来划分市场，也就是根据不同价格和销售渠道来设计产品。不同价格对应高、中、低档各类产品，从而满足不同层面的客户需求。

例如，兰蔻是高档产品的代表之一，只有少数商店才能买到；而美宝莲则是比较大众的品牌，并且定位和兰蔻的高贵不同，显得妖娆多彩；薇姿只在药房专售，说明其专业的品牌理念。

当然，品牌战略既要根据市场定位，又要从自身实际情况出发，一味地生搬硬套，只能带来失败。这中间还有品牌宣传时的内涵、情感因素等。宝洁公司让每个品牌都能达到独立的境界，从严格意义上讲，每个品牌都有其固有的理念。即使顾客选择了不同产品，也不会有这是由宝洁公司生产的概念。相反，大众公司在推出高档车"辉腾"时就没有做好这方面工作，从而导致车辆上市两年就退出了美国市场。试想，如果大众公司在宣传辉腾时，只把辉腾当成高档车，尽量宣传它的特性而淡化自己大众的品牌，销售效果可能会更好。

因为商标和品牌的概念代表不同领域，所以不可完全等同。商标是法律上的概念，而品牌则是市场概念，而原则上，一个商标或名称就代表一个品牌。所以多品牌战略可以看作是商标战略中的一种，而市场的细分则是制定品牌战略的关键所在。

2　中小企业品牌战略的"五大"法宝

随着市场经济的快速发展，企业间竞争日益加剧，品牌也逐渐成为企业的核心资源。作为国民经济的重要支撑，中小企业的品牌战略在市场竞争中的作用越来越突出。中小企业品牌战略的制定势在必行，而持久性的优势品牌也将成为企业未来竞争取胜的资本。相反，如果品牌战略规划缺乏，就会制约中小企业的成长及长远发展。因此，如何制定品牌战略是中小企业未来发展需要不断研究的重要问题。

什么是品牌及品牌战略？

关于品牌的定义众说纷纭。从整体上来说，品牌可理解为生产者、经营者为了标识其产品，以区别于竞争对手，便于消费者认识而采用的显著标记，是消费者对企业及其产品的产品质量、售后服务、产品形象、文化价值等形成的总体评价和认知。

品牌战略则是企业为了提高自身的市场竞争力，根据内部及外部的环境，围绕产品的品牌所制定的一系列长期性的、带有根本性的总体发展规划和行动方案，是公司将品牌作为核心竞争力，以获取差别利润与价值的企业经营战略。

当前，我国中小企业在实践品牌战略上存在着一些不容忽视的问题。例如品牌战略的意识淡薄，缺乏品牌经营的理念，片面性地认为中小企业不需要做品牌；缺乏实施品牌战略的紧迫感，对实施品牌战略的重要性有所认识但执行力不足，缺乏合理有效的品牌管理等。

完善品牌战略的"五大"法宝

建立完善健全的品牌战略,要注意以下几个方面。

1. 品牌定位需要准确

企业的品牌战略首先要有准确的品牌定位,明确自身产品的竞争优势。品牌定位的关键在于努力在同类产品中寻找差别,并突出这种差别,塑造自己的独特个性和价值,并将这一特点传播给公众,并努力使公众接受。

2. 结合实际选择战略

适合自己的才是最好的。中小企业由于自身实力的限制,在选择自己的品牌战略时,还应从自身的实际出发,本着量力而行的原则,选择适应自身条件发展的、成功率大的品牌战略。

3. 努力提高产品质量

中小企业创立品牌,不仅要靠广告宣传,更要靠高质量、高技术的特色产品来支撑。消费者心目中完整良好的品牌形象应该是高知名度和高信誉度的有机统一。信誉是名牌的金护照,名声响的同时信誉也要经得起考验。

4. 商标注册必须及时

品牌只有经过政府有关部门的注册登记,才能成为注册商标,才能受到法律保护。因此,中小企业应及时注册自己的成功品牌,以保护自己的权益。遇到侵权行为也要积极维权,以法律为维权的保障。

5. 合理规划、重视维护

作为一项长期复杂的工程,品牌战略一定要有长远的规划和系统的布局,根据企业自身的发展状态和产品特色,制定科学而清晰的战略愿景。同时,谨慎地对品牌进行维护与管理,始终保持品牌战略执行的持续性和一致性,加强企业的商标、专利等知识产权的保护。

总之,在中小企业的发展过程中,品牌战略的制定对企业的发展是至关重要的,同时也是企业在众多品牌竞争中制胜的关键。良好的品牌战略会使中小企业在发展中不断获得忠实的客户群体,建立信任关系并享有良好的信誉。这些都会转化为更大的经济价值,为企业带来更多的经济效益,最终实现企业的飞速发展。

3 一块糖果的未来：看箭牌公司的世界争霸

一块小小的糖果，也有争霸世界的力量吗？当然！箭牌产品畅销全球180个国家和地区，全球销售额超过40亿美元。这样的成绩居然还只是私营家族企业玛氏公司的一个子公司，可见国外企业的实力不容小视。

销量前十位的糖果，箭牌占两席

中国销量前十位的糖果品牌包括徐福记、阿尔卑斯、益达、箭牌、马大姐、大白兔、金丝猴、好丽友、牙科、不二家。其中，国产品牌还是占据了几个重要席位。尤其是第一名徐福记，从商标名称看就是地地道道的国货，这是来自我国台湾的企业。

这些品牌中，口香糖占据三个席位：益达、箭牌和好丽友。尽管名字看起来很本土，尤其是好丽友，但其实都是国外品牌。益达和箭牌来自箭牌公司，好丽友则是韩国企业。

百年箭牌 一众品牌独领风骚

创造一个知名品牌已然不易，能够创造出众多知名品牌就更加困难，这和箭牌公司的百年企业历程分不开。始创于1891年的箭牌公司是玛氏旗下的六大事业部之一，其他事业部分别是宠物护理、巧克力、食品、饮料和系统生物科学。

箭牌公司在中国的品牌包括绿箭、黄箭、白箭、箭牌咖啡口香糖、益达无糖口香糖、朗怡木糖醇无糖口香糖、劲浪超凉口香糖、大大泡泡糖和真知棒棒棒糖等。

还有一个很有趣的事，就是箭牌众品牌的英文名字有一个共同特点。大家看，绿箭"Doublemint&reg"、真知棒"Pim Pom&reg"、大大"Boomer&reg"、劲浪"Cool Air&reg"，这些品牌的英文名字不仅长，并且中间有一个"&"字符。这样一个大公司都不在乎品牌名称中英文字母的长度，不知道能不能给那些只喜欢简单字母的中国企业家以启示。

纵观这些品牌，不论是绿箭、益达，还是大大、真知棒，都在各自的领域中赢得一席之地。难得的是，绿箭和益达还都是中国驰名商标。

细分市场和不断研发，品牌竞争背后的无形推手

这些品牌之所以个个都能够叫得响亮，是因为他们的定位和品牌形象分别不同。

就拿同是口香糖的益达、劲浪和朗怡来说：益达主打无糖口香糖、饭后嚼两粒对牙齿好的概念；劲浪则是超凉口香糖，给人一种爽透、类似于"雪碧"透心凉的感觉；朗怡则是为了抢占木糖醇这块"蛋糕"，看上去与益达有些相似，其实是对无糖口香糖的又一市场细分。

这一众品牌之间，看似是品牌形象的区别，实际上是箭牌公司对口香糖从未间断的研发投入，这种研发的持续性使箭牌拥有较强的技术储备。试想，无糖和劲爽的感觉从何而来？当然是通过研发才占领新的市场。自1989年以来，箭牌公司共计申请口香糖发明专利200余件，占全部专利数量的97.5%。从申请质量来看，箭牌公司对发明专利的重视程度远远高于外观设计专利和实用新型专利。口香糖在口味方面的质量要求主要是香型好、浓度足够、留香时间长，而箭牌在口味改善方面的专利申请就超过40件，这些才是箭牌公司能够获得市场和消费者肯定的关键性因素。

4 欧莱雅集团：品牌帝国神话的构建

任何单一产品都不能占据所有市场。想要更多地占领市场，只有从需求入手、细分市场，将这些细分的市场全部占满，才是品牌布局的关键所在。我们所熟悉的宝洁公司就是这方面的代表。当大多数中国企业还一枝独秀、引以为傲时，宝洁公司却占据细分市场中几乎所有的化妆品产品，这是让很多中国企业无法企及的。可以说，国外企业在品牌战略上尤其成熟。

除了宝洁，欧莱雅集团也是化妆品行业的顶尖企业。旗下拥有兰蔻、碧欧泉、欧莱雅、美宝莲、薇姿等500多个品牌。从欧莱雅集团可以看出，品牌战略要先于产品，是市场竞争中的重要一环，而市场需求则是产品诞生的原因。

细分市场从需求入手，而不是生产

欧莱雅集团是法国1907年建立的企业，旗下的一众化妆品品牌都是瞄准不同市场而诞生的。为了品牌布局，欧莱雅集团大量收购其他品牌，如兰蔻、美宝莲、小护士、美即、羽西等都是其收购来的。由此看来，市场规划和定位才是最重要的，所有产品都是应需求而生，是需求影响着产品和品牌的开发与建立，并不是生产。

都说欧莱雅进入中国市场有些晚。但凭着足够的跨境经验，欧莱雅来到中国后，某战略意图无比清晰，以精湛的市场细分策略，用多品牌瓜分市场的手段迅速站稳脚跟。

其品牌布局如下：

1）高端系列：赫莲娜、圣罗兰、乔治阿玛尼；
2）专柜系列：羽西、兰蔻、科颜氏、碧欧泉、美体小铺；

3）开架系列：巴黎欧莱雅、美宝莲纽约、美即面膜、卡尼尔；

4）药妆系列：理肤泉、薇姿。

当然也可以这样划分：

1）顶级品牌：HR（赫莲娜）、Giorgio Armani（乔治·阿玛尼）；

2）一线品牌：Lancome（兰蔻）；

3）二线品牌：Biotherm（碧欧泉）、Kiehl's（科颜氏）；

4）三线或三线以下品牌：Yue-sai（羽西）、L'Oreal Paris（巴黎欧莱雅）、美爵士、Garnier（卡尼尔）、小护士、The Body Shop（美体小铺）；

5）彩妆：CCBPARIS（巴黎创意美家）、Shu Uemura（植村秀）、Maybelline（美宝莲）、YSL（圣罗兰）；

6）药妆品牌：Vichy（薇姿）、La Roche-posay（理肤泉）、Skin Ceuticals（修丽可）；

7）口服美容品牌：Inneov（一诺美）；

8）香水品牌：Giorgio Armani Parfums（乔治·阿玛尼）、Ralph Lauren（拉尔夫·劳伦）、Cael Parfums（卡夏尔）、Cacharel（歌雪儿）、Viktor & Rolf（维果罗夫）；

9）美发品牌：L'Oreal Professionnal（欧莱雅专业美发）、Kerastase（卡诗）、Matrix（美奇丝）。

没有哪个品牌是用名字来划分的

很多客户想从商标名称上就体现出其品牌是高端或者低端。虽然品牌名称也有大俗大雅等风格的区别，但是品牌定位是从品牌文化、价格等多方面的体现，单纯从名字上辨别是不是大牌非常困难。

例如赫莲娜和美宝莲两个品牌，单从名称上看是无法分辨出哪个更高端的。在有些人看来，除了价格，美宝莲营造的品牌氛围也十分绚丽，丝毫不逊于很多一线品牌。

在建立品牌阶梯上，一般来说，产品从高档往低档做比较容易，从低档往高档做就比较难。目前就中国市场而言，新创立的品牌宜高端不宜奢侈品，因为高端品牌的受众比较广泛，而奢侈品原本就是为了划分阶级的产物，越神秘越好，不太适合当今社会发展的潮流。相反，高端品是人们犒赏自己的礼物，所以比较受欢迎。并且，人们现在比较注重品质生活的享受，品牌塑造方面要试着往该方向上靠拢。

中国企业大多成立时间较晚，一上来就与欧美国家很多上百年的企业竞争，在经验上就略显不足。但后来居上也不是没有可能，最重要的是做好知识产权及市场、品牌战略的布局。这样一来，就能从起点上赢得先机，而不是事后受制于人。

5　路威酩轩集团的撒手锏：国际化战略思维

路易斯·威登、娇兰、迪奥、纪梵希、浮生若梦……这些每一个拿出来都能让美女们魂牵梦绕的品牌全都是一家公司的，你能想象吗？全球顶级奢侈品集团路威酩轩，旗下拥有像 LV、高田贤三、纪梵希这样的奢侈品牌 60 多个，涉足皮具服饰、烈酒和彩妆化妆品多个领域。

成功可以复制，一言不合就收购

路威酩轩集团，简称 LVMH 集团，全名为 Louis Vuitton Moet Hennessy 集团，Moet 的全称是 Moeumlt & Chandon（酩悦），成立于 1743 年。1981 年，酩悦和轩尼诗（Hennessy 成立于 1765 年）合并，组成了酩悦·轩尼诗酒业集团。1987 年，酩悦·轩尼诗与路易斯·威登合并成路威酩轩（LVMH），奠定了一个奢侈品帝国的雏形。

从这里可以看出，其实路威酩轩是三个大品牌的合体，"路威"就是路易斯·威登（LV）、"酩"是酩悦（Moeumlt & Chandon）、"轩"是轩尼诗（Hennessy）。光是这三个品牌的体量就能够让时尚界的风尚偏转了，更不要说路威酩轩集团旗下还有 60 多个高端奢侈品牌。

纵观世界大型化妆品厂商及时尚品集团，几乎都采用多品牌战略，当然这与其发展历史是分不开的。这些商业帝国，最少也有百年市场经验，并拥有一套成熟的营销及渠道方案，使得世界时尚的巅峰几乎都在欧美一些时尚都市。

对于这些品牌而言，世界各国的明星都是其开展营销的"工具"，只有他们挑选明星的份。明星们由于热衷于时尚潮流的曝光和明星氛围带来的集体朝拜、众星捧月感，加之对时尚用品的购买用以区分身份，所以会离这些奢侈品会更近些。

路威酩轩集团旗下的很多品牌是收购来的，如英国品牌 Thomas Pink、法国品牌纪梵希、西班牙品牌 Loewe、美国品牌 Donna Karan 和 Marc Jacobs、意大利品牌 Emilio Pucci 等。

可以说，这个集团的定位就是全球顶尖的奢侈品帝国。据说，集团高层心目中有一张"最高贵的奢侈品"地域分布图，然后按照其实际发展等待经济困难时期再将其低价收购。

国际化思维，打造明星品牌

品牌的塑造尤为重要。虽然众品牌都属于奢侈品范畴，但还是有强弱之分的，再强劲的品牌也有遇到问题的时候。就拿路易斯·威登举例，据悉，1986年，在酩轩与路易斯·威登合并前夕，酩轩公司总营业额为13.4亿美元，而路易斯·威登仅为2.9亿美元，这也是1987年能够成功收购路易斯·威登的原因。而近几年，路易斯·威登的销量占整个集团的四分之一，这都有赖于集团把路易斯·威登打造成明星品牌，重新为它注入品牌的灵魂。

收购路易斯·威登后，集团在1997年聘任了马克·雅各布斯（Marc Jacobs）担任公司的创意总监。年轻的雅各布斯是一位来自纽约的前卫设计师，他研究了路易斯·威登的历史，随后在尊重历史的基础上发明了一系列具有现代气息的独特设计，用两款紧贴时代的提包打开了销量。

第一款是以涂鸦图案为装饰的提包，带有潦草的路易斯·威登签名。第二款则是与日本艺术家村上隆（Takashi Murakami）合作设计的村上隆提包，村上隆在白色的底衬上以五彩的颜色来表现路易斯·威登著名的LV花押字。

当然，全球顶尖奢侈品帝国的撒手锏还是国际化战略思维，且不说中国在这国际化的进程中占据着怎样的位置，但其全球化的销售战略和影响力却是不容忽视的。商品未动，知识产权先行。奢侈品的无形资产几乎是其命脉所在，利润也大多是其品牌溢价所带来的。所以，国外企业对商标注册和专利申请的重视也不必多说了。

6 小微企业如何进行商标战略布局?

小微企业是我国国民经济的重要组成部分,为社会经济的创造起着不可替代的作用。与此同时,在商标战略方面,小微企业的自觉性和执行力先天不足,制约了企业的进一步发展。实施商标战略,以此加强自主品牌建设已经成为小微企业转变发展方式、打造市场竞争优势的有效手段。小微企业要在激烈的市场竞争中崭露头角,需要制定和实施切实可行的商标战略,为企业发展注入无限的生机。

什么是商标战略?

商标战略是现代企业的一种基本战略,它是指企业为获得与保持市场竞争优势,运用商标制度提供的各种手段,达到树立企业形象、促成产品或服务占领市场的总体性规划。商标战略是关系小微型企业生存发展的一个战略问题,系统、深入地研究商标战略,对于中小企业的长远发展具有深远意义。

小微企业的发展过程中,普遍存在着忽视商标战略的现象,具体体现以在以下方面。

1. 商标意识不强

很多小微企业的负责人商标意识淡薄,不重视商标专用权的取得,认为商标可有可无。有的企业就没有自己的商标,即便在产品上使用商标,也不积极申请注册,结果自己辛苦经营的商标往往被别人抢注。

2. 商标培育不力

企业打造知名品牌需要经过系统的商标培育,这样商标无形资产的价值才能不断提升。不能有意识地实施品牌包装和创新,就难以让消费者产生较强的品牌信任和依赖。实践中，小微企业在商标培育上普遍做得不到位。

3. 商标保护不善

商标保护是企业实施商标战略的首要环节。许多小微企业未充分意识到保护商标权的重要意义，不能建立完善的商标权保护工作机制。面对侵权行为，不能及时向工商机关反映或请求司法援助，同时缺乏收集侵权证据的意识。

小微企业的商标战略布局

商标战略的实施势在必行，小微企业应做好商标战略布局。

1. 提高商标意识

对小微企业来说，商标战略布局首要的一点就是提高商标以及整个企业知识产权的认识。与时俱进、解放思想，摆脱以往对商标价值淡薄的观念。小微企业商标战略普遍实施不力的根源之一就是企业负责人的商标意识不到位、商标知识缺乏。只有先提高了思想认识，才能为实际的行动奠定基础。

2. 确定商标体系

一般来说，小微企业的经营产品种类较单一，基于此种情况又要放眼未来，可以先采用单一品牌体系注册某一主要品牌，同时注册部分近似的防御商标，为建立品牌体系奠定基础。在企业的发展过程中，需要进行多方位、多层次的经营，以原先树立起来的品牌作为母商标，按商品、服务的不同分类注册、使用不同的子商标，建立一整套完整的商标体系。

3. 精心选择商标

商标最大的特点是显著性，越是独特的、与众不同的商标，越能给消费者留下深刻的印象。因而，商标的设计和挑选一定要精心。商标的设计应注意文字突出、图案鲜明，如果选择一个显著性不强的标志作为商标，以后得到的保护力度也较弱。所以选择显著性特征较强的商标以保证法律能为自己提供较强的保护应该是一个较好的选择。在完成对意象商标的选择和注册类别后，及时注册防止他人抢注行为的发生。

4. 加强使用管理

商标是品牌的象征，注册完商标后还需要对商标进行养护与经营。结合本企业的实际情况，建立商标管理组织，健全商标管理制度，对商标的使用、标识的印制等方面严格把关，并设立科学的、完善的商标档案。为了加强企业内部商标管理，企业应设专门的商标管理部门，从商标方面为企业在生产和经营的决策中提供意见。

5. 积极进行宣传

商标的美誉度培育不仅需要产品做得好，要提高其知名度，也要进行广泛的宣传。商标的知名度不是与生俱来的，好产品也得借助一定的媒体来扩大产品知名度，进行持续不断的广告宣传投入。摒弃那种"酒香不怕巷子深"的老旧市场营销观念，也是小微企业打造知名商标必要的步骤。

6. 打击假冒侵权

为充分有效地保护企业的合法权益。企业必须具有强烈的商标保护意识，主动与假冒侵权行为做斗争，维护自己的商标信誉。主动进行市场调查，一旦发现侵权、假冒行为，在涉及利益冲突时拿出有效的证据，及时向工商行政管理机关举报或向法院提起诉讼，主张自己的权利，用法律武器保护自身的合法权益。